U0505154

社会保障橙皮书 2023

ORANGE BOOK OF SOCIAL SECURITY 2023

# 国际社会保障动态

## 面向人口高质量发展的出生缺陷防治体系建设

DEVELOPMENTS AND
TRENDS OF GLOBAL
SOCIAL SECURITY POLICY

上海财经大学公共经济与管理学院　公共政策与治理研究院

余央央 主编　　郑春荣 副主编

上海人民出版社

本书获得 2024 年部市共建双一流项目资助

# 《国际社会保障动态》年度系列报告
# 学术委员会

**学术委员会主任：** 丛树海

**学术委员会委员**（以姓氏拼音字母为序）：

丛树海　邓大松　刘更光　刘小兵　郭士征

汪　泓　俞　卫　郑秉文　郑功成　左学金

# 《国际社会保障动态——面向人口高质量发展的出生缺陷防治体系建设》
# 作者名单

**主　编**　余央央
**副主编**　郑春荣

**序**　　　丛树海
**第一章**　郑春荣
**第二章**　郑春荣
**第三章**　余央央　张　毅
**第四章**　汪　伟　吴晓恒
**第五章**　杨翠迎　董子越　陈　岩　宋雨晴　高宏鑫
**第六章**　余央央　翟　颖
**第七章**　余央央　张　毅　翟　颖
**第八章**　唐　珏
**第九章**　余央央　王悦杨　翟　颖　张　毅

# 序

新生儿出生缺陷，这是一个沉重的话题。

2012年9月，卫生部发布《中国出生缺陷防治报告(2012)》(简称《报告》)，旨在全面反映我国出生缺陷防治工作状况，引导社会各界和国际社会更加关注和支持出生缺陷防治工作，营造有利于出生缺陷防治的良好氛围。《报告》指出，我国出生缺陷发生率在5.6%左右，每年新增出生缺陷数约90万例，其中出生时临床明显可见的出生缺陷约有25万例。时任卫生部长陈竺在报告序言中指出："出生缺陷不仅影响儿童的生命健康和生活质量，而且影响整个国家人口素质和人力资源的健康存量，影响经济社会的健康可持续发展。"

《报告》还指出，近30年来，随着社会经济的快速发展和医疗服务水平的提高，我国婴儿死亡率和5岁以下儿童死亡率持续下降，危害儿童健康的传染性疾病逐步得到有效控制，出生缺陷问题却日益凸显，成为影响儿童健康和出生人口素质的重大公共卫生问题。我国每年新发出生缺陷例数高达90万，部分出生缺陷发生率呈上升态势。据测算，我国每年将新增先天性心脏病超过13万例，神经管缺陷约1.8万例，唇裂和腭裂约2.3万例，先天性听力障碍约3.5万例，唐氏综合征2.3万—2.5万例，先天性甲状腺功能减退症7 600多例，苯丙酮尿症1 200多例。

《报告》又指出，国际研究显示，出生缺陷儿中约30%在5岁前死亡，40%为终身残疾。据调查，我国残疾人口中，先天性致残者约814万，约占残疾人总数的9.6%，其中，肢体残疾、听力残疾和智力残疾所占比率较大，分别为28.62%、24.97%和21.57%；在998万智力残疾人口中，先天性残疾占21.36%。

近年来我国每年出生人口连年下降。2020年出生人口1 200万人，2021年出生人口1 062万人，2022年出生人口956万人，2023年出生人口902万人。以全国每年新生儿900万—1 000万计算，若以全国出生缺陷发生率为5.6%计算，也有50

万—56万个新生儿带有出生缺陷。这不仅仍然是一个庞大的数量,也是一个关系每个新生儿健康、每个家庭幸福,以至于整个社会人口质量的大问题。事实上,近几十年来,在我国婴儿死亡率和孕产妇死亡率大幅下降的同时,出生缺陷问题面临严峻挑战,成为影响家庭和社会的重要问题。以出生缺陷率较低的上海市为例,2001年出生缺陷率为0.896‰,2005年为0.93‰,2010年为1.28‰,2015年为1.23‰,2020年为1.43‰。2022年为1.55‰,呈现上升趋势。

造成出生缺陷的原因除不可避免的遗传基因突变外,还和环境污染、病毒感染、生殖道感染性疾病、饮食习惯等相关,大部分疾病可以通过孕前、孕期和产前诊断检查及时发现,可以通过各种预防措施大大减少。2005年9月11—14日,"第二届发展中国家出生缺陷和残疾国际大会"在北京召开。中国政府决定将本次会议正式召开日,即9月12日定为"中国预防出生缺陷日"。并自2014年起,国家卫生健康委以"预防出生缺陷日"为契机,在全国组织开展预防出生缺陷日的主题宣传活动,普及优生知识、宣传惠民政策,推动出生缺陷三级防治服务和政策有效落实。例如,2024年3月15日,国家卫生健康委办公厅发布《关于开展2024年出生缺陷相关宣传日活动的通知》,强调将唐氏综合征、血友病、地中海贫血出生缺陷防治,作为今年宣传日相关活动的主题。

2016年10月25日,中共中央、国务院发布《健康中国2030规划纲要》,首次在国家层面提出国民健康的发展战略。为贯彻落实《中共中央、国务院关于优化生育政策促进人口长期均衡发展的决定》《中国妇女发展纲要(2021—2030年)》《中国儿童发展纲要(2021—2030年)》要求,提升出生缺陷防治能力,国家卫健委2023年8月发布《出生缺陷防治能力提升计划(2023—2027年)》(简称《计划》)。

《计划》要求,坚持以人民为中心的发展思想,坚持预防为主、防治结合,围绕婚前、孕前、孕期、新生儿和儿童各阶段,聚焦提升出生缺陷防治服务能力,促进出生缺陷防治工作高质量发展,预防和控制严重出生缺陷发生,减少出生缺陷所致婴幼儿死亡及先天残疾,更好满足群众健康孕育的需求。《计划》还要求,建立覆盖城乡居民、涵盖婚前、孕前、孕期新生儿和儿童各阶段、更加完善的出生缺陷防治网络,以显著提升出生缺陷综合防治能力。

《计划》还要求到2027年,要实现的主要目标是:机构建设明显加强,专业人员技术水平进一步提高,基层宣教、县级筛查、地市诊治、省级指导管理、区域技术辐射的能力全面提升,逐步构建分工明确、服务联动的出生缺陷防治网络。出生缺陷防治服务更加普惠可及，三级预防措施覆盖率进一步提高，婚前医学检查率、孕前优生健康检查目标人群覆盖率分别保持在 70% 和 80% 以上；产前筛查率达 90%，筛查高风险孕妇产前诊断服务逐步落实；苯丙酮尿症、先天性甲状腺功能减退症等新生儿遗传代谢病两周内诊断率、两周内治疗率均达到 90%，新生儿听力障碍 3 个月内诊断率、6 个月内干预率均达到 90%。一批致死致残重大出生缺陷得到有效控制，聚焦严重先天性心脏病、唐氏综合征、先天性听力障碍、重型地中海贫血、苯丙酮尿症等重点出生缺陷防治取得新进展，全国出生缺陷导致的婴儿死亡率、5 岁以下儿童死亡率分别降至 1.0‰、1.1‰ 以下。

2022 年中央政治局在关于社会保障问题的理论学习会上，习近平总书记强调，"社会保障关乎人民最关心最直接最现实的利益问题"。因此，要"紧盯老百姓在社会保障方面反映强烈的烦心事、操心事、揪心事，不断推进改革"。要"完善帮扶残疾人、孤儿等社会福利制度"。党的二十大报告要求，"完善残疾人社会保障制度和关爱服务体系，促进残疾人事业全面发展"。"十四五"规划第 45 章"实施积极应对人口老龄化国家战略"，开章指出，制定人口长期发展战略，优化生育政策，以"一老一小"为重点完善人口服务体系，促进人口长期均衡发展。第一节"推动实现适度生育水平"要求，"改善优生优育全程服务，加强孕前孕产期健康服务，提高出生人口质量"。

党和国家高度重视人口质量、妇女发展和儿童健康工作。各级地方政府采取有效措施推进有关包括出生缺陷在内的各项工作逐步深入。上海文汇网 2021 年 11 月 27 日报道，为护航每一个小生命，上海市出生缺陷预防保健中心成立。根据世界卫生组织估计，全球低收入国家的出生缺陷发生率为 6.42%，中等收入国家为 5.57%，高收入国家为 4.72%。我国出生缺陷发生率与世界中等收入国家的平均水平接近，但由于人口基数大，每年新增出生缺陷病例总数庞大。

上海财经大学公共经济与管理学院社会保障团队由余央央教授牵头负责 2023 年《国际社会保障动态》。该报告关注"出生缺陷"这个非常特殊的群体，希望通过研究，激发全社会对出生缺陷防治问题的进一步重视，推动出生缺陷防治体系建设，以实现出生人口素质的全面提高。虽然限于资料的可得性和我们的研究水平，本报告的研究是初步的，无论是对国外情况的介绍，还是国内情况的挖掘，都有待深入。从现代化国家建设的新进程对人口素质的要求和近年我国人口出生率大幅度下降的趋势看，建立更完善的出生缺陷防治体系应得到每一个准备孕儿育儿家庭以及全社会的高度重视,不仅事关每一个家庭的幸福,更事关人口出生质量的战略问题,事关社会和谐。若能通过进一步健全和完善三级防治体系,加大对出生缺陷防治投入力度,提升和优化防治工作队伍,从而有效降低出生缺陷率,哪怕是一个百分点甚至是一个千分点,都是对所及家庭和社会发展的巨大贡献,其功德无量。

预防和减少出生缺陷发生,从源头保证出生人口质量,是全民健康的起点。

丛树海

2024 年 3 月 23 日

# 总　论

　　提高出生人口素质是我国高质量人口发展的重点,直接关系到经济社会全面协调发展以及国家可持续发展战略。尤其随着我国出生率的持续下降,2022年出生人口首次跌破1 000万,相应地出生幼儿的质量水平非常重要,即在出生人口总量下降的背景下,提高出生人口素质,是未来我国从人口大国步入人才强国的关键。此外,当一个国家婴儿死亡率小于40‰时,出生缺陷将替代传染性疾病等危险因素,成为导致婴儿死亡和残疾的主要原因。而我国在2023年婴儿死亡率已降至4.5‰,相应地减少出生缺陷是进一步降低婴儿死亡率的主要途径。因此,从某种程度上而言,预防出生缺陷不仅有利于提高婴儿存活率、增加出生人口规模,而且更为重要的是通过提高出生人口素质,减少社会、家庭负担,提高出生人口的劳动生产率,从而用高质量人口来弥补人口数量减少的负面影响。

　　2012年卫生部发布的《中国出生缺陷防治报告》认为出生缺陷总发生率约为5.6%,每年有90万例缺陷儿出生。而另外一些数据表明,我国出生缺陷率从1996年的87.7/万上升到2010年的149.9/万,增长70.9%,但在2015年又下降为122.54/万。[①]本课题组测算发现在2019年,出生缺陷率为185.88/万(1.86%)。尽管由于数据统计口径不统一,具体测算的出生缺陷率有所不同,但均认同出生缺陷在省份间、城乡、性别之间存在显著差异,以及出生缺陷带来严重的经济社会后果。国际上,早在20世纪60年代就开始提出出生缺陷监测、三级预防保障体系。我国也不例外,从新中国成立开始就逐步建立防治出生缺陷的制度框架,并提出一级预防(婚检、孕前保健等)、二级预防(孕期、产前筛查等)、三级预防(新生儿疾病筛

---

① 数据源于《中国出生缺陷地图集》《全国妇幼卫生信息分析报告》。我国目前出生缺陷率的测算口径不一,这也是课题组研究中面对的一个重要难题。

查、治疗等)相关保障服务体系。尽管取得不俗的成绩和成效,但当前出生缺陷防治体系仍然存在一些突出问题。相应地,未来进一步通过提高出生缺陷防治水平来改善出生人口素质,促进出生缺陷防治体系全面发展成为现实而迫切的问题。尤其我国要实现"两个一百年"的奋斗目标,更需要以人口高质量发展支撑中国式现代化。

基于此,本年度的《国际社会保障动态》(橙皮书)仍将放眼国际但聚焦于出生缺陷群体,通过分析总结国际组织和典型国家在出生缺陷防治方面的实践,落脚于我国出生缺陷防治体系建设的努力和探索。同时,进一步探讨如何从提高出生缺陷监测和三级预防保障体系、增强妇幼医疗资源供给、发挥保障功能以减少出生缺陷,减轻家庭、社会负担,实现我国人口高质量发展、促进中华民族伟大复兴的愿景。

本书沿用橙皮书的结构框架,分为四编共九章。第一编按惯例介绍最新的"国际社会保障动态与热点",包含两章内容。2023年,全球经济逐步从新冠疫情、俄乌冲突引发的危机中走出,意外强劲的劳动力市场持续支撑经济向好,全球经济在本轮紧缩周期中显示出较强的韧性。在这一背景下,第一章"国际社会保障动态扫描"回顾2023年全球经济表现,面对逆全球化、经济复苏缓慢、地缘政治冲突等诸多挑战,全球社会保障体系正经历一场深刻的制度变革。此外,就各国生育率与预期寿命、社会保障支出情况、养老保障制度、医疗保障制度、失业保障制度和最低收入保障制度的现状及运行情况做详细介绍。

第二章"国际社会保障热点问题",主要介绍2023年世界主要经济体在社会保障领域出台的相关改革措施,系统梳理各国改革的政策背景、内容、改革阻力以及社会影响。内容包括如下热点问题:2023年法国马克龙政府动用宪法第49.3条强行通过养老金改革法案,将法定退休年龄从62岁推迟至64岁,法国上演大范围罢工;2023年6月30日,美国最高法院裁定总统拜登的学生贷款减免计划违反宪法,美国减免学生贷款债务的改革搁浅;巴西新总统就任后宣布,2023年3月开始为人均收入被归类为贫困或极端贫困的家庭发放现金补贴。

自第二编"国际出生缺陷防治体系比较"开始进入本年度的主题,主要从国际视角、基于提高出生人口素质的角度梳理出生缺陷防治体系的发展历程和理念转变,并总结典型国家出生缺陷防治体系的经验和特色。具体而言,包括三个章节的内容。第三章"出生缺陷概述",为了让读者能更好地了解什么是出生缺陷?即出生缺陷的定义与成因,并介绍国内外出生缺陷的基本情况,以及出生缺陷导致的经济社会后果。随后介绍出生缺陷三级预防体系的主要内容构成。第四章"国际出生缺陷防治体系发展和演化趋势",主要阐述国际出生缺陷监测服务体系以及三级预防保障服务体系发展历程、面临的问题,同时总结出生缺陷防治未来理念转变和发展趋势。第五章"典型国家出生缺陷防治体系",主要选取具有代表性的四个发达国家(美国、英国、日本和新西兰)来阐述其出生缺陷防治、监测的基本情况以及实施效果,以对我国出生缺陷防治体系的完善提供借鉴作用。

第三编"我国出生缺陷防治体系"从提高出生人口素质的角度阐述我国出生缺陷防治保障体系,包含两章内容。第六章为"我国出生缺陷防治体系的政策沿革",主要从政策演变视角来考察我国出生缺陷防治政策沿革。具体从国家层面的政策进行梳理,包括整体规划和出生缺陷三级防治政策等重点政策演变,回顾出生缺陷防治政策的发展改革过程以及医疗保障、社会救助在其中的作用,以更好地了解我国出生缺陷防治体系政策的演变。同时考虑到我国不同省份经济社会发展差异较大,为此选取东部、中部、西部的上海市、浙江省、河北省、陕西省对地方层面的出生缺陷三级预防政策进行梳理。第七章"我国出生缺陷防治体系现状与对策",先刻画我国出生缺陷的基本事实特征、介绍我国出生缺陷防治的基本情况,具体包括出生缺陷三级预防体系,以及出生缺陷防治服务网络建设的情况。随后阐述出生缺陷防治面临的主要问题,包括出生缺陷监测体系效率较低、一级预防(婚检、孕前保健等)的政策知晓率较低、二三级预防中的出生缺陷筛查与治疗水平受制于有限的医疗服务能力,以及医疗保险、社会救助对出生缺陷防治的保障能力有限。针对上述问题提出相应的政策建议。

第四编"我国出生缺陷防治体系专题与典型案例"包括两个章节。第八章"出生缺陷监测系统"专题,从出生缺陷监测系统建立过程、监测地点、监测对象与指标、监测信息搜集方式、监测质量把控等维度,对我国出生缺陷系统发展的历程及运行模式做一个简要介绍。然后,从监测期限、监测残疾种类、信息收集种类等视角对我国出生缺陷监测系统存在的不足进行讨论,并在此基础上提出对应的解决举措。第九章"出生缺陷防治调研分析",主要借助上海财经大学"千村调查"社会实践项目,通过暑期学生入户调查问卷的方式从个体和家庭视角对防治面临的问题进行分析,并辅以具体的出生缺陷案例展开探讨。同时借助对出生缺陷预防机构一线专家的访谈,从机构防治和监测的角度对出生防治现状和相关问题进行分析。通过从家庭、医院、出生缺陷监测系统等角度来剖析出生缺陷防治过程中出现的重要问题瓶颈,结合国际国内经验总结提出建设思路和发展方向。

　　本书希望通过对出生缺陷防治的研究,尤其是对出生缺陷三级预防保障体系的梳理和研究,激发各界对出生缺陷防治问题的关注,最终推动出生缺陷防治体系建设以实现出生人口素质的全面提高,通过人口高质量发展支撑中国式现代化。本书不足之处,恳请大家批评指正。

# 目　录

## 第一编　国际社会保障动态与热点

# 第四编　我国出生缺陷防治体系专题与典型案例

# 第一编

# 国际社会保障动态与热点

# 第一章
# 国际社会保障动态扫描

## 一、全球经济增长回顾与前瞻

回顾 2023 年,全球经济逐步从新冠疫情、俄乌冲突引发的危机中走出,意外强劲的劳动力市场持续支撑经济向好,全球经济在本轮紧缩周期中显示出较强的韧性。但是,高通胀仍是威胁全球经济的一大挑战,同时俄乌冲突、巴以冲突以及红海冲突都存在不确定性。欧美主要国家央行大幅收紧货币政策,全球经济增长缓慢且不均衡,贸易保护主义和单边主义持续蔓延,发达经济体产业政策对贸易的干预不断加深,经济体间分化趋势日益扩大。展望 2024 年,全球经济仍然面临较多不利因素,经济下行压力依然突出。

### (一) 2023 年全球经济表现回顾

#### 1. 全球经济有所复苏

2023 年以来,全球经济延续后疫情时代的复苏动力,主要国家保持紧缩性货币政策均持续超过一年,全球经济增长动能趋弱,但依旧保持一定韧性。2023 年全球 GDP 增速为 3.1%,较 2022 年下降 0.4 个百分点(见表 1.1)。

2023 年,各经济体增长形势出现较大分化,复苏状态冷热不均。发达经济体 GDP 增速为 1.6%,新兴市场和发展中经济体增速为 4.1%。其中,美国和西班牙经济表现强劲,年增长率分别达 2.5% 和 2.4%,日本、韩国、澳大利亚和加拿大的年增长率超过 1%,而英国、法国、意大利等国处于不到 1% 的低增长水平。在物价飙升、利率高企、出口放缓等多重因素的影响下,德国的经济增长率为 −0.3%,成为唯一一经

表 1.1　主要经济体经济增长情况及预测值　　　（单位:%）

| 年　　份 | 2022 年 | 2023 年 | 2024 年 | 2025 年 |
|---|---|---|---|---|
| **世界产出** | **3.5** | **3.1** | **3.1** | **3.2** |
| **发达经济体** | **2.6** | **1.6** | **1.5** | **1.8** |
| 美国 | 1.9 | 2.5 | 2.1 | 1.7 |
| 欧元区 | 3.4 | 0.5 | 0.9 | 1.7 |
| 德国 | 1.8 | −0.3 | 0.5 | 1.6 |
| 法国 | 2.5 | 0.8 | 1.0 | 1.7 |
| 意大利 | 3.7 | 0.7 | 0.7 | 1.1 |
| 西班牙 | 5.8 | 2.4 | 1.5 | 2.1 |
| 日本 | 1.0 | 1.9 | 0.9 | 0.8 |
| 英国 | 4.3 | 0.5 | 0.6 | 1.6 |
| 加拿大 | 3.8 | 1.1 | 1.4 | 2.3 |
| 其他发达经济体 | 2.7 | 1.7 | 2.1 | 2.5 |
| **新兴市场和发展中经济体** | **4.1** | **4.1** | **4.1** | **4.2** |
| 亚洲新兴市场和发展中经济体 | 4.5 | 5.4 | 5.2 | 4.8 |
| 中国 | 3.0 | 5.2 | 4.6 | 4.1 |
| 印度 | 7.2 | 6.7 | 6.5 | 6.5 |
| 欧洲新兴市场和发展中经济体 | 1.2 | 2.7 | 2.8 | 2.5 |
| 俄罗斯 | −1.2 | 3.0 | 2.6 | 1.1 |
| 拉美和加勒比地区 | 4.2 | 2.5 | 1.9 | 2.5 |
| 巴西 | 3.0 | 3.1 | 1.7 | 1.9 |
| 墨西哥 | 3.9 | 3.4 | 2.7 | 1.5 |
| 中东和中亚地区 | 5.5 | 2.0 | 2.9 | 4.2 |
| 沙特阿拉伯 | 8.7 | −1.1 | 2.7 | 5.5 |
| 撒哈拉以南非洲 | 4.0 | 3.3 | 3.8 | 4.1 |
| 尼日利亚 | 3.3 | 2.8 | 3.0 | 3.1 |
| 南非 | 1.9 | 0.6 | 1.0 | 1.3 |

注:2022 年数据为实际值;2023 年、2024 年和 2025 年数据为预测值。
资料来源:IMF, World Economic Outlook Update, July 2024。

济负增长的发达国家。中国、印度、巴西、俄罗斯等发展中国家的经济增长率分别达到5.2%、6.7%、3.1%和3%;阿根廷和沙特阿拉伯则陷入负增长(均为−1%)。

2. 通货膨胀有所缓和

与2022年的全球普遍高通胀相比,2023年全球通胀持续回落。国际大宗商品价格的回落为通胀下行贡献了主要力量,由于2022年第二季度为全球能源、金属与粮食价格的最高点,高基数导致2023年中以来各国CPI中的上游商品价格同比大幅下跌,推动通胀中的非核心部分回落,尽管各国核心CPI一度呈现黏性,但仍在向通胀目标有效推进。

分国家来看,美国与西欧国家核心通胀表现黏性,但在上游能源加速回落推动下,CPI已下行至2%至4%区间,通胀达标进程走过大半;东中欧、西亚北非等国家通胀依旧偏高,俄乌冲突与巴以危机影响能源粮食供应问题仍然存在。一些国家则率先表现出通缩迹象:除了中国通胀在第三、第四季度出现月度负值外,11月亚美尼亚、泰国也出现了CPI负增长。

3. 加息阶段基本结束

2022年以来,面对普遍的高通胀问题,各国不得不以压缩需求的方式为通胀降温,以美联储为首的全球央行加息,仅中国、俄罗斯、土耳其等少数国家处在降息的反周期中。不过2023年下半年以来,随着各国经济减速与通胀降温,各国货币政策收紧先后见顶并逐步预期转入宽松。发达国家下半年加息已步入尾声。8月以来加息基本结束或已经暂停的国家或地区包括美国、欧元区、英国、加拿大、瑞士、新西兰;仅澳大利亚在11月仍加息0.25厘,日本则仍未进入实质性加息阶段。相比之下,面临经济减速和通胀下行的国家则转为降息。越南央行6月将再贴现利率由3.5厘降至3.0厘,2023年已累计调降1.5厘。面对通胀持续回落,巴西在8、9月连续两次降息。


## (二)2024年与2025年全球经济展望

三大国际组织对2024年、2025年的全球经济前景均不是很乐观(见表1.2)。

1. 国际货币基金组织的预测

2024年1月,国际货币基金组织发布新一期的《世界经济展望报告》(World Economic Outlook Update)。报告认为,2024年全球增速预计为3.1%,2025年为3.2%,2024年的预测值比2023年10月《世界经济展望》的预测值高0.2个百分点,原因是美国以及一些大型新兴市场和发展中经济体呈现出比预期更强的韧性,以

表 1.2　三大国际组织对全球经济增长的预测

| 发布日期 | 发布机构 | 出版物 | 2023 年 | 2024 年 | 2025 年 |
|---|---|---|---|---|---|
| 2024 年 1 月 | 国际货币基金组织 | 世界经济展望 | 3.1% | 3.1% | 3.2% |
| 2024 年 1 月 | 联合国 | 世界经济形势与展望 | 2.7% | 2.4% | 2.7% |
| 2024 年 1 月 | 世界银行 | 全球经济展望 | 2.6% | 2.4% | 2.7% |
| 2024 年 2 月 | 经济合作与发展组织 | 中期经济展望 | 3.1% | 2.9% | 3.0% |

注:世界银行、联合国的世界经济增长率为按汇率法 GDP 加权汇总;国际货币基金组织、经济合作与发展组织为购买力平价法 GDP 加权汇总。

及中国出台财政刺激政策。然而,2024—2025 年的预测值低于 3.8% 的历史平均水平(2000—2019 年),发达国家中央银行为抗击通胀而加息、高债务环境下财政刺激政策的淡出,以及潜在生产率增长缓慢等因素都对经济活动造成拖累。在供给侧问题缓解和紧缩性货币政策的影响下,多数地区的通胀下降速度快于预期。2024年全球总体通胀率预计降至 5.8%,2025 年为 4.4%。

国际货币基金组织认为,在通胀减缓和增长平稳的环境下,发生硬着陆的可能性已经降低,全球增长面临的风险大致平衡。从乐观角度看,通胀更快下降可能导致金融环境进一步放松。如果财政政策更为宽松,则可能出现经济暂时性的更快增长,但以后的调整成本可能更高。更强劲的结构性改革势头可以提振生产率并带来积极的跨境溢出效应。从悲观角度看,如果地缘政治冲击(包括红海的持续袭击)导致大宗商品价格进一步飙升,另外,如果发生供应扰动或更持久的基础通胀,则紧缩货币环境可能会持续更长时间。居高不下的利率导致政府债务的偿还压力趋大,如果有的国家政府采取破坏性的增税和减支措施,则经济增长可能弱于预期。

国际货币基金组织建议,许多国家需要重新关注财政整顿,以重建财政能力来应对未来冲击,增加政府投入用于新的优先支出事项,并遏制公共债务的上升;有针对性且谨慎有序实施的结构性改革将提高生产率增长和增强债务可持续性;在解决债务问题、避免债务困境、为必要投资创造空间,以及减轻气候变化的影响等方面,各方需要更有效的多边协调。

### 2. 联合国的预测

2024 年 1 月,联合国经济和社会事务部发布《2024 年世界经济形势与展望》(World Economic Situation and Prospects 2024),报告认为,2023 年世界经济增长超过预期,掩盖了短期经济风险及结构性弱点。利率居高不下、地缘政治冲突升级、国际贸易不振、气候灾难多发,对全球经济构成严峻挑战。信贷紧缩和借贷成本上升将使提振经济增长更加困难。受高利率以及消费者支出和劳工市场低迷影响,美国经济增速将从 2023 年的 2.5％降至 2024 年的 1.4％。同时,发达经济体增速将从 2023 年的 1.6％降至 2024 年的 1.3％,发展中经济体增速将从 2023 年的 4.1％降至 2024 年的 4.0％。

报告呼吁加强国际合作以避免债务危机,同时向发展中国家提供金融支持。报告认为,财政状况不佳的中低收入国家需要债务减免和债务重组,用于应对气候变化的资金需大幅增加,产业政策需要调整,以鼓励创新、提高产能、增强韧性、促进绿色转型。

3. 世界银行的预测

2024 年 1 月,世界银行发布的《全球经济展望》(Global Economic Prospects, January 2024)报告认为,日益加剧的地缘政治紧张局势可能会给世界经济带来新的近期风险。与此同时,在大多数主要经济体增长放缓、全球贸易低迷以及数十年来最为紧缩的金融条件下,许多发展中经济体的中期前景变得黯淡。2024 年全球贸易增长预计仅为疫情前十年平均水平的一半。而发展中经济体(尤其是信用评级不佳者)的借贷成本很可能继续高企,因为经通胀调整后的全球利率仍处于 40 年的高位。

世界银行预计全球经济增长将连续第三年放缓——从 2023 年的 2.6％降至 2024 年的 2.4％,发达经济体增速将从 2023 年的 1.5％放缓至 2024 年的 1.2％,而发展中经济体增长率也将降至 3.9％。低收入国家 2023 年的表现令人失望,2024 年预计增长 5.5％。到 2024 年底,大约 25％的发展中国家和约 40％的低收入国家的人口仍将比 2019 年新冠疫情暴发之前更加贫困。

4. 经合组织的预测

2024 年 2 月 5 日,经济合作与发展组织(OECD)发布《中期经济展望》(Economic Outlook, Interim Report February 2024),预测 2024 年和 2025 年全球经济增长率分别为 2.9％和 3.0％。经合组织每年发布两次《经济展望》(Economic Outlook)和两次《中期经济展望》(Economic Outlook, Interim Report)。此次发表的预测值是修正 2023 年 12 月发布的《经济展望》。

经合组织报告指出,近期经济数据显示经济温和成长,信贷和房市持续反映金融条件紧缩的影响,且全球贸易依然受到抑制。经合组织预期美国 2024 年经济增长 2.1％,高于前次预估的值(1.5％),主因是家庭消费增长与劳动市场强劲;2025 年增长率维持在 1.7％不变。相较之下,经合组织将欧元区 2024 年经济成长率由前次预估的 0.9％下调至 0.6％,反映欧元区最大经济体德国前景低迷。经合组织一并将欧元区 2025 年成长预测由 1.5％下调至 1.3％。经合组织预期德国经济 2024 年仅增长 0.3％,较前次预估的 0.6％降低 0.3 个百分点,仅仅优于阿根廷,在所有发达国家中表现排名末尾。但德国 2025 年可望走出颓势,增长 1.1％。

另外,经合组织预期,大部分发达国家的通胀率将在 2025 年底前回复至目标,20 国集团(G20)2025 年的通胀率估计由 2023 年的 6.6％降至 3.8％。自 2023 年 11 月以来,美国与欧元区通胀率下降速度比预期更快。物价降温为美欧央行降息铺路,经合组织预期美联储将在 2024 年第二季度降息,欧洲央行(ECB)紧接着在第三季度开启降息。但经合组织强调,地缘政治冲突持续对经济活动与通胀构成风险,红海航道受阻可能增添通胀压力。

## 二、各国的生育率与预期寿命

人口老龄化是巨大的社会问题和经济问题。影响老龄化速度的两个主要因素是人的生育率和预期寿命。由于预期寿命增长缓慢,决定国家老龄化程度的主要因素是生育率的变化。本节介绍经合组织国家的生育率和预期寿命现状及预测。

### (一) 各国的生育率

总和生育率是指一名年满 15 岁至 49 岁的女性在育龄期间预计生育的子女总数。目前,经合组织国家的平均生育率为 1.59,远低于维持人口世代更替的水平(见表 1.3)。低生育率趋势始于 20 世纪 50 年代末,在过去 20 年中,经合组织国家的平均生育率稳定在 1.6 左右,预计未来将保持在这一水平。

表 1.3　经合组织国家的总和生育率

| 国　家 | 1962 年 | 2022 年 | 2042 年 | 2062 年 | 国　家 | 1962 年 | 2022 年 | 2042 年 | 2062 年 |
|---|---|---|---|---|---|---|---|---|---|
| 澳大利亚 | 3.39 | 1.60 | 1.65 | 1.67 | 丹　麦 | 2.54 | 1.72 | 1.72 | 1.73 |
| 奥地利 | 2.80 | 1.47 | 1.55 | 1.59 | 爱沙尼亚 | 1.95 | 1.68 | 1.67 | 1.68 |
| 比利时 | 2.60 | 1.59 | 1.65 | 1.67 | 芬　兰 | 2.66 | 1.40 | 1.50 | 1.56 |
| 加拿大 | 3.73 | 1.47 | 1.53 | 1.55 | 法　国 | 2.77 | 1.79 | 1.78 | 1.76 |
| 智　利 | 4.60 | 1.54 | 1.55 | 1.58 | 德　国 | 2.50 | 1.53 | 1.57 | 1.59 |
| 哥伦比亚 | 6.65 | 1.69 | 1.64 | 1.63 | 希　腊 | 2.30 | 1.37 | 1.45 | 1.50 |
| 哥斯达黎加 | 6.51 | 1.52 | 1.53 | 1.56 | 匈牙利 | 1.80 | 1.58 | 1.62 | 1.64 |
| 捷　克 | 2.11 | 1.70 | 1.72 | 1.72 | 冰　岛 | 3.97 | 1.73 | 1.68 | 1.65 |

| 国　　家 | 1962 年 | 2022 年 | 2042 年 | 2062 年 | 国　　家 | 1962 年 | 2022 年 | 2042 年 | 2062 年 |
|---|---|---|---|---|---|---|---|---|---|
| 爱尔兰 | 3.91 | 1.76 | 1.72 | 1.71 | 挪　威 | 2.87 | 1.51 | 1.59 | 1.62 |
| 以色列 | 3.76 | 2.95 | 2.54 | 2.21 | 波　兰 | 2.74 | 1.46 | 1.54 | 1.57 |
| 意大利 | 2.46 | 1.29 | 1.41 | 1.47 | 葡萄牙 | 3.27 | 1.37 | 1.45 | 1.51 |
| 日　本 | 1.99 | 1.31 | 1.44 | 1.50 | 斯洛伐克 | 2.84 | 1.57 | 1.62 | 1.64 |
| 韩　国 | 5.64 | 0.87 | 1.11 | 1.27 | 斯洛文尼亚 | 2.29 | 1.63 | 1.68 | 1.69 |
| 拉脱维亚 | 1.92 | 1.59 | 1.61 | 1.63 | 西班牙 | 2.78 | 1.29 | 1.41 | 1.48 |
| 立陶宛 | 2.49 | 1.62 | 1.67 | 1.70 | 瑞　典 | 2.22 | 1.67 | 1.68 | 1.69 |
| 卢森堡 | 2.26 | 1.39 | 1.50 | 1.55 | 瑞　士 | 2.56 | 1.50 | 1.57 | 1.60 |
| 墨西哥 | 6.77 | 1.80 | 1.70 | 1.67 | 土耳其 | 6.22 | 1.88 | 1.76 | 1.72 |
| 荷　兰 | 3.17 | 1.64 | 1.66 | 1.67 | 英　国 | 2.89 | 1.57 | 1.63 | 1.66 |
| 新西兰 | 4.13 | 1.76 | 1.69 | 1.68 | 美　国 | 3.34 | 1.66 | 1.69 | 1.70 |
| 经合组织平均 | 3.30 | 1.59 | 1.62 | 1.63 | | | | | |

资料来源：OECD(2023)，Pensions at a Glance 2023：OECD and G20 Indicators, OECD Publishing, Paris.

生育率的下降反映个人生活方式偏好的变化、家庭组成的变化以及日常生活限制的变化，如劳动力市场不稳定、难以找到合适的住房和负担得起的托儿服务等。与此同时，婚外生育开始变得普遍。例如，在法国、冰岛、挪威和瑞典，有一半或更多的生育发生在婚外。在经合组织国家，婚外生育目前占总数的三分之一。

在过去 50 年中，经合组织国家的生育率稳步趋同。20 世纪 60 年代初，哥伦比亚、哥斯达黎加、韩国、墨西哥和土耳其的生育率约为经合组织平均水平的两倍，而匈牙利和拉脱维亚的生育率则不到经合组织平均水平的一半。几十年以后，生育率标准偏差从 1962 年的 1.4 降至 2022 年的 0.3，预计到 2060 年将继续下降至 0.1。

自 2000 年以来，38 个经合组织国家平均生育率略有下降，而其中有 15 个国家的生育率略有上升。少数几个国家的生育率从很低的水平上升厉害，其中包括捷克(＋0.52)、拉脱维亚(＋0.33)和斯洛文尼亚(＋0.42)。同时，下降幅度较大的国家有哥伦比亚(－0.74)、哥斯达黎加(－0.66)和墨西哥(－0.82)。

受新冠疫情以及经济不景气的影响，在 2020 年至 2022 年期间，绝大多数经合组织国家的生育率水平都有所下降，平均降幅为 0.1。其中，澳大利亚(－0.23)、哥斯达黎加(－0.24)、韩国(－0.24)、墨西哥(－0.34)和土耳其(－0.20)的下降幅度达到或超过 0.2，特别是韩国的下降尤为明显。

根据《联合国人口展望》的中位数预测，到 2062 年，经合组织国家的平均生育率将为 1.63,但预测的不确定性相当大。根据联合国的乐观和悲观预测,到 2062 年,经合组织国家的平均生育率将分别为 1.97 和 1.28。

表 1.4 显示了一些发展中国家当前和未来的生育情况。印度尼西亚、沙特阿拉伯和南非目前的生育率都高于 2.1 的更替水平,印度略低于这一水平。然而,预计这些国家的生育率将继续呈下降趋势,到 2030 年将低于自然更替率。相比之下,中国的生育率已达到低谷,预计在未来 40 年还会上升。

根据联合国的估算,由于印度的生育率持续高于中国,在 2023 年 4 月,印度的人口数量达到 14.286 亿,超过中国大陆的 14.257 亿,印度取代中国,成为世界上人口最多的国家。印度十年一次的人口普查原定于 2021 年进行,但是已经延后,于是便没有了官方的人口数据。而中国最近一次人口普查(第七次人口普查)已经于 2020 年完成。为了估计和推算印度和中国的人口,联合国只能依靠从现有纪录、调查和行政数据等得来的生育、死亡和移民等数据的量级和趋势。

表 1.4 一些发展中国家的总和生育率

| 国　　家 | 1962 年 | 2022 年 | 2042 年 | 2062 年 |
|---|---|---|---|---|
| 阿根廷 | 3.09 | 1.88 | 1.77 | 1.72 |
| 巴　　西 | 5.97 | 1.63 | 1.60 | 1.62 |
| 中　　国 | 6.07 | 1.18 | 1.35 | 1.43 |
| 印　　度 | 5.90 | 2.01 | 1.83 | 1.75 |
| 印度尼西亚 | 5.53 | 2.15 | 1.92 | 1.81 |
| 沙特阿拉伯 | 7.44 | 2.39 | 1.96 | 1.82 |
| 南　　非 | 6.04 | 2.34 | 2.00 | 1.84 |

资料来源:OECD(2023), Pensions at a Glance 2023: OECD and G20 Indicators, OECD Publishing, Paris。

## (二) 各国的预期寿命

得益于经济发展、营养改善和医疗水平的提高,在 20 世纪 90 年代中期至 2012 年期间,65 岁时预期寿命的增长趋势较快,男性每十年提高约为 1.5 岁,女性每十年约为 1.4 岁,分别比之前的每十年 0.8 岁和 1.0 岁有所加快。但此后,预期寿命的增长趋缓,在 2019 年达到最高值,65 岁人士的平均预期寿命为男性 83.06 岁,女性 86.29 岁。此后受疫情影响,2020 年和 2021 年预期寿命小幅降低,2022 年再次回升后,男性和女性的预期寿命分别为 82.98 岁和 86.19 岁(见图 1.1)。

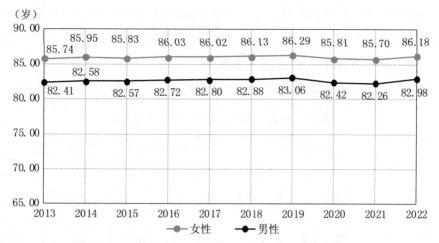

（岁）

**图 1.1　2022 年经合组织国家 65 岁人士的平均预期寿命**

资料来源：OECD(2023)，Pensions at a Glance 2023：OECD and G20 Indicators，OECD Publishing，Paris。

在 2022 年 65 岁女性预期寿命排名中，居前的国家分别是日本(89.9 岁)、法国 (88.7 岁)、韩国(88.6 岁)、西班牙(88.6 岁)和意大利(88.0 岁)；排名靠后的国家分别是匈牙利(82.5 岁)、斯洛伐克(82.5 岁)、立陶宛(83.3 岁)。

在 2022 年 65 岁男性预期寿命排名中，居前的国家分别是澳大利亚(85.5 岁)、瑞士(85.4 岁)、新西兰(85.3 岁)、日本(85.1 岁)、加拿大(85.1 岁)、法国(85.0 岁)和意大利(85.0 岁)，均超过了 85 岁；排名靠后的国家分别是立陶宛(78.1 岁)、匈牙利(78.5 岁)、斯洛伐克(78.6 岁)、波兰(79.6 岁)和拉脱维亚(79.6 岁)。

令人关注的是，美国的预期寿命在连续两年下跌以后，也终于回升了。美国疾病控制和预防中心 2023 年 11 月公布的报告显示，2022 年美国人均预期寿命为 77.5 岁，较前一年增加 1.1 岁。尽管美国年度人均预期寿命有所回升，但并没有回到疫情前水平。2019 年至 2021 年，由于新冠疫情期间出现的超额死亡等因素，美国人均预期寿命下降 2.4 岁。根据初步统计，2022 年美国男性人均预期寿命为 74.8 岁，较前一年增加 1.3 岁；女性人均预期寿命为 80.2 岁，较前一年增加 0.9 岁。2022 年美国人均预期寿命增加的主要原因是新冠、心脏病、意外伤害、癌症和故意杀人等因素导致的死亡率下降。此外，美国不同种族由于贫富差距而存在较大的预期寿命差异。例如，2022 年白人的平均寿命比美洲原住民和阿拉斯加原住民长近 10 年，后者饱受新冠疫情的打击，长期以来面临着贫困、歧视和医疗服务资金不足带来的健康问题。

展望未来，根据联合国的预测，到 2065 年，经合组织国家 65 岁男性和女性平均预期

11

寿命分别为 87.9 岁和 90.6 岁(见表 1.5)。各国之间在女性预期寿命方面存在很大差异。
日本和韩国的女性预期寿命将高达 94.1 岁和 93.1 岁,而拉脱维亚和墨西哥女性为 87.5
岁。与女性相比,男性的预期寿命在国家间的差异较小,排名前三的分别是瑞士(89.5
岁)、澳大利亚(89.4 岁)和新西兰(89.4 岁)。而排名靠后的拉脱维亚也达到 84.3 岁。

表 1.5　经合组织国家 65 岁人士的预期寿命

| 国　　家 | 女性预期寿命(岁) | | 男性预期寿命(岁) | | 男女寿命差异(年) | |
|---|---|---|---|---|---|---|
| | 2022 年 | 2065 年 | 2022 年 | 2065 年 | 2022 年 | 2065 年 |
| 日　本 | 89.9 | 94.1 | 85.1 | 89.1 | 4.2 | 4.0 |
| 法　国 | 88.7 | 92.6 | 85.0 | 89.0 | 3.9 | 4.0 |
| 韩　国 | 88.6 | 93.1 | 83.7 | 87.9 | 4.5 | 4.2 |
| 西班牙 | 88.6 | 92.7 | 84.7 | 88.8 | 4.1 | 4.1 |
| 意大利 | 88.0 | 92.2 | 85.0 | 89.2 | 4.2 | 4.2 |
| 澳大利亚 | 87.9 | 91.7 | 85.5 | 89.4 | 3.8 | 3.9 |
| 瑞　士 | 87.9 | 91.9 | 85.4 | 89.5 | 4.0 | 4.1 |
| 加拿大 | 87.7 | 91.6 | 85.1 | 89.2 | 3.9 | 4.1 |
| 新西兰 | 87.6 | 91.4 | 85.3 | 89.4 | 3.8 | 4.1 |
| 芬　兰 | 87.2 | 91.2 | 83.9 | 88.2 | 4.0 | 4.3 |
| 葡萄牙 | 87.2 | 91.4 | 83.8 | 88.2 | 4.2 | 4.4 |
| 瑞　典 | 87.2 | 91.2 | 84.9 | 89.1 | 4.0 | 4.2 |
| 比利时 | 87.1 | 91.0 | 84.1 | 88.6 | 3.9 | 4.5 |
| 挪　威 | 87.1 | 91.1 | 84.8 | 88.9 | 4.0 | 4.1 |
| 卢森堡 | 87.0 | 91.0 | 84.2 | 88.6 | 4.0 | 4.4 |
| 奥地利 | 86.9 | 91.1 | 83.9 | 88.5 | 4.2 | 4.6 |
| 爱尔兰 | 86.7 | 90.6 | 84.3 | 88.6 | 3.9 | 4.3 |
| 英　国 | 86.7 | 90.5 | 84.5 | 88.8 | 3.8 | 4.3 |
| 以色列 | 86.6 | 90.9 | 84.2 | 89.0 | 4.3 | 4.8 |
| 荷　兰 | 86.5 | 90.1 | 84.1 | 88.4 | 3.6 | 4.3 |
| 斯洛文尼亚 | 86.5 | 91.0 | 83.1 | 88.0 | 4.5 | 4.9 |
| 冰　岛 | 86.4 | 90.0 | 84.5 | 88.4 | 3.6 | 3.9 |
| 丹　麦 | 86.3 | 90.2 | 83.7 | 88.1 | 3.9 | 4.4 |
| 德　国 | 86.2 | 90.9 | 82.9 | 88.4 | 4.7 | 5.5 |
| **OECD 平均** | **86.2** | **90.6** | **83.0** | **87.9** | **4.4** | **4.9** |

| 国　家 | 女性预期寿命（岁） | | 男性预期寿命（岁） | | 男女寿命差异（年） | |
|---|---|---|---|---|---|---|
| | 2022 年 | 2065 年 | 2022 年 | 2065 年 | 2022 年 | 2065 年 |
| 美　国 | 85.9 | 90.1 | 83.1 | 88.4 | 4.2 | 5.3 |
| 爱沙尼亚 | 85.8 | 89.8 | 81.3 | 86.2 | 4.0 | 4.9 |
| 希　腊 | 85.8 | 90.9 | 82.8 | 88.3 | 5.1 | 5.5 |
| 智　利 | 85.6 | 91.0 | 82.9 | 88.5 | 5.4 | 5.6 |
| 土耳其 | 84.5 | 89.2 | 80.6 | 86.2 | 4.7 | 5.6 |
| 捷　克 | 84.1 | 88.9 | 80.1 | 86.3 | 4.8 | 6.2 |
| 波　兰 | 84.0 | 89.1 | 79.6 | 86.1 | 5.1 | 6.5 |
| 拉脱维亚 | 84.0 | 87.5 | 79.6 | 84.3 | 3.5 | 4.7 |
| 哥斯达黎加 | 83.8 | 90.0 | 81.1 | 87.7 | 6.2 | 6.6 |
| 墨西哥 | 83.6 | 87.5 | 81.2 | 85.0 | 3.9 | 3.8 |
| 立陶宛 | 83.3 | 88.4 | 78.1 | 85.2 | 5.1 | 7.1 |
| 哥伦比亚 | 82.8 | 88.4 | 79.8 | 86.0 | 5.6 | 6.2 |
| 斯洛伐克 | 82.5 | 88.7 | 78.6 | 85.9 | 6.2 | 7.3 |
| 匈牙利 | 82.5 | 87.9 | 78.5 | 85.3 | 5.4 | 6.8 |

资料来源：OECD(2023)，Pensions at a Glance 2023：OECD and G20 Indicators，OECD Publishing，Paris。

到 2065 年，几乎所有经合组织国家 65 岁预期寿命的性别差距都将是女性多 2 到 4 岁。日本和韩国的性别差距更大，达到 5 岁。冰岛、荷兰、英国和美国的预测性别差距最小，为 1.7 岁。

---

**专栏 1.1　日本鼓励生育新政：三孩以上家庭子女将免费上大学**

2022 年日本每名女性一生预计生育的孩子数——总和生育率为 1.26，创下 1947 年有相关统计以来的最低纪录。为增加新生儿数量，2023 年 12 月日本政府推出“全新的低出生率对策”，决定对养育有 3 个以上子女的家庭从 2025 年度开始免除所有子女 4 年制大学、专科大学、高等专科学校（职业学校）的学费，且这一规定对家庭收入没有限制。除学费外，入学金也将纳入免除范围。日本政府计划将上述内容写入新制定的《儿童未来战略》。

到目前为止,日本只对年收入不足 380 万日元的家庭实行针对多子女家庭减免大学学费或提供奖学金的制度。从 2024 年开始将对象扩大到年收入不到 600 万日元的家庭。该政策将进一步扩大,从 2025 年开始取消收入限制,并向免除包括入学金在内的全额大学学费的方向推进。

与此同时,日本还将增加面向低收入单亲家庭发放的"儿童抚养津贴"。此前,日本政策规定,第一个孩子每月最多可获得 44 140 日元,第二个孩子每月最多可获得 10 420 日元。从第三个孩子开始,每月最高可获得 6 250 日元,但最早从 2025 年起,针对第三个孩子的津贴将上调至与第二个孩子相同的最高可获得 1.042 万日元。

另外,可领取最高金额的家庭的收入上限也将从年收入 160 万日元提高到 190 万日元。日本政府计划向无法享受 2024 年所得税减税优惠的低收入家庭一次性支付 7 万日元的援助金,同时还在考虑对有 18 岁以下子女的家庭,每 1 名子女追加支付 5 万日元的方案。

资料来源:日经中文网,https://cn.nikkei.com/career/abroadstudy/54243-2023-12-07-09-55-06.html。

## 三、各国社会保障支出的总量与结构

### (一) 经合组织国家的社会保障支出总量

在新冠疫情暴发以后,经合组织国家社会保障支出占 GDP 的平均比重迅速提高,从 2019 年的 20.10％增长至 2020 年的 22.96％。3 个百分点的增加,有 2.5 个百分点来自公共社会保障支出的增加,0.5 个百分点来自各国 GDP 的缩水(分母减少了)。在 2020 年,社会保障支出的增加主要是因为与新冠疫情相关的医疗支出增长较快,同时新冠疫情冲击下大量人员陷入失业,转而申请领取失业金、最低收入保障津贴等。此外,政府为了降低新冠的冲击,出台临时性的现金补贴政策,也增加了社会保障支出。

2021 年以后,新冠疫情冲击有所减弱,经合组织各国社会保障支出占 GDP 的平均比重呈下降趋势,从 2020 年的 22.96％降到 2022 年的 21.09％。在有可比数据的 31 个经合组织国家中,扣除通货膨胀以后的实际社会保障支出在 2020 年增长 11％,在 2021 年增长 4％,而在 2022 年降低 2％;扣除通货膨胀以后的实际 GDP 在 2020 年、2021 年和 2022 年的增长率分别是－4％、6％和 3％。

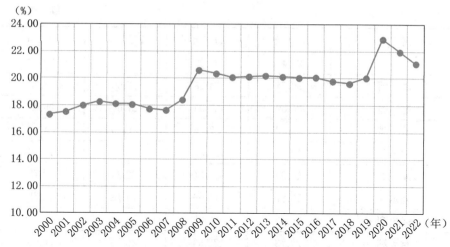

**图 1.2　经合组织国家社会保障支出占 GDP 的平均比重**

资料来源：OECD(2023)，Social Expenditure(SOCX) Update 2023：The rise and fall of public social spending with the COVID-19 pandemic，OECD，Paris。

在社会保障总支出占 GDP 的比重方面，经合组织国家差异较大(见表 1.6)。2019 年至 2020 年间，加拿大、西班牙和美国的社保支出比重增长较快，分别增长6.2 个百分点、6.5 个百分点和 5.7 个百分点。在大多数国家，2021 年社保支出比重有所下降。但在智利，社保支出比重持续增加，2019 年至 2021 年间，社保支出增长近 8 个百分点。相比之下，丹麦、挪威和瑞典是为数不多的、出现社保支出占比下降的国家。

**表 1.6　经合组织各国社会保障支出占 GDP 的比重**　　(单位:%)

| 国家 | 2019 年 | 2020 年 | 2021 年 | 2022 年 |
|---|---|---|---|---|
| 澳大利亚 | 20.45 | | | |
| 奥地利 | 27.71 | 31.11 | 31.06 | 29.36 |
| 比利时 | 28.22 | 32.28 | 29.71 | 28.97 |
| 加拿大 | 18.78 | 24.97 | | |
| 智利 | 11.71 | 15.06 | 19.61 | |
| 哥伦比亚 | 14.13 | 17.02 | 15.15 | |
| 哥斯达黎加 | 12.31 | 14.46 | | |
| 捷克 | 19.46 | 22.62 | 22.50 | 22.01 |
| 丹麦 | 28.44 | 29.35 | 28.27 | 26.16 |
| 爱沙尼亚 | 17.91 | 19.82 | 18.44 | 17.19 |

| 国　家 | 2019 年 | 2020 年 | 2021 年 | 2022 年 |
|---|---|---|---|---|
| 芬　兰 | 29.42 | 31.00 | 30.34 | 29.02 |
| 法　国 | 30.74 | 34.88 | 32.66 | 31.63 |
| 德　国 | 25.59 | 27.94 | 27.64 | 26.72 |
| 希　腊 | 25.08 | 27.86 | 26.10 | 24.12 |
| 匈牙利 | 17.64 | 18.55 | 18.09 | 17.19 |
| 冰　岛 | 18.69 | 23.01 | 22.31 | 20.78 |
| 爱尔兰 | 12.87 | 15.69 | 14.18 | 12.78 |
| 以色列 | 16.13 | 20.06 | 18.34 | |
| 意大利 | 27.73 | 32.63 | 30.73 | 30.06 |
| 日　本 | 22.77 | 24.94 | | |
| 韩　国 | 12.26 | 14.39 | 14.92 | 14.84 |
| 拉脱维亚 | 16.52 | 18.47 | 19.76 | 19.69 |
| 立陶宛 | 16.99 | 21.08 | 18.73 | 19.84 |
| 卢森堡 | 21.62 | 23.92 | 21.59 | 21.87 |
| 墨西哥 | 7.36 | | | |
| 荷　兰 | 16.32 | 18.92 | 18.67 | 17.57 |
| 新西兰 | 23.64 | 21.98 | 20.82 | |
| 挪　威 | 25.28 | 28.16 | 24.36 | 20.68 |
| 波　兰 | 21.19 | 23.23 | 22.57 | 22.71 |
| 葡萄牙 | 22.34 | 25.11 | 24.80 | 24.64 |
| 斯洛伐克 | 17.45 | 19.77 | 19.63 | 19.06 |
| 斯洛文尼亚 | 21.47 | 24.47 | 23.66 | 22.84 |
| 西班牙 | 24.65 | 31.18 | 29.54 | 28.09 |
| 瑞　典 | 25.07 | 25.86 | 24.90 | 23.67 |
| 瑞　士 | 16.15 | 19.31 | 18.03 | 17.04 |
| 土耳其 | 12.43 | | | |
| 英　国 | 19.51 | 22.49 | 22.07 | |
| 美　国 | 18.26 | 23.94 | 22.68 | |

资料来源：OECD(2023)，Social Expenditure(SOCX) Update 2023：The rise and fall of public social spending with the COVID-19 pandemic，OECD，Paris。

## (二)经合组织各国的社会保障支出结构

社会保障支出分为两大类:一是现金支出,又分为养老金支出、对工作人群的现金补贴;二是实物支出,又分为医疗服务、医疗服务之外的社会服务。平均而言,在整个经合组织成员国中,2019年养老金支出、医疗服务的占比最高,分别占GDP的7.7%和5.8%(见表1.7)。

表1.7　2019年经合组织国家各类社保支出占GDP的比重(单位:%)

| 国　家 | 现金支出 | | 实物支出 | | 社保总支出 |
|---|---|---|---|---|---|
| | 养老金支出 | 对工作人群的现金补贴 | 医疗服务 | 医疗服务之外的社会服务 | |
| 法　国 | 13.4 | 5.4 | 8.5 | 2.7 | 30.7 |
| 芬　兰 | 11.9 | 5.0 | 5.8 | 5.8 | 29.4 |
| 丹　麦 | 8.1 | 4.9 | 6.7 | 6.8 | 28.4 |
| 比利时 | 10.7 | 6.2 | 7.2 | 3.2 | 28.2 |
| 意大利 | 15.9 | 4.2 | 6.4 | 1.0 | 27.7 |
| 奥地利 | 13.0 | 4.6 | 7.3 | 2.2 | 27.7 |
| 德　国 | 10.4 | 3.3 | 8.3 | 3.0 | 25.6 |
| 挪　威 | 7.1 | 5.7 | 6.6 | 5.5 | 25.3 |
| 希　腊 | 15.7 | 3.6 | 5.0 | 0.5 | 25.1 |
| 瑞　典 | 7.0 | 3.5 | 6.6 | 7.0 | 25.1 |
| 西班牙 | 11.3 | 4.5 | 6.5 | 1.7 | 24.6 |
| 新西兰 | 4.9 | 4.8 | 7.2 | 2.8 | 23.6 |
| 日　本 | 9.3 | 1.7 | 9.6 | 2.0 | 22.8 |
| 葡萄牙 | 12.4 | 3.3 | 5.8 | 0.5 | 22.3 |
| 卢森堡 | 8.7 | 5.2 | 4.6 | 2.4 | 21.6 |
| 斯洛文尼亚 | 10.0 | 3.8 | 6.2 | 1.2 | 21.5 |
| 波　兰 | 10.9 | 4.4 | 4.6 | 0.9 | 21.2 |
| 澳大利亚 | 4.3 | 4.6 | 6.3 | 3.4 | 20.5 |
| **经合组织各国平均** | **7.7** | **3.6** | **5.8** | **2.3** | **20.1** |
| 捷　克 | 7.9 | 3.6 | 6.5 | 1.2 | 19.5 |
| 英　国 | 4.9 | 3.7 | 7.9 | 2.8 | 19.5 |

| 国　　家 | 现金支出 | | 实物支出 | | 社保总支出 |
|---|---|---|---|---|---|
| | 养老金支出 | 对工作人群的现金补贴 | 医疗服务 | 医疗服务之外的社会服务 | |
| 加拿大 | 5.0 | 4.7 | 7.7 | 0.9 | 18.8 |
| 冰　岛 | 2.9 | 4.7 | 7.1 | 4.0 | 18.7 |
| 美　国 | 7.1 | 1.5 | 8.4 | 1.1 | 18.3 |
| 爱沙尼亚 | 6.6 | 4.7 | 4.7 | 1.4 | 17.9 |
| 匈牙利 | 7.6 | 3.0 | 4.3 | 2.1 | 17.6 |
| 斯洛伐克 | 7.1 | 3.3 | 5.5 | 1.2 | 17.5 |
| 立陶宛 | 6.4 | 3.9 | 4.6 | 1.8 | 17.0 |
| 拉脱维亚 | 6.8 | 3.8 | 4.0 | 1.7 | 16.5 |
| 荷　兰 | 5.0 | 4.8 | 2.9 | 3.1 | 16.3 |
| 瑞　士 | 6.4 | 4.3 | 2.9 | 1.9 | 16.1 |
| 以色列 | 4.7 | 4.0 | 4.8 | 2.5 | 16.1 |
| 哥伦比亚 | 5.7 | 0.3 | 5.8 | 2.0 | 14.1 |
| 爱尔兰 | 3.3 | 3.1 | 5.0 | 1.2 | 12.9 |
| 土耳其 | 7.5 | 0.8 | 3.4 | 0.6 | 12.4 |
| 哥斯达黎加 | 5.1 | 1.0 | 5.2 | 0.8 | 12.3 |
| 韩　国 | 3.3 | 1.7 | 4.8 | 2.0 | 12.3 |
| 智　利 | 2.8 | 1.7 | 4.8 | 2.1 | 11.7 |
| 墨西哥 | 3.1 | 0.5 | 2.7 | 1.1 | 7.4 |

资料来源：OECD(2023)，Social Expenditure(SOCX) Update 2023：The rise and fall of public social spending with the COVID-19 pandemic，OECD，Paris。

公共养老金支出占比最高的国家依次是意大利(15.9％)、希腊(15.7％)、法国(13.4％)、奥地利(13％)。在这些国家，一方面是老龄化严重，养老金支出水平较高，另一方面这些国家传统上对养老政策较为重视，保障力度相对较高。公共养老金支出占比最低的国家是智利，仅为2.8％，原因是智利以私人养老账户为主，政府的投入较少。公共养老金支出占比较低的国家还有冰岛、韩国和墨西哥，这些国家养老金支出约占GDP的3％。冰岛的人员构成也相对年轻，但更重要的是，冰岛的退休收入主要由强制性职业养老金提供,公共养老金发挥的作用较小,同时退休年龄较高(67岁);韩国的养老金制度还不成熟,1988年才建立了与收入挂钩的公共养老金计划,2014年才引入了新的目标养老金;墨西哥有相对年轻的人口,并且公共养老金覆盖范围相对较窄(只覆盖大约35%的雇员)。

日本、法国、美国和德国的公共卫生支出占GDP的比率超过8%,而墨西哥、荷兰和瑞士的公共卫生支出占GDP的比率不到3%。产生差异的原因与一个国家的医疗保障制度模式、医保覆盖面有关,还受人口老龄化程度的影响。

2019年,经合组织国家对工作人群的现金补贴占GDP的3.6%。这一现金补贴的具体支出是:用于疾病和残疾现金支付,占GDP的1.6%;用于发放子女津贴等家庭现金补贴,占GDP的1.1%;用于失业救济金,占GDP的0.6%,另外0.3%用于其他社会支持。

2019年,经合组织国家除医疗保健外的社会服务支出占GDP的2.3%。其中,家庭服务几乎占GDP的1%,主要是针对0—5岁儿童的幼儿教育和保育服务。平均而言,经合组织国家用于老年人和残疾人服务的公共支出略低于GDP的1%。北欧国家特别注重对儿童、老年人和残疾的社会服务,瑞典、丹麦、芬兰和挪威这一类别支出分别占GDP的7%、6.8%、5.8%和5.5%,超过经合组织国家平均水平的两倍。

## 四、各国的养老保障制度及运行情况

### (一)各国的养老保障体系

通常而言,一个国家的养老金体系是由多层次的养老金共同组成,而在不同的国家,各层次的养老金重要程度有所差异。其中,公共养老金无疑是最重要的养老金收入来源,除此之外,一些国家还规定劳动者必须强制参加私人养老金计划或自愿参加私人养老金计划。从经合组织现有38个成员国来看,对于一位标准的参保人①,其公共养老金毛替代率为42.3%。具体情况可以分为三大类(见表1.8)。

1. 仅有公共养老金计划的国家(18个)

经合组织国家的公共养老金替代率平均为59%。由于没有私人养老金作为补

---

① 标准参保人是符合以下条件的参保人:(1)参保人22岁时开始工作直至达到退休年龄;(2)收入为社会平均工资;(3)达到国家规定的全额领取养老金年龄时领取养老金。

充,公共养老金的替代率相对较高,政府在养老金体系中起着主导性作用。

2. 同时拥有公共养老金计划和强制私人养老金计划的国家(10个)

经合组织国家的公共养老金替代率平均为50%。这10个国家中,有9个实施缴费确定型的私人养老金计划;只有瑞士实施待遇确定型养老金计划。各国的私人养老金替代率差异较大,最低的国家不到10%,例如挪威(5.4%)、哥斯达黎加(9.7%);最高的国家则超过40%,例如,荷兰(45.6%)、冰岛(43.1%)和丹麦(42.9%)。

3. 同时拥有公共养老金计划和自愿私人养老金计划的国家(10个)

经合组织国家的公共养老金替代率平均为37%,总体较低,为自愿私人养老金计划留下较大的空间。美国和爱尔兰的自愿养老金计划分别高达34.1%和29.5%,替代率排名前两位。由于公共养老金具有较强的收入再分配功能,而私人养老金计划无收入再分配功能,在私人养老金计划占比较高的国家,老年人的贫富悬殊往往较大。

表1.8　经合组织国家各类养老金的替代率　　　　　　　(单位:%)

| | 公共养老金 | 强制性的私人养老金 | 自愿性的私人养老金 | 总和 |
|---|---|---|---|---|
| 澳大利亚 | 0.00 | 25.98 | | 25.98 |
| 奥地利 | 74.11 | | | 74.11 |
| 比利时 | 43.47 | | 8.94 | 52.41 |
| 加拿大 | 36.84 | | 20.21 | 57.05 |
| 智　利 | 11.87 | 25.22 | | 37.09 |
| 哥伦比亚 | 74.76 | | | 74.76 |
| 哥斯达黎加 | 54.41 | 9.73 | | 64.14 |
| 捷　克 | 47.41 | | | 47.41 |
| 丹　麦 | 30.17 | 42.95 | | 73.12 |
| 爱沙尼亚 | 28.08 | | 22.27 | 50.35 |
| 芬　兰 | 58.43 | | | 58.43 |
| 法　国 | 57.57 | | | 57.57 |
| 德　国 | 43.86 | | 10.87 | 54.72 |
| 希　腊 | 80.82 | | | 80.82 |
| 匈牙利 | 52.42 | | | 52.42 |
| 冰　岛 | 0.00 | 43.13 | | 43.13 |
| 爱尔兰 | 26.20 | | 29.52 | 55.72 |

| | 公共养老金 | 强制性的私人养老金 | 自愿性的私人养老金 | 总和 |
|---|---|---|---|---|
| 以色列 | 9.51 | 28.51 | 13.68 | 51.71 |
| 意大利 | 76.07 | | | 76.07 |
| 日 本 | 32.39 | | | 32.39 |
| 韩 国 | 31.20 | | | 31.20 |
| 拉脱维亚 | 39.77 | | | 39.77 |
| 立陶宛 | 18.21 | | 11.93 | 30.13 |
| 卢森堡 | 74.79 | | | 74.79 |
| 墨西哥 | 15.19 | 40.28 | 14.52 | 69.99 |
| 荷 兰 | 29.12 | 45.60 | | 74.73 |
| 新西兰 | 39.65 | | 15.22 | 54.87 |
| 挪 威 | 39.06 | 5.40 | | 44.46 |
| 波 兰 | 29.25 | | | 29.25 |
| 葡萄牙 | 73.87 | | | 73.87 |
| 斯洛伐克 | 54.91 | | | 54.91 |
| 斯洛文尼亚 | 42.11 | | | 42.11 |
| 西班牙 | 80.43 | | | 80.43 |
| 瑞 典 | 49.02 | 13.28 | | 62.30 |
| 瑞 士 | 21.21 | 18.71 | | 39.92 |
| 土耳其 | 70.34 | | | 70.34 |
| 英 国 | 21.73 | 20.13 | | 41.86 |
| 美 国 | 39.10 | | 34.12 | 73.22 |

资料来源：OECD（2023），*Pensions at a Glance 2023：OECD and G20 Indicators*，OECD Publishing，Paris。

## (二) 各国的老年人口赡养率

老年人口赡养率(old age dependency ratio)是指领取养老金人口数量(65 岁以及人口数量)占工作年龄人口数量(20 岁—64 岁人口数量)的比重。老年人口赡养率的变化取决于死亡率、生育率和移民数量。由于各国的预期寿命不断提高，而且生育率下降，老年人口赡养率将持续上升，意味着工作年龄人群承担的养老压力将逐渐增大。

2022 年,经合组织国家老年人口赡养率的平均值为 31.3%(见表 1.9)。其中,日本、芬兰和意大利排名前三,分别达 55.4%、41.5% 和 41.0%。而经济水平相对落后的国家由于生育率较高,老年人口赡养率较低,例如,墨西哥(14.2%)、土耳其(14.2%)、哥伦比亚(14.5%)、哥斯达黎加(17.5%)、智利(20.9%)和以色列(23.1%)的老年人口赡养率均低于 25%。卢森堡则因引入较多移民,人口相对年轻,老年人口赡养率为 23.5%。

表 1.9  经合组织国家的老年人口赡养率　　　　　　(单位:%)

| 国　家 | 2022 年 | 2052 年 | 2082 年 | 国　家 | 2022 年 | 2052 年 | 2082 年 |
|---|---|---|---|---|---|---|---|
| 澳大利亚 | 28.6 | 43.7 | 59.1 | 日　本 | 55.4 | 80.0 | 85.7 |
| 奥地利 | 32.5 | 59.0 | 66.0 | 韩　国 | 26.3 | 82.3 | 117.0 |
| 比利时 | 34.0 | 52.2 | 63.9 | 拉脱维亚 | 38.0 | 56.4 | 60.8 |
| 加拿大 | 31.7 | 46.3 | 59.5 | 立陶宛 | 35.1 | 56.8 | 60.9 |
| 智　利 | 20.9 | 48.6 | 73.0 | 卢森堡 | 23.5 | 48.2 | 59.4 |
| 哥伦比亚 | 14.5 | 37.7 | 64.2 | 墨西哥 | 14.2 | 34.0 | 63.1 |
| 哥斯达黎加 | 17.5 | 43.7 | 74.8 | 荷　兰 | 34.7 | 51.0 | 63.0 |
| 捷　克 | 35.3 | 49.0 | 46.3 | 新西兰 | 27.7 | 44.9 | 62.0 |
| 丹　麦 | 35.6 | 44.3 | 55.9 | 挪　威 | 31.3 | 46.5 | 61.0 |
| 爱沙尼亚 | 35.6 | 57.9 | 64.7 | 波　兰 | 30.3 | 59.9 | 68.7 |
| 芬　兰 | 41.5 | 52.4 | 69.6 | 葡萄牙 | 39.0 | 69.7 | 74.7 |
| 法　国 | 39.3 | 57.1 | 68.4 | 斯洛伐克 | 27.3 | 56.8 | 62.4 |
| 德　国 | 38.0 | 59.1 | 64.8 | 斯洛文尼亚 | 35.3 | 65.7 | 66.9 |
| 希　腊 | 39.3 | 70.7 | 79.4 | 西班牙 | 33.4 | 77.2 | 84.7 |
| 匈牙利 | 33.2 | 51.8 | 57.5 | 瑞　典 | 35.9 | 46.0 | 60.4 |
| 冰　岛 | 25.5 | 45.7 | 64.9 | 瑞　士 | 31.8 | 56.4 | 62.0 |
| 爱尔兰 | 25.8 | 51.2 | 61.4 | 土耳其 | 14.2 | 39.3 | 60.9 |
| 以色列 | 23.1 | 31.1 | 40.9 | 英　国 | 33.2 | 49.1 | 63.8 |
| 意大利 | 41.0 | 78.1 | 83.4 | 美　国 | 29.4 | 43.4 | 57.7 |
| OECD | 31.3 | 53.8 | 66.1 | | | | |

资料来源:OECD(2023),*Pensions at a Glance 2023: OECD and G20 Indicators*,OECD Publishing,Paris。

到 2052 年,老年人口赡养率排名前列的国家分别是,韩国(82.3%)、日本(80.0%)、意大利(78.1%)、西班牙(77.2%)和希腊(70.7%),意味着这些国家将来的养老负担非常重。相比之下,届时以色列、墨西哥、哥伦比亚和土耳其仍是人口较为年轻的国家,老年人口赡养率分别为 31.1%、34.0%、37.7%和 39.3%。

### (三)各国老年人群的贫困率

国际贫困线的标准是收入低于全国家庭可支配收入中位数的 50%。2020 年,经合组织国家的 66 岁及以上的人群贫困率平均为 14.2%,略高于所有人群的贫困率(11.4%)。

经合组织国家老年人群的贫困率差异较大(见表 1.10)。老年人群贫困率较高的国家有,韩国(40.4%)、爱沙尼亚(34.6%)、拉脱维亚(32.2%)、立陶宛(27%)、美国(22.8%)、澳大利亚(22.6%)、哥斯达黎加(22.4%)和日本(20%)。韩国由于养老保障制度的设立时间不长,存在相对较高的预期寿命、不足的养老准备、不充分的养老金等问题,一些老年人因贫困而不得不继续工作。2021 年韩国 66 岁以上男性的就业率高达 44.1%。相比之下,捷克、丹麦、法国、冰岛、卢森堡和挪威的老年人相对贫困率最低,接近 5%或更低。

**表 1.10  经合组织各国的老年人群贫困率**　　　　　　(单位:%)

| 国　家 | 65 岁及以上人口 | | | | | 所有人口 |
| --- | --- | --- | --- | --- | --- | --- |
| | 全部 | 按年龄分组 | | 按性别分组 | | |
| | | 66 岁—75 岁 | 76 岁及以上 | 男性 | 女性 | |
| 澳大利亚 | 22.6 | 19.7 | 27.0 | 18.2 | 26.6 | 12.6 |
| 奥地利 | 10.6 | 9.6 | 12.0 | 7.3 | 13.2 | 9.6 |
| 比利时 | 8.6 | 5.9 | 12.2 | 7.3 | 9.8 | 7.3 |
| 加拿大 | 12.1 | 11.0 | 13.9 | 9.2 | 14.6 | 8.6 |
| 智　利 | 17.6 | 17.7 | 17.4 | 17.6 | 17.5 | 16.5 |
| 哥斯达黎加 | 22.4 | 21.4 | 24.0 | 22.8 | 22.1 | 20.3 |
| 捷　克 | 5.1 | 4.9 | 5.5 | 2.3 | 7.2 | 5.3 |
| 丹　麦 | 4.3 | 2.8 | 6.3 | 3.2 | 5.2 | 6.5 |
| 爱沙尼亚 | 34.6 | 27.6 | 43.0 | 20.8 | 41.8 | 15.8 |
| 芬　兰 | 6.3 | 4.9 | 8.3 | 4.5 | 7.7 | 6.7 |
| 法　国 | 4.4 | 4.0 | 4.9 | 3.3 | 5.2 | 8.4 |

23

| 国 家 | 65 岁及以上人口 | | | | | 所有人口 |
|---|---|---|---|---|---|---|
| | 全部 | 按年龄分组 | | 按性别分组 | | |
| | | 66 岁—75 岁 | 76 岁及以上 | 男性 | 女性 | |
| 德 国 | 11.0 | 12.1 | 9.8 | 8.6 | 12.7 | 10.9 |
| 希 腊 | 9.3 | 8.8 | 10.0 | 7.0 | 11.2 | 13.0 |
| 匈牙利 | 6.1 | 6.9 | 4.6 | 4.4 | 7.1 | 8.7 |
| 冰 岛 | 3.1 | 4.0 | 1.1 | 4.5 | 1.7 | 4.9 |
| 爱尔兰 | 14.7 | 12.4 | 18.1 | 11.2 | 17.8 | 7.7 |
| 以色列 | 17.0 | 15.2 | 20.1 | 14.3 | 19.3 | 16.9 |
| 意大利 | 10.3 | 10.3 | 10.4 | 7.7 | 12.4 | 13.5 |
| 日 本 | 20.0 | 16.4 | 23.9 | 16.4 | 22.8 | 15.7 |
| 韩 国 | 40.4 | 31.4 | 52.0 | 34.0 | 45.3 | 15.3 |
| 拉脱维亚 | 32.2 | 24.7 | 42.3 | 19.0 | 38.6 | 16.0 |
| 立陶宛 | 27.0 | 25.7 | 28.4 | 13.9 | 33.8 | 14.1 |
| 卢森堡 | 5.2 | 4.9 | 5.7 | 4.9 | 5.4 | 9.8 |
| 墨西哥 | 19.8 | 18.2 | 22.3 | 18.9 | 20.4 | 16.6 |
| 荷 兰 | 6.5 | 4.4 | 9.7 | 6.1 | 6.9 | 8.5 |
| 新西兰 | 16.8 | 14.3 | 20.9 | 13.2 | 20.1 | 12.4 |
| 挪 威 | 3.8 | 2.7 | 5.4 | 2.3 | 5.1 | 7.9 |
| 波 兰 | 13.2 | 13.7 | 12.3 | 7.6 | 16.8 | 9.1 |
| 葡萄牙 | 13.8 | 12.5 | 15.2 | 10.4 | 16.2 | 12.8 |
| 斯洛伐克 | 6.6 | 6.2 | 7.6 | 4.4 | 8.2 | 7.8 |
| 斯洛文尼亚 | 10.7 | 10.2 | 11.6 | 7.1 | 13.4 | 7.0 |
| 西班牙 | 11.3 | 9.9 | 12.8 | 10.1 | 12.2 | 15.4 |
| 瑞 典 | 11.1 | 8.3 | 14.5 | 7.2 | 14.5 | 9.2 |
| 瑞 士 | 18.8 | 16.1 | 22.1 | 16.9 | 20.6 | 9.9 |
| 土耳其 | 13.7 | 11.9 | 17.0 | 12.1 | 15.0 | 15.0 |
| 英 国 | 13.1 | 11.0 | 16.0 | 11.1 | 14.9 | 11.2 |
| 美 国 | 22.8 | 20.1 | 27.2 | 19.8 | 25.3 | 15.1 |
| **OECD 平均** | **14.2** | **12.5** | **16.6** | **11.1** | **16.5** | **11.4** |

资料来源：OECD（2023），*Pensions at a Glance 2023：OECD and G20 Indicators*，OECD Publishing，Paris。

对比老年人群与所有人群的贫困率差异,有23个国家的老年人群的贫困率更高,其中韩国、爱沙尼亚、拉脱维亚、立陶宛和澳大利亚的老年贫困率高于所有人群贫困率10个百分点以上;同时有14个国家的老年人群贫困率更低,但差异不大。

在所有的经合组织国家,66岁—75岁人群的贫困率平均为12.5%,76岁及以上人群的贫困率平均为16.6%,即"年轻老人"的贫困率低于"年长老人"。各国之间存在一定差异。在一些国家,"年轻老人"的贫困率远低于"年长老人",例如韩国(+20.6个百分点)、拉脱维亚(+17.5个百分点)和爱沙尼亚(+15.4个百分点)之间的差距尤其大。主要的原因有两个,一是一些国家养老金制度刚建立不久,当代高龄老人可能因缴费期较短,养老金仍然很低;二是养老金每年上调幅度低于社会平均工资增幅,这就导致退休时间长的老人,其养老金与社会平均工资存在较大程度的脱节。而在智利、德国、匈牙利、冰岛和波兰等5个经合组织国家中,76岁及以上老年人的生活状况略好于年轻一代。原因可能是,养老保障改革时,政府实施"老人老办法,新人新办法","老人"的待遇没有因改革而降低,"新人"而因遭遇改革而利益受损。

经合组织国家的女性和男性老年贫困率分别为16.6%和11.1%。女性往往因受教育年限较短或生育子女,而没有就业、工资较低或就业时间短,也因此养老金待遇较低。同时,女性的预期寿命高于男性,一些年长女性陷入贫困的概率高于男性。在除智利、哥斯达黎加和冰岛以外的所有国家中,老年妇女比老年男性面临更大的贫困风险。除这三个国家外,法国、卢森堡、墨西哥和荷兰的贫困率性别差异也相对较小(小于2个百分点)。爱沙尼亚、立陶宛、拉脱维亚等三个波罗的海国家的性别差异最大,达到20个百分点或更多,而韩国则约为11个百分点。澳大利亚、奥地利、加拿大、爱尔兰、以色列、日本、新西兰、波兰、葡萄牙、斯洛文尼亚、瑞典和美国也存在超过5个百分点的显著差异。

## 专栏1.2 三个欧洲国家调整法定退休年龄

### 1. 瑞典修改法定退休年龄

2023年1月1日,瑞典政府实施了养老金制度改革,内容包括提高缴费养老金的最低退休年龄,提高非缴费养老金和补充福利的法定退休年龄,以及提高就业保护的终止年龄。随着瑞典人的预期寿命持续提高,上述改革旨在提高瑞典养老金制度的可持续性。根据瑞典统计局数据,至2021年,瑞典男性和女性的预期寿命分别达81.2岁和84.8岁,高于2000年的77.4岁和82.0岁。

**2. 葡萄牙降低法定退休年龄**

自2023年1月1日起,葡萄牙一般退休年龄从66岁零7个月降至66岁零4个月,原因是该国在新冠肺炎病毒大流行期间的平均预期寿命缩短。

**3. 瑞士提高女性法定退休年龄**

在2022年9月25日举行的全民公投中,瑞士选民通过一项关于基本养老金和遗属待遇的法律修正案,该修正案将女性的一般退休年龄逐步从64岁提高至65岁,与男性的一般退休年龄一致。根据该修正案,自2025年起,女性的退休年龄将每年延长3个月,直至2028年达到65岁。此外,为了减少对临近退休女性的影响,修正案将允许1961年至1969年出生的女性按照对其更有利的规则提前退休。如果她们选择在正常年龄退休或延迟退休,则可每月领取补充养老金。

资料来源:国际劳工组织:《社会保障政策快报》第12期。

## 五、各国的医疗保障制度及运行情况

### (一) 医疗支出占GDP的比重

医疗支出占GDP的比重是用来衡量一个国家把多少资源投入到国民健康事业。从2006年到在疫情爆发之前的2019年,经合组织国家医疗支出的年实际增长率保持稳定,基本都在4%以下,医疗支出占GDP的比重保持在8%—8.8%,基本上没有变化(见图1.3)。

2020年新冠疫情大流行,经济活动严重放缓,医疗支出迅速增加,导致医疗支出占GDP的比重明显上升。到2021年,这一比重已跃升至9.71%。2022年,疫情的冲击减弱,而经济开始复苏,该比重又下降至9.22%。

虽然经合组织国家的医疗支出增长较为稳定,但也有少数国家的支出增长较快,例如韩国医疗支出占GDP的比重从2006年的4.8%提高至2022年的9.7%。

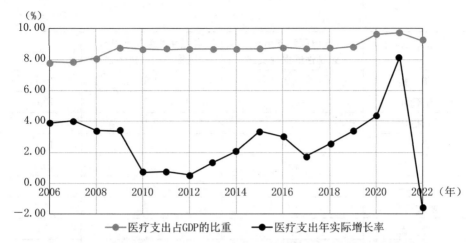

**图 1.3 经合组织国家医疗支出占 GDP 的平均比重及医疗支出年实际增长率**

资料来源：OECD（2023），Health at a Glance 2023：OECD Indicators，OECD Publishing，Paris。

根据 2022 年各国医疗支出占比来看，排名居前的国家基本是经济较为发达、老龄化相对严重的国家（见表 1.11）。其中，美国以 16.6％高居第一位，但是美国以私立非营利性医院为主力军，同时医疗预防体系薄弱，商业医疗保险的运行机制抬高整个行业的行政成本，极大地消耗社会资源，其医疗服务获得性、效率、公平方面存在非常大的缺陷。

**表 1.11　2022 年经合组织国家医疗支出占 GDP 的比重**　（单位：％）

| 国　　家 | 政府医疗支出与强制性的医保支出 | 自愿性的医保支出与医保中的自费部分 | 总和 |
|---|---|---|---|
| 美　国 | 14.1 | 2.5 | 16.6 |
| 德　国 | 10.9 | 1.7 | 12.7 |
| 法　国 | 10.3 | 1.8 | 12.1 |
| 日　本 | 9.8 | 1.7 | 11.5 |
| 奥地利 | 8.8 | 2.5 | 11.4 |
| 英　国 | 9.3 | 2.1 | 11.3 |
| 瑞　士 | 7.8 | 3.5 | 11.3 |
| 新西兰 | 9.2 | 2.0 | 11.2 |
| 加拿大 | 8.0 | 3.2 | 11.2 |
| 比利时 | 8.4 | 2.6 | 10.9 |

| 国　家 | 政府医疗支出与<br>强制性的医保支出 | 自愿性的医保支出与<br>医保中的自费部分 | 总和 |
|---|---|---|---|
| 瑞　典 | 9.2 | 1.5 | 10.7 |
| 葡萄牙 | 6.7 | 3.9 | 10.6 |
| 西班牙 | 7.3 | 3.1 | 10.4 |
| 荷　兰 | 8.6 | 1.6 | 10.2 |
| 芬　兰 | 8.0 | 2.0 | 10.0 |
| 韩　国 | 6.1 | 3.6 | 9.7 |
| 澳大利亚 | 7.0 | 2.7 | 9.6 |
| 丹　麦 | 8.1 | 1.4 | 9.5 |
| OECD 国家平均 | 7.0 | 2.2 | 9.2 |
| 捷　克 | 7.8 | 1.3 | 9.1 |
| 意大利 | 6.8 | 2.2 | 9.0 |
| 智　利 | 5.6 | 3.4 | 9.0 |
| 斯洛文尼亚 | 6.6 | 2.3 | 8.8 |
| 拉脱维亚 | 5.9 | 2.9 | 8.8 |
| 希　腊 | 5.1 | 3.5 | 8.6 |
| 冰　岛 | 7.1 | 1.4 | 8.6 |
| 哥伦比亚 | 6.1 | 1.9 | 8.1 |
| 挪　威 | 6.8 | 1.2 | 7.9 |
| 斯洛伐克 | 6.2 | 1.5 | 7.8 |
| 立陶宛 | 5.1 | 2.3 | 7.5 |
| 以色列 | 5.1 | 2.3 | 7.4 |
| 哥斯达黎加 | 5.3 | 1.8 | 7.2 |
| 爱沙尼亚 | 5.3 | 1.7 | 6.9 |
| 匈牙利 | 4.9 | 1.9 | 6.7 |
| 波　兰 | 5.0 | 1.7 | 6.7 |
| 爱尔兰 | 4.7 | 1.4 | 6.1 |
| 墨西哥 | 2.9 | 2.6 | 5.5 |
| 卢森堡 | 4.7 | 0.8 | 5.5 |
| 土耳其 | 3.3 | 1.0 | 4.3 |

资料来源：OECD(2023)，Health at a Glance 2023：OECD Indicators，OECD Publishing，Paris。

## (二) 人均医疗支出

人均医疗支出水平反映了个人的医疗资源耗费情况。为反映各国真实情况，本节的人均医疗支出额均已按各国购买力平价(PPP)进行换算。

2022 年，经合组织国家的人均医疗支出(根据购买力差异进行调整后)为 4 986 美元(见表 1.12)。人均支出额较高的国家有美国、瑞士、德国、挪威和奥地利等。而美国人均医疗支出高达 12 555 美元，瑞士和德国是经合组织国家中支出第二高的国家，支出约为 8 000 美元，不到美国水平的三分之二。从整体上看，南欧国家和东欧国家的人均医疗支出额低于北欧和西欧国家，主要受经济发展水平的影响。拉美国家普遍排名靠后，一方面是经济水平发展相对滞后，另一方面是人口年轻，医疗需求较小。排名最后一位的墨西哥的人均医疗支出(1 181 美元)约为经合组织平均水平的四分之一。

表 1.12　2022 年经合组织国家的人均医疗支出

(单位:按 PPP 换算后的美元)

| 国　　家 | 政府医疗支出与<br>强制性的医保支出 | 自愿性的医保支出与<br>医保中的自费部分 | 总和 |
|---|---|---|---|
| 美　　国 | 10 644 | 1 912 | 12 555 |
| 瑞　　士 | 5 547 | 2 502 | 8 049 |
| 德　　国 | 6 930 | 1 081 | 8 011 |
| 挪　　威 | 6 637 | 1 134 | 7 771 |
| 奥地利 | 5 664 | 1 612 | 7 275 |
| 荷　　兰 | 5 672 | 1 057 | 6 729 |
| 法　　国 | 5 622 | 1 007 | 6 630 |
| 比利时 | 5 058 | 1 542 | 6 600 |
| 瑞　　典 | 5 525 | 913 | 6 438 |
| 卢森堡 | 5 527 | 909 | 6 436 |
| 澳大利亚 | 4 603 | 1 769 | 6 372 |
| 加拿大 | 4 506 | 1 813 | 6 319 |
| 丹　　麦 | 5 324 | 956 | 6 280 |
| 新西兰 | 4 969 | 1 092 | 6 061 |
| 爱尔兰 | 4 678 | 1 369 | 6 047 |

| 国 家 | 政府医疗支出与<br>强制性的医保支出 | 自愿性的医保支出与<br>医保中的自费部分 | 总和 |
|---|---|---|---|
| 芬 兰 | 4 476 | 1 123 | 5 599 |
| 英 国 | 4 479 | 1 014 | 5 493 |
| 冰 岛 | 4 425 | 889 | 5 314 |
| 日 本 | 4 491 | 759 | 5 251 |
| OECD 平均 | 3 882 | 1 104 | 4 986 |
| 韩 国 | 2 865 | 1 705 | 4 570 |
| 捷 克 | 3 872 | 640 | 4 512 |
| 西班牙 | 3 113 | 1 319 | 4 432 |
| 意大利 | 3 255 | 1 036 | 4 291 |
| 葡萄牙 | 2 640 | 1 522 | 4 162 |
| 斯洛文尼亚 | 3 056 | 1 058 | 4 114 |
| 立陶宛 | 2 459 | 1 128 | 3 587 |
| 拉脱维亚 | 2 304 | 1 141 | 3 445 |
| 以色列 | 2 360 | 1 084 | 3 444 |
| 爱沙尼亚 | 2 356 | 746 | 3 103 |
| 希 腊 | 1 785 | 1 230 | 3 015 |
| 波 兰 | 2 227 | 746 | 2 973 |
| 匈牙利 | 2 055 | 785 | 2 840 |
| 斯洛伐克 | 2 210 | 546 | 2 756 |
| 智 利 | 1 679 | 1 020 | 2 699 |
| 土耳其 | 1 395 | 432 | 1 827 |
| 哥斯达黎加 | 1 234 | 425 | 1 658 |
| 哥伦比亚 | 1 248 | 392 | 1 640 |
| 墨西哥 | 626 | 555 | 1 181 |

资料来源：OECD(2023)，Health at a Glance 2023：OECD Indicators, OECD Publishing, Paris。

## （三）人均医生数量

经合组织国家的医生总人数从 2001 年的 290 万增加到 2011 年的 350 万和 2021 年的 430 万。从 2011 年至 2021 年，在所有经合组织国家，医生数量的增加速度都超过了人口规模的扩大速度，因此，平均每千人口拥有医生人数从 2011 年的 3.2 名增加到 2021 年的 3.7 名（见表 1.13）。不过，人均医生数量的增加，在一定程度上被医生的人均工作时间减少所抵消。

**表 1.13　经合组织各国每千人医生数量**　　　　（单位：人）

| 国　家 | 2011 年 | 2021 年 | 国　家 | 2011 年 | 2021 年 |
|---|---|---|---|---|---|
| 希　腊 | 5.8 | 6.3 | 波　兰 | 缺 | 3.4 |
| 葡萄牙 | 4.0 | 5.6 | 爱沙尼亚 | 3.3 | 3.4 |
| 奥地利 | 4.8 | 5.4 | 拉脱维亚 | 3.1 | 3.4 |
| 挪　威 | 4.2 | 5.2 | 以色列 | 3.0 | 3.4 |
| 德　国 | 3.9 | 4.5 | 斯洛文尼亚 | 2.5 | 3.3 |
| 西班牙 | 3.8 | 4.5 | 匈牙利 | 3.0 | 3.3 |
| 立陶宛 | 4.1 | 4.5 | 比利时 | 2.9 | 3.3 |
| 瑞　士 | 3.8 | 4.4 | 法　国 | 3.1 | 3.2 |
| 丹　麦 | 3.8 | 4.4 | 英　国 | 2.7 | 3.2 |
| 冰　岛 | 3.5 | 4.4 | 卢森堡 | 2.8 | 3.0 |
| 瑞　典 | 3.9 | 4.3 | 智　利 | 1.6 | 2.9 |
| 捷　克 | 3.6 | 4.3 | 加拿大 | 2.4 | 2.8 |
| 意大利 | 3.9 | 4.1 | 美　国 | 2.5 | 2.7 |
| 澳大利亚 | 3.3 | 4.0 | 日　本 | 2.3 | 2.6 |
| 爱尔兰 | 2.7 | 4.0 | 韩　国 | 2.0 | 2.6 |
| 荷　兰 | 3.4 | 3.9 | 墨西哥 | 2.1 | 2.5 |
| 斯洛伐克 | 3.3 | 3.7 | 哥伦比亚 | 1.7 | 2.5 |
| 芬　兰 | 3.3 | 3.6 | 土耳其 | 1.7 | 2.2 |
| 新西兰 | 2.7 | 3.5 | **OECD 平均** | **3.2** | **3.7** |

资料来源：OECD（2023），Health at a Glance 2023：OECD Indicators, OECD Publishing, Paris。

经合组织国家的医生数量不断增加是由多种因素推动的。一是各国加强医学教育,医学专业的毕业生数量增加。长期以来,人口老龄化加快、慢性病增加以及各种传染性疾病的大流行,促使各国多年前就规定增加医学教育项目的学生人数。二是在一些欧洲国家,医生移民促进了现有医生数量的增加。根据美国医学会的数据,约有30%的医生是移民。移民医生主要来自亚洲和拉丁美洲国家。三是在一些国家,越来越多的医生将他们的职业生涯延长到法定退休年龄之外。在意大利和以色列等国家,2021年约有四分之一的医生年龄超过65岁。

根据每千人口的医生数量进行排名,位居前列的国家有希腊(6.3名)、葡萄牙(5.6名)、奥地利(5.4名)和挪威(5.2名)。需要说明的是,希腊和葡萄牙的医生数量统计口径有所不同,包括所有获得执业许可的医生,而不仅仅是那些正在执业的医生。人均医生数量较少的国家主要是经济发展水平相对弱一些、人口较为年轻国家,例如墨西哥(2.5名)、哥伦比亚(2.5名)和土耳其(2.2名)。日本和韩国的每千人均医生数量也都仅为2.6名。日本的护士数量相对较多,可以稍微弥补医生数量不足。韩国大韩医生协会为了保证医生高薪酬待遇,多年来一直把医学院每年招生名额限制在3 058名。此外,不少国家的医生分布结构不合理,存在全科医生(GP)短缺以及农村和偏远地区医生短缺等问题。

## 专栏1.3　美国最大非营利医疗集团员工大罢工

2023年10月初,美国凯撒医疗集团工会联盟7.5万多名医护人员发起罢工,是美国历史上规模最大的医疗工作人员罢工事件。从2022年初到2023年8月,美国劳工统计局统计了42次涉及1 000名以上罢工工人的罢工事件。统计显示,三分之一的罢工发生在医疗保健行业。这一比率高于2019年(疫情前一年)的24%。这与新冠疫情以来医护人员配备严重不足和危险的工作条件、通胀居高不下,以及实际工资增长停滞存在密切关联。

凯撒医疗集团(Kaiser Permanente Medical Groups)是美国最大的私立非营利性医疗机构,在美国夏威夷州、华盛顿州、加利福尼亚州等8个州以及华盛顿特区运营着39家医院和近724个医疗机构。截至2022年,凯撒医疗共有1 260万健康计划参保会员、216 776名员工、23 597名医生、63 847名护士。凯撒医疗是管理式医疗模式(health maintenance organization, HMO)的鼻祖,在控制医疗费用和质量方面得到世人的肯定。美国前总统奥巴马在推行全民医保政策时，多次以凯撒医疗作为行业的榜样。

此次医护人员罢工的原因主要是工作负荷和待遇问题。医疗保健行业长期经历人员短缺的困境，造成在岗人员工作负荷繁重，难以为病人提供高质量的医疗服务。更为严峻的是，新冠疫情加剧了人员短缺程度，导致现状难以为继。而美国长期持续的高通胀使普通民众的生活成本大幅增加，而美联储的高利率政策则进一步提升了企业和民众的消费和借贷成本。为此，凯撒医疗工会联盟向管理层提出要求：提高薪资；采取措施解决长期的人员短缺问题，保护员工不受外包影响；在召集远程员工返回现场工作时提前发出通知。美国凯撒医疗机构与该集团工会的合约于2023年9月30日到期，但劳资双方未能达成协议，工会因此在10月4日启动罢工，共有7.5万名医疗人员参与。在罢工期间，凯撒旗下的医院暂停了门诊等非紧急的医疗服务。经过沟通，劳资双方同意结束这场为期72小时的罢工活动，在6日对外宣布，并于10月12日重启陷入僵局的谈判。

10月14日，凯撒医疗集团与代表75 000名员工的工会达成初步协议。凯撒医疗集团管理层同意在未来四年内将所有凯撒医疗机构的工资提高21%，并制定新的医疗工作者最低工资标准：在加州为每小时25美元，在凯撒医疗集团经营的其他州为每小时23美元。凯撒医疗集团同意加快招聘，进一步承诺解决严重的人员短缺问题。

资料来源：澎湃新闻，https://m.thepaper.cn/baijiahao_24836416。

## 六、各国的失业率与失业保障制度运行情况

### （一）世界各国的失业率总体情况

2024年1月10日，国际劳工组织发布的《世界就业和社会展望：2024年趋势》显示，2023年的全球失业率为5.1%，比2022年的5.3%略有改善。2023年，全球就业缺口和劳动力市场参与率也有所改善。但是，就业脆弱性也开始显现，劳动力市场前景和全球失业状况都将恶化。2024年，预计将新增200万求职者，导致全球失业率将从2023年的5.1%上升到5.2%。大多数二十国集团国家的可支配收入都有所下降，同时，通货膨胀导致的生活水平下降一般"在短期内不太可能恢复"。该报告

认为,当前高收入国家和低收入国家之间仍然存在重大差异。2023 年,高收入国家的失业率保持在 4.5%,而低收入国家则为 5.7%。与此同时,工作中的贫困情况可能会持续。尽管自 2020 年后,全球处于极端贫困的劳动者(按购买力平价计算,人均日收入低于 2.15 美元)人数迅速减少,但 2023 年,这一群体仍增加 100 万人。2023 年,处于中度贫困的劳动者(按购买力平价计算,人均日收入低于 3.65 美元)增加 840 万人。

### (二) 经合组织国家的失业率现状

2023 年 5 月,经合组织国家的失业率平均为 4.8%(见图 1.4)。失业率超过 10% 的国家有西班牙(12.7%)、希腊(10.8%)、土耳其(10.2%)、哥伦比亚(10.2%)和哥斯达黎加(10.1%),而这些国家的失业率均较疫情暴发时的 2019 年 12 月失业率有所下降。

随着疫情冲击减弱,各国经济逐渐恢复增长,促进了就业。2023 年 5 月,经合组织的总就业人数比 2019 年 12 月高出约 3%。总体而言,自疫情爆发以来,女性就业增长略强于男性,主要原因是女性就业在疫情期间受冲击较大。到 2023 年第一季度,大多数经合组织国家的就业率与失业也稳定在疫情前水平以上。

疫情期间,一些国家发放了可观的救济金。社会各界担心这些领取救济金中有很大部分人员形成福利依赖症,永久退出劳动力市场。从目前的数据来看,这一担心的现象并没有发生。截至 2023 年第一季度,31 个国家的劳动适龄人群就业不活跃率达到或低于危机前水平,所有国家的平均下降率略低于 1 个百分点。只有哥伦比亚、哥斯达黎加和拉脱维亚的不活动率比危机前水平高出至少 1 个百分点。

在经济回暖、劳动力市场紧张的情况下,各国的名义工资增长有所回升,2023 年第一季度,几乎所有的经合组织国家的名义工资同比增长率都超过了危机前的水平,在有数据的 34 个国家中平均达到 5.6%。但是,随着许多国家的通货膨胀达到几十年来未见的水平,几乎经合组织国家的实际小时工资都出现下降,导致生活成本大幅攀升。2023 年第一季度,尽管名义工资有所回升,但有数据可查的 34 个经合组织国家的实际年工资增长率平均为 −3.8%。实际工资下降,对于低收入家庭来说尤其具有挑战性,他们通过储蓄或借贷来应对生活成本上升的余地较小,而且往往面临更高的实际通货膨胀率,因为他们的支出中用于能源和食品的比例较高。

在一些国家,经济复苏进程还受老龄化因素制约,出现劳动力不足,不得不加大外国劳动力的引进力度。日本厚生劳动省的统计数据显示,截至 2023 年 10 月,在日本工作的外籍劳动者数量首次突破 200 万人,达到 204 万,比前一年增加约 22 万,增长 12.4％,自 2013 年起连续 11 年创新高。鉴于日本人口每年减少 80 万以上,如果建筑、医疗等服务行业难以为继,日本人自己也难以生存。虽然机器人和人工智能正在得到越来越广泛的应用,但还达不到完全弥补人力不足的程度。在经济活动从疫情中复苏以及国内人手短缺的背景下,外籍劳动者的增速已经恢复至与疫情前接近的水平。从外劳的国籍看,越南人占比最多,达到 25.3％,总数为 51.8 万,其次是中国人,总数为 39.8 万。从产业分布看,从事制造业的人数最多,达 55.2 万,其次为服务业,为 32.8 万。

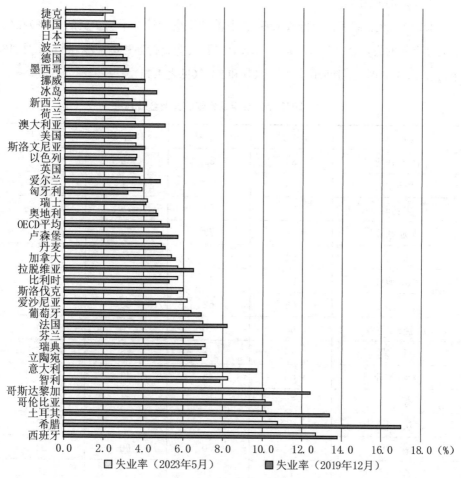

**图 1.4　经合组织各国的失业率**

资料来源:OECD(2023),OECD Employment Outlook 2023:Artificial Intelligence and the Labour Market,OECD Publishing,Paris。

## (三) 经合组织国家失业金的替代率

失业保险与救济制度最先于1911年在英国推出,截至2015年,全球203个国家和地区中,有98个已设立不同形式的失业保障制度,例如缴费型失业保险或者经济审查型的失业援助制度,其中以失业保险最为普遍,已在86个国家和地区推行。为了促使失业者努力寻找工作,一些国家缩短了失业金领取期限。但是,21世纪的全球经济波动性大,行业兴衰周期趋短,失业者往往需要更多的时间或培训才能适应新的工作岗位。如果失业者被迫尽快找到工作,往往难以找到真正符合自己工作能力和兴趣的岗位。

2022年,经合组织国家低收入者(失业前的工资为社会平均工资的67%)在失业后2个月的失业金替代率平均为62%,此后,失业金待遇逐渐减少,到6个月、12个月和60个月时,分别降到54%、44%和28%(见表1.14)。

表1.14  2022年经合组织各国的失业金替代率    (单位:%)

| 国　家 | 2个月 | 6个月 | 12个月 | 60个月 |
|---|---|---|---|---|
| 澳大利亚 | 32 | 32 | 32 | 32 |
| 奥地利 | 55 | 55 | 51 | 51 |
| 比利时 | 91 | 84 | 78 | 58 |
| 保加利亚 | 77 | 77 | 77 | 13 |
| 加拿大 | 64 | 64 | 22 | 22 |
| 克罗地亚 | 81 | 41 | 41 | 18 |
| 塞浦路斯 | 62 | 62 | 38 | 38 |
| 捷　克 | 65 | 20 | 20 | 20 |
| 丹　麦 | 78 | 78 | 78 | 47 |
| 爱沙尼亚 | 66 | 45 | 45 | 18 |
| 芬　兰 | 58 | 58 | 58 | 30 |
| 法　国 | 66 | 66 | 66 | 33 |
| 德　国 | 60 | 60 | 60 | 22 |
| 希　腊 | 47 | 47 | 47 | 19 |
| 匈牙利 | 65 | 9 | 9 | 9 |
| 冰　岛 | 76 | 61 | 61 | 46 |

| 国　家 | 2个月 | 6个月 | 12个月 | 60个月 |
|---|---|---|---|---|
| 爱尔兰 | 33 | 33 | 35 | 35 |
| 以色列 | 75 | 75 | 22 | 22 |
| 意大利 | 72 | 71 | 62 | 0 |
| 日　本 | 80 | 80 | 38 | 38 |
| 韩　国 | 70 | 70 | 23 | 23 |
| 拉脱维亚 | 77 | 39 | 14 | 14 |
| 立陶宛 | 80 | 68 | 21 | 19 |
| 卢森堡 | 87 | 87 | 87 | 57 |
| 马耳他 | 36 | 36 | 49 | 49 |
| 荷　兰 | 68 | 64 | 64 | 48 |
| 新西兰 | 42 | 42 | 42 | 42 |
| 挪　威 | 67 | 67 | 67 | 22 |
| OECD平均 | 62 | 54 | 44 | 28 |
| 波　兰 | 40 | 31 | 31 | 17 |
| 葡萄牙 | 75 | 75 | 75 | 20 |
| 罗马尼亚 | 38 | 38 | 38 | 7 |
| 斯洛伐克 | 64 | 64 | 10 | 10 |
| 斯洛文尼亚 | 69 | 67 | 44 | 44 |
| 西班牙 | 78 | 78 | 66 | 40 |
| 瑞　典 | 72 | 70 | 64 | 60 |
| 瑞　士 | 72 | 72 | 72 | 25 |
| 土耳其 | 53 | 53 | 10 | 10 |
| 英　国 | 17 | 17 | 16 | 16 |
| 美　国 | 51 | 9 | 9 | 9 |

注：以上失业金替代率是对应参保人失业2、6、12、24和60个月时的失业金待遇。参保人是单身、没有未成年子女，且失业前的工资为社会平均工资的67%。

资料来源：OECD网站，https://data.oecd.org/benwage/benefits-in-unemployment-share-of-previous-income.htm。

在失业 2 个月时,失业金替代率最高的国家分别是比利时(91%)、卢森堡(87%)、克罗地亚(81%)、日本(80%)和立陶宛(80%)。

在失业 12 个月时,失业金替代率最高的国家分别是卢森堡(87%)、比利时(78%)、丹麦(78%)、保加利亚(77%)和葡萄牙(75%)。

在失业 60 个月时,失业金替代率最高的国家分别是瑞典(60%)、比利时(58%)、卢森堡(57%)和奥地利(51%),说明北欧和欧洲大陆国家的失业金制度相对慷慨。

不同的国家在失业金领取期限和待遇区分上有不同的理念,政策迥异。对比失业 2 个月和 60 个月时的失业金差异,马耳他、爱尔兰的失业金待遇有所上调;新西兰和澳大利亚的待遇维持不变;英国、奥地利和瑞典的待遇下降不到 20%。而土耳其、罗马尼亚、拉脱维亚、美国、保加利亚、斯洛伐克和匈牙利的失业金待遇在 60 个月时下降至刚失业时待遇的不到 20%,意大利则削减为零。

新冠疫情冲击下,各国的失业率一路攀升,促使各国开始反思和改革失业保障制度。[1]一是一些国家开始探索将失业金领取期限与经济周期适当挂钩。例如,疫情期间,经济低迷,失业者求职困难,美国延长了领取失业金的期限。二是降低失业金的领取门槛,提高给付待遇。大多数经合组织国家在应对疫情冲击时通过改善领取失业金的权利(减少或完全放弃最低缴款期限,或覆盖以前无资格的群体,例如自营职业者)、延长领取失业金的期限、提高给付待遇等。三是扩大失业保险的覆盖面。波兰、斯洛伐克、希腊和韩国的失业保险覆盖率约为 10%,未覆盖的主要原因是某些类型工人(例如自营职业者、兼职者、临时工作者)的未参保,被排除在制度覆盖之外。作为补救措施,各国开始寻求各种方式,尽可能将绝大多数劳动者纳入参保范围。

---

## 专栏 1.4  研究女性就业问题的学者克劳迪娅·戈尔丁获 2023 年诺贝尔奖

2023 年 10 月 9 日,瑞典皇家科学院宣布,将 2023 年诺贝尔经济学奖授予美国经济学家克劳迪娅·戈尔丁(Claudia Goldin),以表彰她在女性劳动力研究领域的突出贡献。

---

[1]  OECD(2023), *Income support for working-age individuals and their families*, OECD Policy Brief.

诺奖评委会说，戈尔丁"推动了我们对女性劳动力市场结果的理解"。在全球范围，约有50%的女性参与劳动力市场，而男性劳动者的比率则有80%，但女性的收入较低，且不太可能达到职业阶梯的顶端。克劳迪娅·戈尔丁收集了超过200年的数据，使她能够展示性别差异在收入和就业率方面随时间的变化方式以及原因。

戈尔丁研究表明，在美国过去200年里，女性参与劳动力市场的情况并没有呈上升趋势，而是形成了一条U形曲线。已婚妇女在劳动市场参与率随着19世纪初农业社会转营工业社会而下降，但随着20世纪初服务业的发展又开始上升。戈尔丁将这一模式解释为社会结构变化，及妇女在家庭责任的规范演变结果。

资料来源：网易新闻，https://www.163.com/dy/article/IGKIFLJU05119GS3.html。

## 七、各国的贫困率与最低收入保障制度运行情况

### （一）各国的相对贫困率现状

市场经济下，按劳动力、资本、土地和技术等生产要素贡献所进行的初次分配，往往会出现贫富悬殊过大的现象。为此，政府通过税收、社会保障等政策进行收入的再分配。图1.5给出了税前的相对贫困率、税后的相对贫困率（即政府通过税收、社会保障政策调节以后的相对贫困率）。2019年，在经合组织国家中，18岁—65岁之间的工作年龄人群，税前和税后的相对贫困率分别为41%和31%。不过，各国之间差异很大。

对比税前和税后贫困率，有的国家出台力度较大的税收和社会保障政策，收入再分配效果明显，例如，爱尔兰、芬兰、比利时、法国的税后贫困率比税前贫困率分别下降17、16、15、15个百分点；有的国家在收入再分配方面较为消极，例如，墨西哥、智利、韩国、哥斯达黎加和瑞士的税后贫困率比税前贫困率分别只下降1、3、4、5和5个百分点。

新冠疫情大流行、俄乌冲突等造成全球产业链供应链受到冲击，能源和食品价格上涨，欧美国家低收入者苦不堪言。以美国为例，自2021年4月以来，美国通胀率从同比增幅4.13%一路狂飙至2022年6月的8.93%，创下40年来新高（见图1.6）。美联储的7次大幅加息未能抑制高通胀。虽然当前通胀率较最高点有所下降，但仍徘

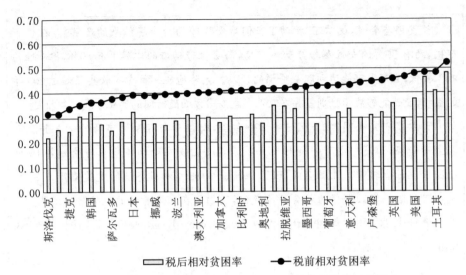

图 1.5　2019 年经合组织各国工作年龄人群的税前与税后贫困率

资料来源：OECD Income Distribution Database。

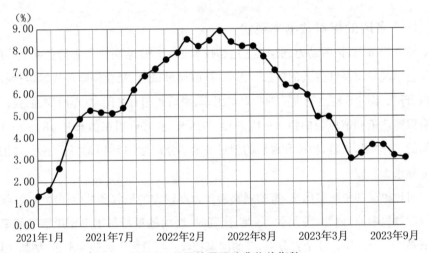

图 1.6　美国的居民消费物价指数

注：此处选取的指标为城市居民消费价格指数（Consumer Price Index for All Urban Consumers：All Items in U.S. City Average），为月度数据，与上年同期相比。

资料来源：美国圣路易斯联邦储备银行网站（https://fred.stlouisfed.org/series/CPI-AUCSL）。

徊在同比增幅 3.5%—4% 之间。核心通胀率则更加顽固，迄今仍始终高于 4%。高通胀导致美国生活必需品价格上涨，对于低收入人群来说，高通胀带来的打击更大。目前,欧美各国的社会保障政策针对性不强,平均而言,各国最贫困和最富有的20%劳动年龄人口获得相同比例的现金转移,对低收入者的社会保护效果较差①。

---

## 专栏 1.5　世界银行上调全球贫困线

自世界银行在《1990 年世界发展报告》中提出每人每天 1 美元的贫困线标准以来,世界银行一直使用购买力平价(PPP)——即考虑各国相对价格差异的汇率,来推导国际贫困线并估算全球贫困人口。国际贫困线是指世界最贫困国家的代表性贫困线标准。购买力平价被用来将不同国家的贫困线以及家庭收入与消费的价值(全球贫困衡量的支柱)转换为同一种货币。

国际贫困线随着时间的推移而上升,这主要是因为价格水平趋于上涨。随着每次新一轮 PPP 的发布,世界银行也不断对国际贫困线加以调整:从每人每天 1 美元(1985 年 PPP)改为 1.08 美元(1993 年 PPP)、1.25 美元(2005 年 PPP)以及 1.90 美元(2011 年 PPP)。

2022 年秋,世界银行将转而使用 2017 年 PPP 计算全球贫困数据。这是继 2020 年世界银行基于国际比较项目(ICP)2017 年收集的价格数据发布新一轮 PPP 之后采取的行动。新的国际贫困线上调至 2.15 美元,这意味着每天生活费低于这一数额的人都将被视为处于极端贫困之中。

不过需要指出的重要一点是,国际贫困线的实际价值基本上没有变化——现在只不过是用新的价格来表示。不过,就像此前每次 PPP 修订一样,国家层面的 PPP 发生了一些重大变化。由于对购买力的估算有所调整,对某些国家来说,从 2011 年 PPP 转为 2017 年 PPP 将导致极端贫困率的衡量结果有很大变动。

除了目前每人每天 1.90 美元的国际贫困线外,世界银行还跟踪中等偏下收入国家(每人每天 3.20 美元)和中等偏上收入国家(每人每天 5.50 美元)的代表性贫困线,这两者也分别上调至 3.65 美元和 6.85 美元。

根据全球贫困委员会的建议,世界银行还使用另外两种补充性的贫困衡量方法:一是社会贫困线,它反映贫困的定义如何随着国家变得富裕而演变;二是

---

① OECD(2023),*Economic Policy Reforms 2023*:*Going for Growth*,OECD Publishing,Paris.

多维贫困,它反映货币贫困以外的各方面贫困。随着 2017 年 PPP 的采用,世界银行的社会贫困线也将更新。多维贫困的衡量中包括国际贫困线,因为要用它作为货币贫困的衡量标准。

资料来源:第一财经网站,https://m.yicai.com/news/101405404.html。

### (二) 各国最低收入保障金待遇

最低收入保障(Guaranteed minimum income,GMI)是指为保障公民全体个人与家庭,都能享有最低限度所得,以维持生存与生活尊严及经济安全,免于贫穷的相关社会保障制度。

以最低收入保障金的净替代率(即占社会中位收入的比重)来看,各国的净替代率悬殊。表 1.15 中列出了两种家庭类型下的最低收入保障金净替代率。对于无子女单身者的低保净替代率,日本、荷兰、马耳他、英国等达到 50%,由于一国的相对贫困线是指收入占社会中位收入的比重为 50%,这意味着上述国家的低保领取者通过领取低保,可以脱离相对贫困。然而,美国、罗马尼亚、匈牙利、斯洛伐克、葡萄牙、克罗地亚和加拿大的低保净替代率不到 20%,即最低收入保障金领取者仍处于相对贫困中。

表 1.15  2023 年各国最低收入保障金的净替代率        (单位:%)

| 国　家 | 无子女单身者 | 有两个未成年子女的夫妇 | 国　家 | 无子女单身者 | 有两个未成年子女的夫妇 |
|---|---|---|---|---|---|
| 日　本 | 66.00 | 64.00 | 卢森堡 | 44.00 | 47.00 |
| 荷　兰 | 55.00 | 44.00 | 瑞　典 | 42.00 | 35.00 |
| 马耳他 | 51.00 | 35.00 | 冰　岛 | 41.00 | 41.00 |
| 英　国 | 50.00 | 51.00 | 奥地利 | 40.00 | 44.00 |
| 瑞　士 | 49.00 | 43.00 | 比利时 | 40.00 | 37.00 |
| 丹　麦 | 48.00 | 55.00 | 意大利 | 40.00 | 35.00 |
| 爱尔兰 | 48.00 | 49.00 | 新西兰 | 40.00 | 42.00 |
| 西班牙 | 47.00 | 43.00 | 塞浦路斯 | 39.00 | 40.00 |
| 芬　兰 | 46.00 | 48.00 | 捷　克 | 39.00 | 34.00 |

| 国　家 | 无子女单身者 | 有两个未成年子女的夫妇 | 国　家 | 无子女单身者 | 有两个未成年子女的夫妇 |
|---|---|---|---|---|---|
| 德　国 | 39.00 | 48.00 | 以色列 | 21.00 | 28.00 |
| 法　国 | 36.00 | 35.00 | 土耳其 | 20.00 | 15.00 |
| 拉脱维亚 | 35.00 | 31.00 | 加拿大 | 18.00 | 30.00 |
| 挪　威 | 35.00 | 36.00 | 克罗地亚 | 18.00 | 29.00 |
| 韩　国 | 34.00 | 45.00 | 葡萄牙 | 16.00 | 26.00 |
| 立陶宛 | 34.00 | 50.00 | 斯洛伐克 | 12.00 | 20.00 |
| 澳大利亚 | 33.00 | 40.00 | 保加利亚 | 11.00 | 17.00 |
| 斯洛文尼亚 | 30.00 | 41.00 | 匈牙利 | 8.00 | 9.00 |
| 希　腊 | 29.00 | 30.00 | 罗马尼亚 | 6.00 | 22.00 |
| 爱沙尼亚 | 26.00 | 32.00 | 美　国 | 6.00 | 17.00 |
| 波　兰 | 23.00 | 36.00 | OECD 平均 | 36.00 | 38.00 |

注:本表中的最低收入保障金包含政府发放的住房津贴。

资料来源:OECD 图书馆网站(https://www.oecd-ilibrary.org/employment/adequacy-of-minimum-income-benefits/indicator/english_dcb819cd-en)。

一般而言,夫妻一起生活,存在生活成本的规模效应,最低收入保障金的净替代率要低一些。与此同时,一些国家在计算最低收入保障金待遇时,还考虑到儿童福利因素,所以有未成年子女的家庭通常能领到更高的津贴。

## 专栏 1.6　全球减少极端贫困进程停滞　儿童首当其冲

2023 年 9 月 12 日,联合国儿童基金会和世界银行发布《根据国际贫困线的全球儿童货币贫困趋势》报告,估计全球有 3.33 亿儿童(占全球儿童总数的六分之一)生活在极端贫困中;尽管在 2013—2022 年期间每天生活费低于 2.15 美元的儿童人数从 3.83 亿减少至 3.33 亿(下降 13%),但新冠疫情的经济影响导致减贫进程失去三年,使得儿童脱贫人数比在没有疫情造成中断情况下的预期少了 3 000 万。

报告指出,撒哈拉以南非洲地区负担最重,有 40% 的儿童生活在极端贫困中,而且该地区占全球极端贫困儿童的比重在过去十年升幅最大,从 2013 年的 54.8%

跃升至 2022 年的 71.1％。导致这一比重大幅上升的原因包括人口的快速增长、有限的社会保护措施,以及包括新冠疫情、冲突和气候灾害在内的具有挑战性的全球趋势。与此同时,除中东、北非外,世界所有其他地区的极端贫困率都在稳步下降。

从全球来看,儿童虽然只占全球人口的三分之一,但占到极端贫困人口的一半以上。儿童生活在极端贫困家庭的可能性是成年人的两倍多,概率分别为15.8％和6.6％,他们缺乏生存和茁壮成长所需的食物、卫生设施、住所、医疗保健和教育。

资料来源:联合国、世界银行:《根据国际贫困线的全球儿童货币贫困趋势》,https://www. shihang. org/zh/news/press-release/2023/09/12/children-bearing-brunt-of-stalled-progress-on-extreme-poverty-reduction-worldwide-unicef-world-bank。

# 第二章
# 国际社会保障热点问题

就全球而言,疫情后的复苏是分化的。尽管包括中国、美国、日本、巴西、墨西哥、印度和俄罗斯在内的一些经济体在2023年表现出了韧性,但其他经济体却面临更为严峻的挑战。同时,在经济增长率较低的大背景下,各国经济不平等依然是一个重要挑战,不断扩大的贫富差距进一步威胁着脆弱的经济复苏和各国实现可持续发展目标的愿景。在2023年,各国非常谨慎地出台社会保障改革方案,努力平衡好促进经济发展与维护社会公平的双重目标。

## 一、法国提高退休年龄

法国是欧洲传统的高福利国家。追求平等、全面的福利待遇以及保证生活质量,是法国福利模式的重要特征,但是,面临全球化、人口老龄化和近年来的剧烈经济波动,高福利又成为经济和财政的沉重包袱。而政府提出的削减福利改革方案,又往往引发法国民众大规模抗议。

### (一) 法国退休年龄调整的历程

"人人60岁退休"是法国前总统密特朗在竞选时做出的社会承诺。密特朗在1981年竞选成功,成为法国自二战以来的第一位左翼总统。上台之后,他很快就将法定退休年龄从65岁降至60岁,并规定领取全额养老金的最低缴费期限为37.5年。此举在当时引发法国上下一片欢腾,密特朗的声望也自然水涨船高。但也有许多人认为这次改革违反了基本的经济和社会规律,给未来的改革增加了阻力。

1993 年，密特朗带领的社会党在议会选举中败北，不得不提名右翼的爱德华·巴拉迪尔出任法国总理，法国进入左翼和右翼"共治"阶段。总理巴拉迪尔 1993 年的改革将最低缴费期限从 37.5 年提高到 40 年。

1995 年，来自中右翼政党的希拉克当选总统以后，提出了养老金改革方案，但在数周严重的公共部门罢工下，政府被迫放弃拟议的养老金改革。2003 年，法国政府的养老金改革有所进展，顺利将最低缴费期限提高至 41 年。

2007 年，右翼代表萨科齐当选法国总统。2010 年，萨科齐成功将退休年龄从 60 岁提高到 62 岁，但其付出的代价是支持率一度跌至 30% 以下，成为 30 多年以来第一位没有获得连任的法国总统。

2012 年，社会党候选人奥朗德在法国总统选举中战胜萨科齐。奥朗德虽然没有提高退休年龄，但在 2014 年再度延长了缴纳退休金的年限，从 41 年逐渐延长至 43 年。

### (二) 马克龙总统推动此次养老金改革的原因

2017 年，法国总统大选结果打破了传统左右两翼角逐的局面，社会党与共和党两大传统政党的候选人均在第一轮投票中出局，以标榜"非左非右"的马克龙及其领导的"前进党"为代表的新型政党异军突起。马克龙以前曾经是社会党的一员，在法国前总统奥朗德的一手提拔下，2014 年 8 月出任法国经济、工业和数字事务部长。2016 年他辞去职务，发起成立"前进党"并参加总统竞选。2017 年 5 月，年仅39 岁的马克龙顺利当选总统。

在谋求连任总统时，马克龙提出一系列改革方案，其中包括养老金制度改革，其目的就是要大幅削减法国的社会福利，以此来为政府的公共债务减负，以便刺激法国经济的活力。2022 年 4 月，马克龙以 1 877 万票，得到法国近 60% 人民的支持而成功连任。作为兑现竞选承诺的重要部分，2023 年 1 月，法国政府正式公布退休金改革方案。顶着巨大民意压力，马克龙强行推动养老金改革的原因有二。

第一，法国人口老龄化加速，政府财政压力大。随着预期寿命的增加，领取养老金的人数占比逐渐提高。相比欧洲其他国家，法国的退休年龄偏低，政府支出压力更大。1950 年，职退比例为 4 比 1，即每 4 位在职人员为养老系统缴费以供养 1位退休人员；到了 2000 年，职退比例为 2 比 1；2020 年，该比例已经降至 1.7 比 1；预计到 2040 年，将进一步降至 1.3 比 1。2021 年法国税收占国内生产总值的比重已高达 45.1%，在 38 个经合组织成员国中排名第二，远高于经合组织成员国平均值

（34.1％）。因此，以提高税收解决养老金短缺的操作没有可能性。

第二，马克龙希望借改革彰显自己的政治手腕。养老金制度改革是法国历届政府必须面对的"老大难"问题，而历届总统均难以妥善解决这个难题。没有连任压力的马克龙希望能够放手一搏，彻底解决掉这个痼疾，以彰显其政治领导力，也为自己留下足够的政治遗产。

### （三）此次养老金改革的进程

2019年，马克龙在其第一届总统任期内曾尝试推行养老金改革方案，将现行的42个养老计划整合进一个统一的体系中，并鼓励劳工延迟退休，最终引发法国25年来最大规模的一次罢工游行，以及法国铁路业为时最长的罢工，最终改革议案以失败收场。

2023年1月10日，法国政府公布了新一轮养老金改革方案，较之前的方案更加保守。马克龙本来准备将退休年龄提高到65岁，但各界分析，为获得右翼共和党的支持，最后采取共和党多年来建议的64岁门槛。

按照法国宪法，法国国民议会和参议院须对该方案进行投票表决，方案均需获得超过半数支持才能通过。由于反对改革方案的呼声很大，国民议会和参议院共同组成联合委员会，对政府原方案进行了一些调整。2023年3月16日，参议院和国民议会分别对修改后的方案进行投票表决。参议院当天以193票赞成、114票反对，通过该法案。而法案在国民议会的表决中出现波折。马克龙带领的复兴党在2022年的国民议会选举中仅获得577席中的245席，未满足绝对多数的289席门槛。面对民众不满及其他政党反对，马克龙预感到其法案有大概率会被国民议会否决。为了保证改革方案顺利实施，总理博恩于国会议会计划对法案进行投票前几分钟，动用宪法第49.3条，强行通过养老金改革法案。第49.3条在1958年写入法国宪法，赋予法国行政当局行使一项特殊的权力——让政府的法令可以不经国民议会表决就直接通过。但是，一旦政府动用这一特殊授权，国民议会就有权提出对政府的不信任案并进行表决。如果国民议会通过不信任案，政府将下台，改革方案也同时被否决。如果不信任案被否决，改革方案也就获得通过。

3月20日，国民议会就一份跨党派联合不信任案和一份由极右翼政党提出的不信任案进行表决。两项表决的支持票数均未过半，不信任案被否决，马克龙的养老金改革方案也最终在国民议会获得通过。

养老金改革方案一公布就引发社会各方强烈反对。2月的法国民调显示，法国

69%的受访者反对养老金制度改革,且有增长趋势。从1月19日至6月6日,全国一共有14轮大规模罢工浪潮。据法国内政部的统计,在1月19日的首次示威游行中,有112万示威者参与,其中巴黎有8万人。法国总工会方面表示全法国超过200万人参与,其中巴黎有40万人参与。而3月15日的示威是此次示威中最暴力的一次。单是巴黎周边地区就有900多处被纵火,警方拘捕超过450人,441名警员受伤。此外,2023年4月的罢工中,示威人员冲到世界最大投资基金美国贝莱德集团(Black Rock)办公地燃放烟花抗议,是针对资本势力与政府在背后运作的可能性的抗议。4月13日的示威中,巴黎香榭丽舍大街附近奢侈品巨头路威酩轩集团(LVMH)的总部被示威人员短暂占领,示威人员认为富人应该承担养老金改革的成本。

4月14日,法国宪法委员会批准政府提出的养老金改革方案的主要内容。不过,法案中的几项非核心条款,没有获得宪法委员会的批准。4月15日,法案经马克龙签字生效,于2023年9月1日实施。

### (四) 养老金改革的主要内容

1. 提高法定最低退休年龄。自2023年9月1日起,将法定退休年龄从原来62岁,以每年延后3个月的速度,于2030年延后至64岁。1961年8月31日以前出生的人,退休年龄不受影响。1961年8月以后出生的参保人员的最低退休年龄(目前为62岁)将以3个月为增量逐步提高,直至1967年以后出生的参保人员达到64岁(见表2.1)。

表2.1 法国养老金法中关于退休年龄与最低缴费期限的规定

| 出生日期 | 领取养老金的最低年龄 | 在67岁时领取全额养老金的条件:最低缴费期限(单位:季度) |
|---|---|---|
| 1961年6月1日—8月31日 | 62岁 | 168 |
| 1961年9月1日—12月31日 | 62岁3个月 | 169 |
| 1962年 | 62岁6个月 | 169 |
| 1963年 | 62岁9个月 | 170 |
| 1964年 | 63岁 | 171 |
| 1965年 | 63岁3个月 | 172 |
| 1966年 | 63岁6个月 | 172 |
| 1967年 | 63岁9个月 | 172 |
| 1968年及以后 | 64岁 | 172 |

2. 加快提高领取全额养老金所需要的最低缴费年限。根据 2014 年订立的年金法,1973 年后出生的人参保自 2035 年起,必须参保缴税 43 个年度才能领取完整的养老金;新方案中,43 个年度门槛不变,但提前至 2027 年起实施。到 2027 年,67 岁之前领取全额养老金所需的最低缴费年限将从 168 个季度(42 岁)逐步增加到 172 个季度(43 岁)。因此,172 个季度的要求将适用于 1964 年之后出生的参保人(见表 2.1)。与以往制度相同,参保人达到 67 岁或以后退休的,将自动有资格领取全额养老金,与其参保年限无关。

3. 修改"早工作、早退休"的规定。原有制度规定:在 20 岁之前开始工作的参保人可以提前 2 年退休,最早在 60 岁退休;在 16 岁之前开始工作则有权提前 4 年退休,最早在 58 岁退休。新法还将"适用于"两个新的年龄段:20 岁至 21 岁之间开始工作的人可以提前 1 年退休,即 63 岁退休;20 岁前入职者,可提前 2 年退休,即 62 岁退休;18 岁之前开始工作的人可以提前 4 年,即 60 岁申请退休;那些在 16 岁之前开始工作的人可以提前 6 年结束他们的职业生涯,即 58 岁退休。新制度下,那些较早开始工作的人总是能够较早退休,显得更加人性化和公平。

4. 提高每月最低养老金:全职工作至少 172 个季度(43 年)的参保人的每月最低养老金将定为法定每月最低净工资的 85%。因此,2023 年每月最低养老金将增加约 100 欧元,达到每月约 1 200 欧元。

5. 改变父母养老金调整规则:目前,母亲可为她抚养的每个孩子获得最多 8 个季度的视同缴税参保,其中最多 4 个季度可转让给父亲。新法将可转让给父亲的额度从 4 个减少到 2 个。此外,新法还规定,在 63 岁后继续工作的父母,养老金待遇最多可以给予 5% 的额外补贴。

6. 逐步取消某些特殊养老金计划:因历史渊源,法国公共部门存在许多类别的特殊退休制度,工作时长、退休条件等计算方式都较企业参保人优惠。但新法废止了这些特殊制度。法国将停止向新注册的某些公共部门工作人员(包括公共事业、铁路系统、公证人、法国银行以及经济、社会和环境委员会的雇员)提供特殊养老金计划。这些部门的新员工将只能享受一般养老金计划。新法不影响其他特殊养老金计划,包括涵盖个体农业工人、律师、水手和某些剧院工作人员的养老金计划。

### (五) 对养老金改革法案的批评意见

一是马克龙政府夸大了养老金制度蒙受的压力,拒绝思考不提升退休年龄的其他做法,例如还有提升企业所得税税率、提升富人税等其他做法。许多民众不反对改革,但拒绝只向工薪阶层开刀,认为应同时向企业雇主增税。马克龙上台后,在2018年对"财富团结税"(ISF)进行改革,将其改为"巨富税"(IFI)。财富团结税针对的是总资产超过130万欧元的家庭,这里的资产包括房地产、金融资产、企业股权等各种形式,但艺术品、森林湖泊、各种残疾金、抚恤金等不包括在内。而巨富税只针对房地产资产净值超过130万欧元的家庭。事实上,房地产只是富人财产中的一小部分,这意味着政府每年将损失40多亿的财政税收。也因此马克龙被民众认为偏袒富人。2018年底轰轰烈烈的"黄马甲"运动,一大主要诉求就是:恢复"财富团结税"。在法国人心中,"财富团结税"已经成为一种象征,他们认为富人应该通过缴纳更多的税收来承担更多的社会责任与义务,这有助于平衡社会的贫富差异。

二是马克龙提高退休年龄的做法,有利于中高收入阶层,将负担不公平地转移到低收入者身上。因为低收入者通常比较早开始工作,平均寿命又比中高收入者短。

三是老年人就业保障的挑战很大。法国企业仍有歧视年长工作者的问题。年长人群能否找到工作、又能否有着合格的工作表现,都是隐忧。

四是在就业岗位增长不明显的情况下,延迟退休以及推动老年人就业等举措不仅会推升失业率,也将进一步挤压青年人就业空间,并延缓青年人获得稳定的无固定期限工作合同时间。

## 二、美国关于减免学生贷款债务的改革搁浅

学生贷款问题一直是备受美国社会高度关注。根据美国大学理事会(College Board)的数据,在2020—2021学年,54％就读于四年制本科院校(攻读学士学位)的学生在毕业时需要偿还学生贷款。这些学生离校时的平均学生贷款余额为29 100美元。在过去15年里,美国的学生贷款总额增加近三倍,从2008年第一季度的6 190亿美元增加到2023年第一季度的17 700亿美元。学生贷款已成为美国家庭中增长最快的负债,也是仅次于住房抵押贷款之外最大的家庭负债。

2022年8月24日,美国总统拜登宣布兑现竞选时的承诺,拟减免学生贷款,希望减轻美国民众的财务压力。据国会预算办公室预计,减免学生贷款项目将使联邦政府在未来30年损失4 000亿美元。然而,这项政策引来褒贬不一的评价,有人

觉得是杯水车薪、有人则认为对已还清学贷的人不公平。2023 年 6 月 30 日,美国最高法院裁定总统拜登的学生贷款减免计划违反宪法,改革方案遭遇失败。

### (一) 改革背景

在 20 世纪初期,美国的高等教育以富裕阶层的白人男性为主要学生。1944年,美国政府通过保障退伍军人权利的《美国军人权利法》(Servicemen's Readjustment Act of 1944),以政府预算资金来补贴退伍军人返回校园接受高等教育,此时美国大学的学生构成开始出现较多元化的面孔。

在二战结束不久,美国与苏联随即进入冷战对抗。1957 年苏联率先成功发射人类史上的第一颗人造卫星(史普尼克 1 号)后,美国举国上下意识到苏联在高等教育和科技领域正快速赶上,甚至超越美国的领先地位。由此美国联邦政府调整了高等教育的补助政策,通过财政补助和大规模奖学金等政策,鼓励大学扩招,鼓励更多美国学生攻读本科及以上的学位,以维持美国的科技领先地位。

1964 年,林登·约翰逊总统提出"伟大社会"计划(Great Society),先后出台《1963 年高等教育法》(the Higher Education Facilities Act of 1963)、《1965 年高等教育法》(the Higher Education Act of 1965)等,以教育平等为目标,让更多女性、有色人种以及一些弱势群体,能够通过高等教育获得向上流动的机会。

20 世纪 70 年代开始,美国联邦政府赤字居高不下,经济陷入滞胀困境,这波高等教育扩张浪潮逐渐放缓了脚步。1981 年,里根总统就职后,推崇"小政府"的理念,并实施了大规模的财政支出削减计划。从此之后,美国政府逐年减少对高等教育的助学补贴,取而代之的是市场化与自由化方针。贷款政策增强了学生的支付能力,这导致过去 40 多年来美国公立大学和私立大学的平均学费都一路飙涨,并成为青年学生及其家庭的巨大负担,酿成如今的美国学生贷款危机。

过去几十年来,美国高等教育的成本急剧上升。表 2.2 第一行显示 1980 年、2000 年和 2020 年提供四年制学位的高等教育机构的平均年学费。表 2.2 第二行是平均学费的增长情况:1980 年每支付 1 美元的学费,相当于在 2000 年支付 3.70 美元,在 2020 年支付 8.30 美元。表 2.2 的第三行显示以消费者价格指数衡量的通货膨胀:1980 年每 1 美元的消费支出,2000 年需要支付 2.20 美元,2020 年需要支付 3.30 美元。对比第二行与第三行的数据,显然学费的增长速度远超过通货膨胀的速度。

表 2.2　美国大学的学费现状及涨幅

| 指　　标 | 1980 年 | 2000 年 | 2020 年 |
|---|---|---|---|
| 美国大学平均每年学费 | 3 499 美元 | 12 922 美元 | 29 033 美元 |
| 相对于 1980 年的学费涨幅 | 1 | 3.7 | 8.3 |
| 相对于 1980 年的通货膨胀涨幅 | 1 | 2.2 | 3.3 |

资料来源:Tucker, C., Vandenbroucke, G., & Wolla, S. A.(2023), "Is College Still Worth the High Price? Weighing Costs and Benefits of Investing in Human Capital", Page One Economics Newsletter,1—6。

到 2023 年 3 月底,将近六分之一的美国成年人(4 300 万人)还背负着未偿还的学生贷款。初衷本是帮助学生接受高等教育的"助学贷款"却成了许多美国人一生的经济"枷锁"。

## (二) 美国学生贷款的构成

### 1. 贷款人攻读学位的类型

截至 2023 年 5 月,约有一半的未偿学生贷款是由就读于两年制社区大学或四年制本科的学生所欠,其余则是攻读硕士或博士学位的学生所欠。

### 2. 贷款规模的分布

虽然大多数学生毕业时的贷款余额不到 2 万美元,但一小部分人所欠的学生债务规模较大。学生贷款人中有 7% 的贷款余额超过 10 万美元,这部分贷款人的贷款余额占全部贷款的三分之一。然而,贷款数额较小的学生往往因无法顺利就业、就业不稳定或工作收入太低而无法还贷;而为攻读专业学位或研究生学位而贷款的学生可以在就业时获得较高收入从而顺利还贷。有一部分学生未能顺利完成大学或研究生学业,影响了就业,也导致其债务违约率是正常毕业生的 3 倍。

此外,教育机构的类型也会影响学生的贷款规模。私立大学的学费相对较高,因此私立大学的毕业生,尤其是那些就读于营利性学校的毕业生,通常比就读于公立学校的毕业生负债更多。

### 3. 不同人群的贷款差异

黑人大学生通常比白人大学生背负更多的债务,而且他们毕业后更有可能在偿还贷款方面陷入困境,部分原因是他们的家庭财富水平通常较低,个人的收入也较低。黑人、拉丁裔和美国印第安人学生拖欠贷款的可能性都高于白人学生。从这个角度来看,减免学生贷款是一个种族正义问题,有助于缩小种族贫富差距。

### (三) 美国学生贷款增长的原因

美国学生愿意通过贷款来上大学的主要原因是,收入高的工作岗位通常都需要具备高等教育文凭。根据美国劳工统计局(U.S. Bureau of Labor Statistics)的数据,大学本科毕业生的收入是高中毕业生的1.8倍,而拥有博士学位或专业学位的雇员收入则是高中生的两倍多。

不过,就未来收入而言,投资回报率可能会有很大差异,这取决于学生的专业和就读院校等因素。美联储经济学家在2019年的一项研究中发现,尽管大学教育仍能提高收入,但在过去五十年中,由于大学费用不断上涨以及其他形式的在校消费额增加,学位带来的财富增长已大幅下降。

表2.3显示1980年、2000年和2020年六个人口群体的大学教育回报率。尽管回报率因时间、性别和种族的不同而差异很大,但相对于金融市场的回报率来说,它们还是很高的。在这三年中,回报率最高的是亚洲男性和亚洲女性。黑人男性和黑人女性在这三个年份中有两个年份的回报率是最低的。

**表 2.3   不同人群的大学教育回报率**

| 年份 | 白人男性 | 白人女性 | 黑人男性 | 黑人女性 | 亚裔男性 | 亚裔女性 |
|------|----------|----------|----------|----------|----------|----------|
| 1980 | 20.5% | 21.6% | 22.9% | 23.9% | 24.6% | 26.1% |
| 2000 | 29.1% | 25.6% | 22.1% | 21.0% | 56.3% | 36.7% |
| 2020 | 24.1% | 22.7% | 14.2% | 13.5% | 35.9% | 31.1% |

资料来源:Tucker, C., Vandenbroucke, G., & Wolla, S. A.(2023), "Is College Still Worth the High Price? Weighing Costs and Benefits of Investing in Human Capital", Page One Economics Newsletter,1—6.

除学费上涨以外,贷款利率高、还款期限短、劳动力市场对学历的需求增高等因素的叠加影响,导致大量拥有学生贷款的美国人甚至赚不到足够的钱来支付不断累积的利息,更不用说偿还本金了。

### (四) 拜登政府的改革举措

2022年8月25日,美国总统拜登公布改革方案,主要分为四大方面。[1]

---

[1] 廖理、张伟强:《美国学生贷款债务纾困方案解析》,《清华金融评论》2023年第5期,第99—103页。

1. 针对低收入者的一次性债务减免,最多2万美元

一次性债务减免的政策只面向中等和低收入家庭。对于2022年及之前申请学生贷款者,凡个人年收入低于12.5万美元(或夫妻年收入总和低于25万美元),债务最多可减免1万美元;如果贷款人上大学时属于低收入家庭,即贷款人曾成功申请到联邦政府发给弱势与低收入者的"佩尔助学金"(Pell Grants),可被额外多注销1万美元的学生贷款债务,合计可注销2万美元的债务。佩尔助学金只面向家庭经济收入较低的大学生,大约有三分之一的大学生能够获得佩尔助学金。

需要说明的是,此处12.5万美元的收入门槛综合考虑了美国中等收入多种计算方法,例如,方法一是家庭收入中位数的两倍(2020年是13.5万美元),方法二是家庭年平均收入的80分位数(2020年是11.0万美元),方法三是家庭贫困线的5倍(2020年是10.9万美元)。

另外,减免最高1万美元(或者2万美元)是指与贷款人的债务余额相比。如果贷款人的债务余额高于1万美元(或者2万美元),将可以获得1万美元(或者2万美元)的减免。当债务余额没有超过1万美元(或者2万美元)时,则以贷款人的债务余额为限。例如,一个曾获佩尔助学金贷款的人的债务余额是0.5万美元,他只能获得0.5万美元的债务减免。

2. 降低贷款人的还款负担

从2009年开始,美国学生贷款人开始有了以收入为基准的还款选项。他们的每个月还款额不得超过自己收入的固定比例,即贷款人的每月还款金额根据其可自由支配收入的百分比来决定,收入高的贷款人还得多,收入低的贷款人还得少甚至是零还款,还款20年后(本科生贷款人)或者25年(研究生贷款人)可注销其剩余债务。这次美国政府提出了新的更慷慨的收入比率还款方案。

第一,提高还款门槛。改革前,贷款人还款门槛是联邦贫困线的150%,收入减去这个门槛等于可自由支配收入。新的方案则将还款门槛提升至联邦贫困线的225%,自动降低可自由支配收入,减轻每月应偿还金额。以2020年13 590美元的联邦贫困线估计,还款门槛将从20 385美元提升至30 578美元。

第二,贷款利息将不再资本化。改革前,如果贷款人每月还款金额低于应还贷款利息,则差额部分会被计入贷款本金,这样会出现学生贷款越还越多的现象,对于努力还款的贷款人是一种心理伤害。在新的方案中,贷款利息将不再资本化,即使贷款人当月还款金额是零,贷款人的贷款余额也不会上升。

第三,大学生贷款有更低的还款比率。改革前,大学生和研究生贷款的每月还款比率都是10%,即还款金额等于可自由支配收入的10%。在新的方案中,大学生贷款的还款比率从10%降为5%,即还款金额等于可自由支配收入的5%,这大幅降低了大学生贷款的还款金额。研究生贷款由于贷款人收入更高,维持原有的比率10%不变。

第四,低负债者可更快地注销债务。改革前,只有还款20年(或者25年)后,学生债务才能得到免除。新方案中,对于那些初始贷款金额不超过1.2万美元的贷款人,在他们连续还款10年后将免除所有债务。这个措施最大的受益者是社区大学的学生,他们学习期限短(2年)且贷款金额少,将在毕业10年后远离学生贷款债务烦扰。

第五,简化参加收入比率还款手续。之前的收入比率还款手续相对复杂,如贷款人需要每年计算自己的收入上报,确定下一年的还款金额,导致收入与还款在时间上的不一致。未来会将学生贷款系统与个人收入税收系统打通,自动提取贷款人的收入信息,减轻贷款人的负担。

### 3. 调整"公共服务债务减免计划"

公共服务债务减免计划(Public Service Loan Forgiveness, PSLF)始于2007年,旨在鼓励更多大学毕业生进入公共服务领域,但自该计划推出以来,仅帮助了5 500名贷款人取消了学贷。该计划规定,学生贷款人在为政府或者合格的非营利组织全职工作,在此期间进行了120次(可以不是连续的)按收入比率还款后,可以免除学生贷款的剩余金额。为"政府工作"的含义非常广泛,包含为联邦、州、地方和部落政府机构工作,如军队、公立的中小学、公立学院和大学、公共儿童和家庭服务机构、公共交通、水、桥梁和住房管理局等。而"合格的非营利组织"是指免税和虽不免税但提供合格服务的组织,如私立中小学、私立学院和大学以及数千个其他组织。

之前的公共服务债务减免也存在,而这次改革放松了一些限制条件,使贷款人更容易申请到债务减免。例如,直接贷款和其他贷款、不同的还款计划类型都符合条件,即使贷款有逾期也可以获得,只要还款120次及以上,即使目前不在政府机构或者合格的非营利组织全职工作也可以申请,等等。不过,此次的公共服务债务减免有时间要求,必须在2022年11月1日之前申请,之后申请无效。

### 4. 延长已有的债务宽限期限

新冠疫情暴发以后,为了给企业、医疗保健行业以及个人和家庭提供救济,

2020 年 3 月，美国政府出台《新冠病毒援助、救济与经济安全法》(Coronavirus Aid, Relief, and Economic Security Act，CARES 法)。该法也包含学生贷款的债务宽限救助措施，为期 6 个月。债务宽限包含三个方面的内容：(1)暂停本息偿付，即宽限期内贷款人不需要偿还任何本金或者利息；(2)不计利息，宽限期内贷款人的债务利息被设置为零，债务余额不会上升；(3)暂停学生贷款的催收工作，即不对已经逾期或者违约的学生贷款进行催收。

债务宽限本来只是一个临时性措施，第一次宣布时有效期仅为 6 个月。但是，由于学生贷款影响广泛，即使 CARES 法的其他救助措施已经结束，其间也更换了总统，但债务宽限措施却历经 9 次延期，时间长度超过 3 年。最短的延期在特朗普总统即将离任的 2020 年 12 月 4 日做出，只延期了 1 个月。最长的延期在 2021 年 1 月做出，即拜登就任总统后的第一天，延期长达 8 个月。

2022 年 8 月，美国政府宣布，债务宽限再次延长 3 个月，至 2022 年年底。2022 年 11 月，由于法院叫停债务取消计划，债务宽限计划又被延期至 2023 年 6 月 30 日。

### (五) 社会各界的争议

拜登政府的学生贷款减免方案在美国引发较为激烈的争议。

1. 反对者的观点

一是有违社会公平。只有 37.9% 的美国成年人拥有学士及以上的学位。贷款读大学是个人选择，使用政府财政资金来补贴这些本科生和研究生等精英阶层，有违社会公平。

二是可能造成"贷款陷阱"。尽管在理想状态下，学生接受高等教育以后，提高了终身收入，也能顺利偿债，实现了学生贷款的良性循环。但在实践中，学生贷款政策却导致美国大学学费一路攀升，同时还出现了许多营利性大学。在文凭贬值、所学专业与就业市场不匹配等情况下，许多毕业生陷入"就业不充分"(underemployment)境地，就业不稳定或工资收入难以提升，而在利息累积下陷入贷款越还越多的长期债务困境。

三是美国大学学费上涨幅度如果不加以控制的话，减免学生贷款额度的政策可能会进一步刺激学费上涨，使学生难以真正得到实惠。

2. 赞同者的观点

种族仍然是美国学位持有者人口结构中最显著的反差来源。2022 年，美国黑人、西班牙裔、白人和亚裔拥有学士或以上学位的比率分别为 27.6%、20.9%、41.8% 和 59.3%。因此,不少人认为,减免学生贷款是实现阶层向上流动的重要手段,有利于美国黑人和西班牙裔群体有更多机会接受高等教育,提高收入。

### (六) 改革举措被最高法院裁定违宪

拜登就任总统后,曾要求国会通过法律授权他减免联邦学生贷款。当时,民主党占据参议院和众议院的多数,即使是在此种情况下,国会也并未同意总统的要求。以至于拜登不得不在 2022 年 8 月(当时民主党仍然在参众两院占据多数)宣布援引旧法的相关条文,以总统行政权力来发布政策议程。

拜登政府的法律团队经过一番研究,认为小布什政府时期通过的《高等教育学生纾困法》(Higher Education Relief Opportunities For Students Act)赋予行政机构减免学生贷款的行政权力,并认为《1965 年高等教育法》第四章也授予教育部长相关行政权力。

2022 年 9 月,以内布拉斯加州共和党总检察长为首的六个州(内布拉斯加、密苏里、阿肯色、艾奥瓦、堪萨斯、南卡罗来纳)对拜登的学生债务减免计划提出挑战,它们一起在密苏里州东部联邦地方法庭起诉拜登政府。作为原告的六个州认为:拜登政府的政策,违反权力分立的原则,违反《行政程序法》(Administrative Procedure Act)。

2022 年 10 月,地方法院的法官驳回了这个案子,认为原告方的六个州政府没有权利在此问题上起诉联邦政府。于是六个州政府提出上诉,2022 年 11 月,联邦第八巡回法庭颁发禁制令,使得拜登的这项政策暂时处于中止状态,无法推行。于是,2022 年 11 月 18 日,拜登政府在最高法院提起诉讼,反告六个州。

2023 年 2 月 28 日,美国最高法院听取对拜登总统"学生债务减免计划"的法律案件的口头辩论。在历经 3 个多小时的争论中,最高法院保守派的大法官多将重点聚焦在学生贷款减免的公平性、联邦政府是否存有越权行为,以及各州政府提起诉讼的正当性。

2023 年 6 月 30 日,美国最高法院以 6 比 3 的投票结果,裁定总统拜登的学生贷款减免计划违反宪法。9 名大法官中,有 6 名保守派大法官认为,减免学生贷款项目违宪;同时有 3 名自由派大法官则对该项目表示支持。首席大法官罗伯茨(John Roberts)在多数派意见书中表示,拜登政府只有在得到国会明确批准的情况下,才可以实施涉及金额如此巨大的项目,总统不具有这样的权力。

最高法院同意六个州的看法,认为《高等教育学生纾困法》并未授权行政机构以此种方式减免联邦学生贷款。总统要想减免联邦学生贷款,就必须得到国会的明确授权。换句话说,就是要国会通过新的法律,同意行政机构这样做以后,才能实施。最高法院此次裁决对拜登在 2022 年 8 月宣布计划后提出申请的 2 600 万名贷款人造成打击,对拜登来说也是一个政治大挫折。

### (七) 拜登政府受挫后推出新计划

受过大学教育的年轻群体,一向是民主党的票仓,也是拜登未来实现连任总统的重要支持者,眼下学生贷款减免计划被否决,民主党选情恐怕并不乐观。为此拜登政府重新谋划学生贷款的减免计划。

2023 年 8 月 22 日,拜登政府正式推出新的以收入为导向的学生贷款还款计划。这项计划名为"有价值的教育储蓄"(Saving on a Valuable Education,SAVE)。贷款人可以通过加入 SAVE 计划来减少其每月的学生贷款支出。贷款人的还款额是基于收入,计算每月偿还金额,而不是以贷款金额计算。具体来看,时薪为 15 美元或以下的贷款人将无需支付任何款项,而对于时薪超过 15 美元的贷款人来说,SAVE 计划每年也将为他们节省 1 000 美元以上。此外,贷款人还款 20 年至 25 年后,如果仍有积欠的金额,将予以免除。预计,该计划将分为两个阶段陆续推出。第一部分已实施,美国联邦政府教育部于 8 月 22 日起在网站接受 SAVE 计划申请,其余要等到 2024 年 7 月后才会生效。

据美国跨党派公共政策研究机构"争取制定负责的联邦预算委员会"(The Committee for a Responsible Federal Budget)估计,新的还款方案代价高昂,将至少耗费纳税人 2 760 亿美元的资金。拜登这一规避最高法院裁决的举措再次受到保守派挑战。两个保守派团体 8 月初便在密歇根州共同提起诉讼,指控拜登政府推出这项新计划涉嫌政府越权,并要求法官阻止教育部在案件审理期间推出这一计划。

2023 年 10 月 4 日,拜登政府宣布,给予 12.5 万贷款人减免总额达 90 亿美元的学生贷款。具体说来,90 亿美元中,超过 50 亿美元的减免额将提供给 5.3 万名在公共服务领域工作 10 年或更长时间的贷款人;28 亿美元的减免额适用于参加收入驱动还款计划(income-driven repayment plans)的 5.1 万名贷款人;另外 12 亿美元的减免额主要用于帮助 2.2 万名残疾贷款人。

## 三、巴西两度修改有条件现金转移支付项目

有条件现金转移支付项目（Conditional Cash Transfers，CCTs）一般将现金转移支付给贫困家庭，但条件是这些家庭要履行预先的约定，投资孩子的人力资本。[1]这些预先的约定和申请条件包括：政府往往要求定期对申请人家庭的儿童健康和营养状况进行检查，监测他们的生长发育情况，并让5岁以下儿童接受计划免疫；孕产妇要接受围产期的保健并定期参加健康信息讲座；教育方面的条件通常包括入学，80%—85%的学校出勤率，偶尔也会考查学生的学习成绩。大部分有条件现金转移支付项目往往把钱给母亲或在某些情况下直接给学生。

### （一）巴西有条件现金转移支付项目的基本情况

巴西的家庭补助金项目（Bolsa Família）是巴西政府现行的社会福利项目，也是世界上最大的有条件现金转移项目。短期内，这一项目的目标是缓解贫困造成的问题，而从长远来看，目标是投资于人力资本并中断贫困的代际循环。申请的家庭月人均收入必须为极度贫困（按2020年汇率计算，最高可达89雷亚尔，约16.90美元）。如果家庭中有孕妇、哺乳期妇女或17岁以下儿童和青少年，收入不得高于178雷亚尔（33.70美元）。2019年，家庭补助金项目总支出约300亿雷亚尔（76亿美元），占巴西当年GDP的0.5%。

左翼政治家、巴西总统卢拉在2003年上任后，推行温和的社会经济改革路线，增加社会福利。2003年10月，卢拉在世界银行赞助下，出台家庭补助金项目。家庭补助金项目是把联邦政府与地方政府过去各项收入转移统合运用，在整合及协调运作下，提升公共经费的质量与效率，除增加贫穷家庭的收益之外，也增加他们的义务与责任，要求完成设定条件才能继续领取福利金，希望借此让贫穷家庭能够独立自给自足。这些设定的条件包括，要求申请人家庭按时带小孩到卫生所接受预防注射及健康检查、提出小孩出席上课的证明，以及要求他们参加各种食品营养课程、扫除文盲计划及职业训练课程。巴西政府认为，通过这些要求，中长期以后

---

[1] Fiszbein, Ariel; Schady, Norbert; Ferreira, Francisco H.G.; Grosh, Margaret; Keleher, Niall; Olinto, Pedro; Skoufias, Emmanuel, *Conditional Cash Transfers: Reducing Present and Future Poverty*. World Bank Policy Research Report, 2009.

可以提升贫穷家庭的竞争力,增加他们的就业机会与家庭收入,最后改善他们的生活条件,使他们逐渐脱离贫穷的状况。

同时,在联邦政府与地方政府的共同支持下,家庭补助金项目也带动其他计划,包括扫除文盲、职业训练、家庭农业补助、创业、小额贷款等计划,让贫穷家庭可以过一个比较像样的生活,让他们的小孩获得更多更好的营养,以保障他们在良好的健康状况下成长及就学。在此项目实施前,巴西贫穷家庭每月领到的营养补贴或就学津贴不到 25 雷亚尔,家庭补助金项目实施后,2003 年每户家庭平均领到的津贴都超过 75 雷亚尔,比过去多了两倍以上。

1. 家庭补助金项目的待遇

以 2016 年为例,平均每个家庭每月的津贴为 180 雷亚尔(约 55 美元)。其中,赤贫家庭无论人口数量,首先可以领取 85 雷亚尔,家中有 0—15 岁的孩子,每个孩子可以额外领取 39 雷亚尔;16—17 岁的青少年可领取 46 雷亚尔。同时,家庭原有的收入加上政府发放的家庭补助金之和,如果平摊到每人每月仍低于 85 雷亚尔的贫困线下,政府就补上不足的差额。

如果领取补助金的家庭在第一年找到工作,收入的增加超过资格标准,可以继续享受额外两年福利。两年后,如果家庭收入依然高于合格标准,援助金终止发放。政府此项规定,一是为了防止"福利陷阱",即防止申请人为了享受福利而不积极寻找工作;二是劳动力刚刚找到工作,往往处在试用期,工作仍不稳定,继续给予两年的补助金较为合理。

2. 家庭补助金项目的评价

总体上看,各界对于家庭补助金项目的评价是利大于弊。

家庭补助金项目在巴西的减贫中发挥了重要作用。在卢拉执政的第一任期(2003—2006)内,巴西贫困率下降 27.7%。在卢拉的两届总统任期(2003—2010)期间,全球大宗商品价格的上涨,巴西经济增长迅猛,财政资金宽裕,使政府有足够的资金支撑这些社会福利项目。

家庭补助金项目非常适用于巴西这样一个人口众多的发展中国家,得到联合国、国际货币基金组织和世界银行等众多国际组织的肯定。例如,项目资助的对象为贫困家庭,而这些家庭的劳动力一般是非正规就业,被传统的社会保险排除在外。在此项目刚出台的 2003 年,只覆盖 1 000 万人口,10 年之后(2013 年)享受此福利的巴西人口超过约 5 000 万,政策覆盖的人口约占巴西总人口的四分之一。

批评者认为,第一,家庭补助金项目不可能成为解决所有贫困家庭的问题的工具,譬如,他们不能服务于老年贫困人口,没有子女的贫困家庭,或即使有子女,但子女的年龄超过了有条件现金转移支付项目所规定的年龄范围。第二,与其他国家的低保制度类似,家庭补助金存在"养懒汉"的问题。第三,政府的财政能力相对有限。由于巴西的工业不发达,经济高度依赖铁矿石、石油等初级产品出口,在铁矿石等资源价格走高时,利润大增,巴西人高福利有充分保障的,但假如资源价格一旦大幅下跌,经济发展和财政资源就一落千丈了。

### (二) 2021 年的改革内容

2010 年,巴西总统大选,罗塞夫在卢拉和中间偏左执政联盟的支持下,顺利当选,成为巴西历史上第一位女性总统。2014 年 10 月,罗塞夫竞选连任总统。同为劳工党成员,罗塞夫的运气比卢拉差多了。自从罗塞夫当政以来,全球原材料价格下跌,巴西经济陷入严重衰退,全国有 1 180 万人处于失业状态。此外,层出不穷的腐败案也让这个拥有两亿人口的大国陷于瘫痪。而持续扩张的社会福利政策也让公共财政背负起巨额债务。2016 年 8 月 31 日,巴西参议院以 61 票支持、20 票反对,正式通过对陷入受贿丑闻的罗塞夫总统的弹劾案。副总统米歇尔·特梅尔由代总统转为正式总统,任职至 2018 年本届总统任期结束。

2018 年 10 月,巴西举行总统大选,极右翼领导人博索纳罗当选,于 2019 年 1 月 1 日就职。这意味着左翼的劳工党连续执政 13 年的历史告一段落。博索纳罗上任以后,推出的以养老金改革为核心的经济改革政策,试图减少社会保障支出的压力。但面对国会内反对党的巨大掣肘,进展缓慢;公共支出的刚性增长也增加了投资者对经济稳定的担心,而巴西政府推动的大规模基础设施私有化和公私合营计划也遭到冷遇,市场对巴西经济前景的预测不断降低。

博索纳罗在社会保障领域最大的亮点是成功提高了退休年龄。此前巴西男性和女性的平均退休年龄分别为 56 岁和 53 岁,他上任后即向国会递交了养老金改革法案,将男性退休年龄提高至 65 岁,女性提高到 62 岁。2019 年 10 月,经过数月协商,国会参议院表决通过养老金改革法案,巴西政府将在未来 10 年节省大约 8 000 亿雷亚尔的财政支出。

为了在 2022 年新一轮总统竞选胜出,博索纳罗总统于 2021 年 10 月宣布以巴西援助金项目(Auxílio Brasil)取代家庭补助金项目。这一改革于 2021 年 12 月 30

日通过两院(巴西众议院和参议院)后得到博索纳罗的批准,正式生效。

1. 以援助金项目取代家庭补助金项目的原因及代价

家庭补助金项目是劳工党时代社会计划的旗舰,在巴西民众心里有着广泛的影响,也是劳工党多次赢得总统选举的重要法宝。卢拉在其第一个总统任期里设立了家庭补助金项目。而卢拉正是博索纳罗在 2022 年大选中的最强劲对手。博索纳罗将这一项目名字巧妙地改为"巴西援助金",意图使受益的选民将其与自己而非卢拉联系在一起,从而为自己争取更多的低收入选民。

"巴西援助金"的平均福利是 217.18 雷亚尔,与原来的家庭补助金相比,增加 17.84%。2022 年补助金的覆盖范围是 1 470 万个家庭。据估计,改革以后,到 2022 年 12 月受益的家庭数量将增加到 1 700 万个。同时,博索纳罗政府一直承诺,援助金将达到 400 雷亚尔(228.25 美元),较改革前大约翻了一倍。

巴西联邦政府 2022 年的财政预算将增加 916 亿雷亚尔,而财政部已计划将其中超过一半的预算(500 亿雷亚尔)用于巴西援助金项目,另外 240 亿雷亚尔用于调整与最低工资收入挂钩的福利。

由于巴西经济结构比较单一,过分依赖于初级产品出口,近些年巴西经济增长乏力甚至衰退,2015 年以来,人均 GDP 一直徘徊在 8 800 美元左右(见图 2.1)。博

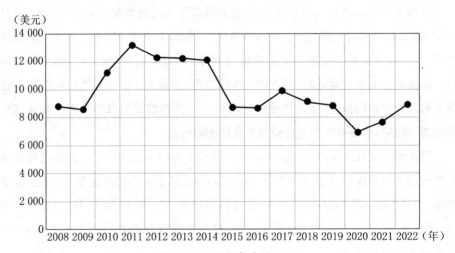

**图 2.1 巴西历年人均 GDP**

资料来源:世界银行网站(https://data.worldbank.org/indicator/NY.GDP.PCAP.CD?end=2022&locations=BR&start=2006)。

索纳罗不顾已然居高不下的赤字率、通胀率和负债率,坚持要在2022年的总统选举前出台各项改革举措,以取悦选民。政府的改革引发社会担忧,挫伤了巴西股市和汇市。10月21日,巴西基准股指(bvsp)一度暴跌近5%,收跌2.8%,创下2020年11月以来的最低收盘水平;巴西货币雷亚尔下跌近2%,自2021年4月以来首次逼近1美元兑5.7雷亚尔的水平。出于对改革的不满,巴西经济部4名财政高级官员辞职,包括财政部长比腾古尔、特别财政和预算部长芬查尔以及他们的两名高级助手。

2.巴西援助金项目的主要规定

巴西援助金项目通过为极端贫困(根据现行政府标准,每人每月收入高达89雷亚尔)和贫困(89雷亚尔至178雷亚尔之间)的家庭提供服务来维持其生活。

(1)三项基本援助:

幼儿援助:3岁以下儿童每人每月将获得130雷亚尔的补助,每个家庭每月领取的上限为5份。

家庭援助:孕妇,3岁至17岁的未成年人,以及18岁至21岁仍在接受基础教育的成人。每人每月可领取65雷亚尔的福利,每个家庭每月领取的上限为5份。

极端贫困补贴:如果在计算了"基本福利"的所有补助后,家庭的人均月收入仍低于极端贫困线,则可获得这一补助。根据该法案,极端贫困的补助将根据极端贫困线(每人100雷亚尔)、家庭收入和家庭成员的数量来计算。每个家庭成员最低将获得25雷亚尔。

(2)六项额外援助:

过渡期补偿性援助。这项福利是为那些曾享受家庭补助金项目的家庭准备的。在家庭补助金改为巴西援助金以后,他们将获得的补助金可能会相应减少。该福利将在新方案实施期间发放,确保家庭收到的补助金大于原先的家庭补助金。

学校体育援助金:针对年龄在12岁至17岁之间,在巴西学校运动会中表现突出的学生,并且需要是巴西援助金的领取家庭成员。根据该法,援助金将分12个月支付,金额为每月100雷亚尔,并向学生家庭一次性支付1 000雷亚尔。

初级科学激励奖学金:针对在学术和科学竞赛中表现良好,并且需要是巴西援助金的领取家庭成员。援助金将分12个月支付,金额为每月100雷亚尔,并向学生家庭一次性支付1 000雷亚尔。

儿童援助:对有0至不满48个月儿童的家庭,监护人有能力赚取收入,但无法在公共或私人日托中心为孩子找到位置的,可每月领取 200—300 雷亚尔补助金。该补助金将持续支付到孩子满 48 个月,每个家庭可领取补助金的份数尚未明确规范。

农村援助:有家庭成员是农民的可以每月领取 200 雷亚尔。该补助金将分月支付,每个家庭只有一位成员可领取。

融入城市建设援助:享受"巴西援助金"的人,只要证明自己有正式工作,就能获得每月 200 雷亚尔的福利。每个家庭只有一位成员可领取。

### (三) 2023 年的改革内容

作为温和左翼政策的代表人物,卢拉曾在 2003 年至 2010 年担任总统。当时正值大宗商品价格高涨的时期,巴西经济维持了高速增长,上升为全球第六大经济体,而且政府债务规模大减。特别是卢拉创建的家庭补助金项目,脱贫效果明显,成为一时佳话。不过,其亲手拣选的总统继任人罗塞夫后来因国际大宗商品价格走低、巴西经济萧条以及贪腐等,在 2016 年被弹劾下台。

2022 年,卢拉又一次参加总统竞选,宣传口号非常简单,就是"回到过去",不断重提自己过去两届任期的政绩。同时,卢拉向富人加税,以加大财富再分配的政策方向,使他得到不少低下阶层的支持。在 2022 年 10 月的总统大选中,76 岁的前总统卢拉战胜了在任总统博索纳罗。

卢拉就任总统以后,于 2023 年 3 月 2 日发布新的"家庭补助金"发放计划,规定从 2023 年 3 月 20 日开始,为人均收入被归类为贫困或极端贫困的家庭发放现金补助。巴西政府承诺,从 2023 年 3 月开始,每月向每个贫困家庭支付 600 雷亚尔(约合人民币 795 元),对家庭中每名 6 岁以下的儿童再额外支付 150 雷亚尔(约合人民币 198 元)。此外自 2023 年 6 月起,该计划还将为贫困家庭中 7 岁至 18 岁的成员和孕妇额外支付每人 50 雷亚尔(约合人民币 66 元)。预计将有 2 080 万家庭从中受益。除了福利金额提高以外,领取福利的家庭人均收入上限也提高了。

## 四、英国国民医疗保健系统内外交困

2023 年 7 月 5 日,英国政府在伦敦威斯敏斯特教堂隆重举行了庆祝英国国民医疗保健系统(NHS)成立 75 周年纪念活动。该系统成立的基本原则就是让所有英国国民根据所需而非经济能力接受医疗服务。长期以来,该系统被视为英国福利制度的亮点和骄傲。但是,完善的全民免费医疗需要政府有高超的管理水平和庞大的经费支持。多年来经费不足、濒临破产崩溃的言论不绝于耳,服务质量下降和医护人员超负荷工作的抱怨也不曾间断。近年来,这些问题越发严重,2023年2月6日爆发的数万名医护人员罢工为该系统成立75年以来人数规模最大的一次。

需要说明的是,英国的国民医疗保健并非一个系统,而是四个系统:英格兰、苏格兰、威尔士和北爱尔兰分别有自己的医疗保健系统,它们的服务范围和收费准也有所不同。下文为了简化分析,除非特别注明以外,只针对英格兰的保健系统进行介绍。

### (一) 经费不足

英国健康基金会(Health Foundation)的分析显示,在疫情前的10年间(2010年至2019年),英国政府的医疗健康投入为人均每年3 000英镑,比欧盟国家的平均水平低18%。

如表2.4所示,从1978/1979财年至今,工党执政期间,保健系统经费增长较快,年增长率高达6.7%。而2019/2020财年—2022/2023财年期间,由于新冠疫情大流行,经费增长也较快。展望2023/2024财年—2024/2025财年,年经费增长率很快就下降至2.6%。这一增长率远低于1978/1979财年—2019/2020财年的平均增长率(3.8%)。

表2.4 英格兰保健系统的历年经费实际增长率

| 时　　间 | 执政党 | 首相 | 年增长率 |
|---|---|---|---|
| 1978/1979财年—1996/1997财年 | 保守党 | 撒切尔、梅杰 | 2.8% |
| 1996/1997财年—2009/2010财年 | 工党 | 布莱尔、布朗 | 6.7% |
| 2009/2010财年—2014/2015财年 | 保守党与自由民主党联合 | 卡梅伦 | 1.1% |
| 2014/2015财年—2018/2019财年 | 保守党 | 卡梅伦、梅 | 2.5% |
| 2019/2020财年—2022/2023财年 | 保守党 | 约翰逊、特拉斯、苏纳克 | 5.6% |
| 2023/2024财年—2024/2025财年 | 保守党 | 苏纳克 | 2.6% |

备注:2023/2024财年—2024/2025财年的执政党、首相以及预算经费增长率为预计值。
资料来源:英国健康基金会网站(https://www.health.org.uk/publications/long-reads/health-care-funding)。

扣除固定资产投资以外,以每年的保健系统日常运行预算额(resource spending departmental expenditure limits, RDEL)作为医疗支出指标进行比较,在 2013/2014 财年至 2024/2025 财年期间医疗支出年平均名义增长率为 5.2%(见图 2.2)。而扣除通货膨胀以后的医疗支出实际增长率仅为 2.5%。同时,如果剔除人口增长的影响,以人均医疗支出增长率计算的话,年平均实际增长率仅为 1.8%。由于医疗保健支出通常会随着参保人年龄增长而刚性增长,为此在剔除人口老龄化因素的影响后,则同期的人均医疗支出每年仅增长 1.4%。

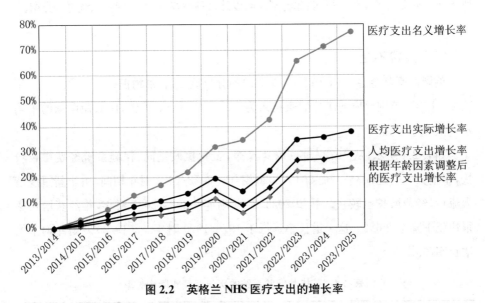

**图 2.2 英格兰 NHS 医疗支出的增长率**

资料来源:英国健康基金会网站(https://www.health.org.uk/publications/long-reads/health-care-funding)。

## (二) 等待时间偏长

2023 年 1 月 5 日,英国首相发表新年主题演讲时,向全体国民提出五项承诺,其中之一是"减少医疗保健系统的问诊等候名单,让人们更快地得到所需的治疗"。不料情况不但没有改善,近几个月来,积压的病例有所增加。截至 2023 年 9 月底,非紧急治疗的等待人数达到了 777 万,创下自 2007 年 8 月开始统计以来最高等候人数纪录。医护人员罢工对病人看病造成巨大影响,导致约 77.8 万名患者重新预约等候就医。

医疗保健系统规定,病人等候治疗时间不得超过 18 周。然而,等待时间超过 18 周的病人数量从 2013 年 1 月的 16.2 万人增加至疫情前的 78.2 万人,到 2023 年 8 月则高达 330 万人。等候时间过长,导致大批病人未来得及看病就已经不幸去世。2022 年有超过 12 万人在等候看病时逝世,总数甚至高于英国因为疫情封城期间的死亡人数。英国照护质量委员会(CQC)的最新报告发现,2022 年排队候诊的病人中,有五分之二的人在住院等待期间健康状况恶化。

2022 年有 14 628 名儿童的手术被推迟,高于 2021 年的 11 870 人,创下五年来的最高纪录。日益严重的治疗积压,有可能给儿童及其家庭带来终生的影响。许多治疗措施必须在特定的年龄和发育阶段进行,例如患有听力障碍的儿童因为等候植入人工耳蜗的时间过长,可能长达接近一年,错过语言发展的关键时期,彼时儿童的语言发育能力将大受影响。

由于等候看诊时间过长,迫使大批民众前往急诊室,导致急诊室人满为患,最后变成恶性循环。2023 年 8 月,只有不到四分之三的病人能在 4 小时(NHS 的目标)内就诊,而每天有近 1 000 名病人被迫等待 12 小时以上。

此外,根据 2022 年医疗保健系统的官方统计,每 10 名医生有 1 名为印度或巴基斯坦籍,整体上有约三分之一医生并非英籍,沟通时难免出现困难。

### (三) 罢工频频

英国政府的医疗投入不足,导致医护人员因工作繁重、收入偏低而离职。2022 年英国 NHS 有近 17 万名员工离职,有超过 2.7 万人是以"工作与生活平衡"为由离职,过去 10 年来此项数据增至 4 倍,并且已超越了到达退休年龄而离职者(2.4 万人)。同时,员工缺勤率(病假天数比率)为 5.6%,主要的病假原因是心理压力。

自 2022 年下半年以来,在英国通胀达到 40 年来最高水平、能源价格上涨进一步推高生活成本等背景下,医护人员要求涨薪的呼声日益强烈。

#### 1. 护士罢工

2022 年 10 月 6 日,英国最大的护士工会组织——皇家护理学院(RCN)——宣布支持会员采取罢工行动,这是其成立 106 年历史上的首次。学院有 46.5 万名成员,职业涵盖护士、助产士、医疗保健助理等。

根据皇家护理学院委托的咨询公司伦敦经济(London Economics)的研究,自 2010 年以来,高级护士的薪水实际水平下降 20%。但英国健康基金会却表示,2011

年至 2021 年护士的实际工资降幅只有 5%,并没有 20%那么夸张。RCN 提出要求,希望能获得比通胀率高出 5 个百分点的加薪,但英国政府回应称这相当于 19%的加薪,对于目前的英国财政来说是不可接受的。19%这一加薪比率是工会按照 2022 年 10 月的零售价格指数计算得出的——在 14%的通货膨胀率基础上再提高 5%。

在加薪诉求未获得支持以后,皇家护理学院在 2022 年 12 月 15 日和 20 日举行罢工,约有 10 万护士参加罢工行动。每次罢工持续 12 个小时,约 7 万例预约门诊、手术被取消,积压的医疗案例达到创纪录的最高水平。2023 年 1 月 18 日,学院再次组织了为期两天的罢工。

2023 年 6 月 27 日,皇家护理学院宣布,因未能获得足够投票支持,原计划举行的护士罢工活动将结束。5 月,该工会拒绝了英国政府的加薪提议,原计划举行更多罢工。按规定,工会需要每六个月进行一次投票,支持率需达到 50%以上,以获得罢工授权。此次投票未能获得足够人数支持。

2. 救护车工作人员罢工

2022 年 12 月 21 日和 28 日,数千名英格兰和威尔士地区的救护车接线员加入 24 小时罢工行列,要求涨薪幅度至少与通胀率持平。组织此次罢工的三大工会——联合工会(Unite)、公共服务业总工会(Unison)和英国总工会(GMB)——此前曾宣布,在 21 日当天救护车接线员罢工期间,急救中心仅会向心脏病发作及呼吸骤停等出现紧迫生命危险情况下派出救护车,而不会向摔倒等并不危急的情况派车。英国一些地方政府敦促人们使用私家车或者乘坐出租车去医院。

2023 年 1 月 11 日,英国救护车工作人员再次举行罢工。参与罢工的人员包括救护车护理人员、呼叫中心工作人员与辅助工作人员等。

3. 初级医生罢工

初级医生(junior doctor)是英国医疗系统的重要组成部分,占全英医务人员的 40%到 50%。英国的初级医生范围非常广泛,既包括刚从医学院毕业的实习医生,也包括在就诊一线拥有十多年经验、正在接受全科医生或者专科医生培训的成熟医生。根据英国医师协会的统计,英格兰的初级医生共有约 45 000 名。部分初级医生刚毕业不久,除了沉重的工作压力和高昂的物价外,巨额学生贷款更是让他们喘不过气来。

2022 年,英国医学协会(BMA)宣布要求政府对初级医生加薪 35%,使其与

68

2008 年的实际薪酬水平相当。自 2008 年以来,反复的工资冻结和低于通货膨胀水平的加薪导致初级医生的实际工资减少了近 30%。为了向政府施加压力,协会宣布从 2022 年 3 月 13 日开始进行 72 小时罢工。罢工造成重大破坏性影响,导致约 17.5 万项就诊预约被取消。罢工后,协会代表与英国卫生大臣史蒂夫·巴克莱 (Steve Barclay)未能达成协议,协会宣布从 4 月 11 日开始额外举行 96 小时罢工。在罢工期间,英国各大医院将提供类似于圣诞节期间的最低限度的医疗服务,只提供紧急手术,常规预约及普通手术将被推迟或取消。2023 年 9 月 19 日,医疗保健系统的医生再次就薪资问题发起罢工,这是初级医生和高级医生首次同时罢工,严重影响医疗服务。

自 2022 年 3 月到年底,初级医生至少进行了七次罢工。英国国家医疗服务体系表示,罢工对"几乎所有的常规护理都产生重大影响"。初级医生是医院和诊所护理的重要支柱。这次罢工正值冬季流感和季节性疾病的高发期,诊所和医院都面临着巨大的接诊压力。

2024 年 1 月 3 日早上 7 点开始,数千名英格兰初级医生开始为期六天的罢工,这是英国国家医疗保健系统成立 75 年以来最长的一次罢工。英国医学协会认为 8%—10%的加薪幅度并不够,目标是增加 35%的工资,应对通货膨胀。

## 五、宏观经济波动引发各国社保基金大幅亏损

2023 年 9 月 11 日,韦莱韬悦公司(Willis Towers Watson)发布的最新《全球 300 强养老基金年度报告》(Global Top 300 Pension Funds)显示,全球最大的 300 家养老基金的总资产管理规模在 2022 年下降 12.9%,打破了 2008 年金融危机时 12.6%的下滑记录,为 20 年来最大年度跌幅。

2022 年,全球经济不确定性和市场不稳定达到历史最高水平,全球通胀率迅速攀高、欧美央行激进升息,引发全球金融市场罕见的股、债、汇"三杀",对养老基金投资提出挑战(见图 2.3)。多数养老金遭遇 2008 年金融危机以来最大幅度的亏损,即便是以债券为主的保守型养老基金也未能幸免。

《报告》显示,截至 2022 年底,全球 300 强养老基金的总资产管理规模为 20.6 万亿美元,较上年同期的 23.6 万亿下跌 12.9%(见图 2.4)。与 2022 年 8.9%的增幅相比,12.9%的跌幅不仅意味着全球 300 强养老金的资产规模在 2022 年遭遇了"大

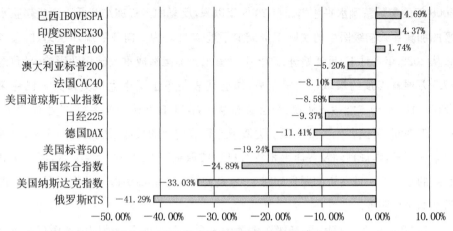

**图 2.3　2022 年全球主要股市指数的涨跌幅**

资料来源：万得资讯。

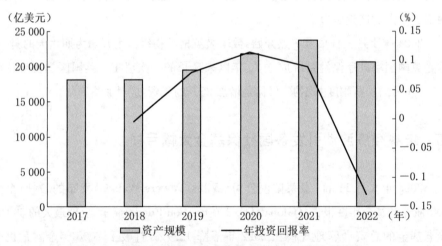

**图 2.4　全球 300 强养老基金的资产规模与年投资回报率**

资料来源：Watson, Willis Towers. *Global top 300 pension funds, A Thinking Ahead Institute and Pensions & Investments joint study*, September 2023.

幅调整"，更代表着 15 年前，即 2008 年金融危机时养老金 12.6％的年度跌幅纪录已然被打破。按市场分，美国仍然是全球规模最大，入围 300 强最多的市场，截至 2022 年底，共有 146 只美国养老基金入围全球 300 强，总规模占全球 300 强的 39.6％。其次是日本，11 只养老基金入围 300 强，总规模占比 10.3％，其中日本政府养老金投资基金（GPIF）依旧保持着自 2002 年以来的全球最大养老基金龙头地位，以 1.45 万亿美元的资产管理规模位居 300 强榜首。

以全球最大主权财富基金挪威政府养老基金为例,该基金 2022 年整体投资回报率为 -14.1%。其中,股权投资回报率为 -15.3%,固定收益投资回报率为 -12.1%,而非上市房地产投资回报率为 0.1%,未上市的可再生能源基础设施的回报率为 5.1%。挪威政府养老基金的投资覆盖 9 000 多家公司,70 余个国家,但 2022 年简直是无处可躲。俄乌冲突、高通胀和利率上升的影响,对股票市场和债券市场产生负面影响,这是非常不寻常的。股票中除能源板块外的所有板块均出现负回报。

## 六、德国出台公民津贴制度

2022 年 11 月 25 日,德国联邦议院投票通过德国三党联合政府提出的"公民津贴"(Bürgergeld)社会福利改革方案,从 2023 年 1 月 1 日开始实施,以取代原有的失业津贴——"哈茨四"(Harz-Ⅵ)制度。该方案共获 557 票赞成,98 票反对,2 人弃票。

### (一)"哈茨四"制度的起源

哈茨方案是德国政府于 2002 年至 2005 年逐步推行的,针对失业人口调整救济待遇、培训和促进再就业的社会福利方案。当时执政的社民党施罗德政府鉴于德国的经济萧条,大量失业,社会福利体系负担沉重,决定改革整个社会和就业体制,组成了一个专案小组。小组的组长是当时的社民党党员,同时也是德国大众汽车集团董事彼得·哈茨(Peter Hartz)。这一改革方案也由此得名哈茨方案。德国政府从 2003 年 1 月实施"哈茨一"方案,到 2005 年 1 月推出"哈茨四"方案,其间对方案不断修改和完善。其中最广为人知的就是"哈茨四"方案。它的主要内容是,将原先给失业者的失业救助金(Arbeitslosen-hilfe)与给贫穷不能维持生活者的社会救助金(Sozialhilfe)合并为统一支付标准的基本生活津贴(Grundsicherung)。

哈茨方案在一定程度上是德国福利模式转型的一次尝试,以降低对失业者的补贴来强迫失业者接受低薪的工作,希望以此将长期失业者重新送回到劳动大军里。这一系列的变革引起德国国内外的许多争议,毁誉参半。在施罗德担任德国总理之前,左翼的社会民主党在统一前的西德执政期间建立了"从摇篮到坟墓"的社会福利制度,虽然该制度初期曾经促进了西德经济高速增长、保持了社会公平、维护了社会稳定,但后期却导致德国经济增长乏力、失业率居高不下和社会福利开支节节攀升,德国也从昔日的欧洲经济强人,一度沦为"欧洲病夫"。而自从施罗德对劳动力市场进行系列改革以后,从 2005 年起,德国的失业率稳步下降,从两位数降至近年的 5%—6%,几乎减半,即使是 2008 年的全球金融危机也没有影响劳动力市场稳步向好的大趋势。

按照"哈茨四"方案,所有具备劳动能力的德国人,在长期失业的情况下,只能得到均一给付的国家补助金。具体来说,如果一个人全职工作过至少两年时间,那么失业后可以领取 12 个月的"第一类失业救济金",额度为失业前税后收入的 60%(如果有未成年的孩子,这个比率是 67%),一年最多不能超过 6 900 欧元(前东德地区的上限是 6 450 欧元)。但假如 12 个月后仍未找到工作,就要转而领取"第二类失业救济金",即所谓"哈茨四号失业金"。在"哈茨四"方案被取代前的 2022 年,成年失业者每人每月可领到 449 欧元的"哈茨四号失业金",而他们的孩子得到的补助更少,根据年龄有所不同,补助也有所不同,但政府会为他们支付房租和暖气费。更为重要的是,"哈茨四"方案一方面要求政府为失业者提供更快、更好的就业指导,另一方面则要求失业者特别是长期失业者必须接受职业介绍所提供的任何工作,即使该工作的工资低于当地平均水平,如果他们不积极寻找工作,政府有权取消他们的失业救济金。

### (二) 公民津贴与"哈茨四"制度的区别

从公民的角度出发,德国政府认为社会保障制度的设计应该尊重个人尊严,社会福利应该帮助公民更好地融入社会。引入公民津贴旨在创造更多就业机会,加强失业者及其家人的个人责任感,帮助他们依靠自己的手段和力量独立谋生,以此增加对缴纳社会保障金的公民就业的激励。

1. 公民津贴给予贫困者的经济补助比"哈茨四"方案的还要高。原则上,公民津贴的计算方式与"哈茨四"方案相同。此外,公民津贴对于未成年或未就业的年轻子女的补贴也有所提高。同时,公民津贴还考虑到通货膨胀的因素,每年例行上调,例如从 2023 年 1 月 1 日起,单身人士的补助从原来的 449 欧元上升到 502 欧元。

2. 扩大申请者范围,对申请人资产审核暂停两年。这意味着政府部门将不再对申请人的住房面积,以及家庭拥有资产进行审核。简而言之,就是申请"哈茨四"津贴必须是真正的赤贫申请人,现改为可以拥有一定资产(不得超过 6 万欧元)。

3. 申请人的车辆被允许拥有。申请人的免税额度将增加到 1.5 万欧元,这意味着申请人赚取额外收入的机会增加。在"哈茨四"制度中,申请人每月赚取的额外收入通常只有一小部分是免税的,一定程度上阻止了申请人想要通过额外收入补贴家用。

4. 申请人拥有 6 个月的"磨合信任期"(Vertrauenszeit),在该期限内,无需向政府证明自己在积极求职。当"磨合信任期"过后,如果申请人不向政府证明自己在积极求职或拒绝合理的工作合同,则补助津贴也将被削减。

5. 支持进一步教育培训,有额外的福利,如每月的 150 欧元教育培训津贴和 75 欧元的奖金。公民津贴主要关注求职者长期性的工作,而非简单的临时就业,因此重点在于帮助求职者重新融入劳动市场,而不是陷入失业的恶性循环。

2023 年年底,德国有 550 万人领取公民津贴,其中包括 168 万名失业人员及其近 200 万未成年子女。从 2024 年初开始,独居的求职者每月的福利金从 502 欧元升至 563 欧元;6 岁以下儿童的给付金额从 318 欧元升至 357 欧元;7 岁到 14 岁儿童的给付金额从 348 欧元升至 390 欧元,对 15 岁至 18 岁青少年的给付金额从 420 欧元升至 471 欧元。领取公民津贴的儿童中,近 48% 拥有外国国籍,人数从 2015 年的 36.5 万增加到 2023 年的 93.5 万。自 2015 年以来,来自叙利亚、伊拉克、阿富汗等国的寻求庇护儿童超过 30 万人,而自 2022 年俄乌冲突以来,德国已收容了约 27 万名乌克兰儿童。

## 七、韩国生育率持续下降

低生育率是许多国家面临的重大挑战,而这一问题在韩国尤其严重。二战以来,韩国的发展具有"压缩现代性"(compressed modernity),即韩国在不到五十年里实现了欧洲用两百多年实现的现代化。而在这个飞速发展的过程中,经济发展被放在了首位,而社会福利的转型以及生育政策的调整相对滞后,引发生育率急骤下降等新问题。韩国媒体甚至用"人口灾难"一词来形容韩国日益加剧的低生育困境。

### (一) 韩国的生育率现状

韩国是经合组织成员国中唯一生育率低于 1 的国家。在过去 60 年间,韩国经历了人类历史上最快速的生育率下降。1960 年,韩国的总生育率(即一名妇女在其生育期平均拥有的孩子数量）接近6。总和生育率在1974年跌破4，1977年跌破3，1984年跌破2，在2018年跌破1，2023年已降至0.72。除了2007年、2012年排在经合组织成员国倒数第二位之外，从2004年开始生育率持续垫底。与此同时，韩国的新生儿总数也由2018年的32.68万人，一路降至2023年的23.5万人（见图2.5）。

韩国统计厅预测，2024年和2025年的生育率将下降至0.68和0.65，此后反弹并逐渐升高，2036年有望回升至1.02，再次恢复到1左右的水平。

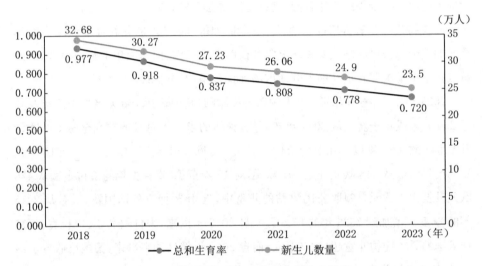

**图 2.5　韩国历年总和生育率和新生儿数量**

资料来源：OECD database。

## （二）生育率下降造成的影响

### 1. 国家人口总量下降

2020年，韩国人口首次出现死亡人口大于出生人口的"死亡交叉"（Dead Cross）现象，此后人口总数逐渐减少，2020—2023年分别减少32 611人、57 118人、123 800人、113 709人。2023年末韩国人口降到5 133万人。根据韩国统计厅2023年12月发布的《未来人口推算结果（2022—2072年）》，韩国2025—2035年的年均人口增长率为−0.16％，之后其下降趋势更快，到2072年人口增长率降至−1.31％。2072年韩国人口将减少至3 622万人，只占2022年人口的70％。

### 2. 老龄化趋势加快，劳动力总数下降

2024年1月10日，韩国行政安全部发布的《以2023年底为准的居民登记人口

统计》显示,65 岁以上的老龄人口达到 973 万人,比 2022 年增加 46.3 万人,占总人口的比率上升到 19%。2023 年 70 岁以上人口为 631.9 万人,首次超过 20 岁—30 岁的人口(619.7 万人)。韩国劳动人口(15 岁—64 岁)2023 年为 3 593.1 万人(占总人口的 70%),比 2022 年(3 628.1 万人)减少 35 万人,2024 年很可能跌破 70%。

韩国的中位数年龄将从 2023 年的 45.5 岁上升到 2072 年的 63.4 岁(见图 2.6)。也就是说,现在被称为"中年"的年龄在未来将变成"老年"。最需要关注的是,从人口结构上看,作为经济"中流砥柱"的劳动适龄人口(15 岁—64 岁)正在不断减少。据预计,韩国劳动适龄人口占总人口的比重将从 2022 年的 71.1% 锐减到 2072 年的 45.8%。到 2072 年,每 100 名劳动适龄人口应抚养的人口(老年抚养比)将从 2022 年的 24 人增加到 104 人。人口老龄化将导致韩国劳动力人口减少、社会保障负担增加、消费需求下降,从而影响经济增长。韩国央行预测,如果生育率保持现有水平,到 2050 年韩国经济实际增长率将降至负值。

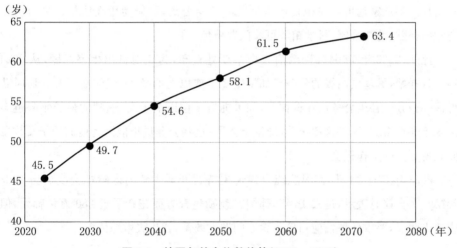

图 2.6  韩国年龄中位数趋势(2023—2072)

注:2023 年以后为预测数据。
资料来源:韩国《中央日报》中文网(https://chinese.joins.com)。

## (三) 韩国政府出台的生育鼓励政策

2005 年 9 月,韩国成立了由总统直管的低生育与老龄社会委员会。自 2006 年起,该委员会负责每 5 年制定一次"低生育率老龄化基本应对计划"。2020 年 12 月

15 日,韩国发布最新的第四轮计划(2021—2025 年)。

目前,韩国保健福祉部为每个出生的孩子提供的福利包括:怀孕和分娩医疗费 100 万韩元;第一次见面补助金 200 万韩元(第二个孩子 300 万韩元);父母补助金 1 800 万韩元(0 岁每月 100 万韩元、1 岁每月 50 万韩元);儿童补贴 960 万韩元(8 岁之前每月 10 万韩元)共计 7 250 万韩元,儿童保育费和伙食费 2 540 万韩元,小学、初中、高中教育费 1 650 万韩元。

韩国各地政府在此基础上还推出了各具特色的补充服务。其中,2023 年 12 月 18 日,韩国仁川市市长刘正福发布的"1 亿+idream"政策最引起社会关注,该政策旨在从胎儿到 18 岁阶段,为育儿家庭提供全方位支持。从总量上讲,就是面向在仁川市出生的所有新生儿,每人发放一亿韩元的福利补贴(约为人民币近 55 万元):在现有 7 250 万韩元的生育福利基础上,另外提供"天使支援"基金 840 万韩元(1 岁到 7 岁每月 10 万韩元)、儿童梦想补助金 1 980 万韩元(8 岁到 18 岁每月 5 万韩元),以及孕妇交通费 50 万韩元。首尔市政府则从住房、教育等方面对多孩家庭提供优待和支持。多孩家庭可优先租赁政府运营的长租公寓,注册使用在线教育平台将获得政府补贴,前往公园、科学馆等可获门票减免。

此外,2023 年 12 月韩国政府人事革新处宣布,为应对低出生率问题,从 2024 年 1 月开始,最基层两级的公务员如果生 2 个或以上的孩子,就能在晋升评比时获得额外积分。各级公务员在退休后,如果拥有 2 位以上子女,返聘的最长年限也会由 3 年延长至 10 年。这意味着,即使退休了,这些公务员也能因为他们的子女数量而获得更多的工作机会。

2023 年 3 月 28 日,韩国总统尹锡悦主持召开低生育与老龄社会委员会 2023 年第一次会议时表示,过去 16 年,韩国在鼓励生育方面花费了近 280 万亿韩元,但成效不明显,要重新评估应对低生育率问题的政策,找出失败原因。

### (四) 韩国政府生育政策未能提升生育的原因

1. 经济因素是导致生育率下降的主要原因

韩国的高速经济增长带来较大的收入差距、大幅增加的育儿费用、负担不起的住房,以及让人筋疲力尽的加班工作,这些都极大影响年轻人的生育意愿,靠政府的少量补助难以解决。2023 年 10 月,韩国低生育与老龄社会委员会、韩国文化体育观光部以全国 1 200 名 18 岁至 79 岁群体为对象开展"低生育认识调查"。调查结果显示,49岁以下受访者中49.0%的人表示今后无生育意愿。不愿生育的原因排前两位的分别是"经济负担和收入两极分化"(40%)和"抚养和教育子女的负担"(26.9%)。

2. 传统价值观与高速发展的经济存在一定冲突

中日韩三国,都属于儒家文化的影响圈,有着共同的传统价值观:一是家庭的最终目标是父系家族血统的延续,望子成龙、光宗耀祖往往是家庭的头等大事,这种精英主义倾向往往导致家庭需要在养育子女上花费大量时间,且追求少生和优生,在一定程度上降低了生育率。二是传统价值观认为劳动有严格的性别分工,女性最重要的义务就是结婚生子。上述观念现面临较大的冲击。

一是"男性养家,女性持家"模式难以持续。当前经济波动较大,正规工作机会减少,男性面临收入不高或职业生涯中断等问题,需要女性在照顾家庭的同时,也外出工作,这使得女性面临工作和家庭的双重压力。一些韩国女性认为,受够了传统社会对母亲不切实际的期望,所以她们选择拒绝生育,"生育罢工"是女性对社会的报复。

二是现代女性追求独立自主,不愿意因生育而中断工作。近年来韩国流行一句话,"小学一年级是职场妈妈的坟墓",即因孩子上小学而辞职的女性人数正在增加。据统计,2022年韩国中断职业生涯的已婚女性人数约为134万人,42%因育儿而辞职。因担心影响个人的职业发展,越来越多的韩国女性开始拒绝生育乃至拒绝结婚。2022年的一项调查显示,不愿要孩子的韩国女性(占65%)远高于男性(占48%)。

三是韩国缺少足够的社会福利,意味着家庭依然承担着育儿养老中的许多职能。家庭的承担超负荷了,年轻人就不想成家了。年轻一代晚婚甚至不婚,不结婚就不生小孩,即使结了婚,生的小孩也比以前的家庭少。

3. 晚结婚或不结婚造成生育率下降

近年来,韩国社会晚婚和不婚现象逐渐增多,导致生育率下降。与欧美社会不同,东亚人对非婚生子女的接受度不高。许多欧美人士已不再认为结婚和生育是严格挂钩且有先后关系的。而在东亚,女性单身生育依然是极少的情况。生育几乎都是在婚内发生的,非婚生育非常少,这使得结婚率低和结婚晚也会影响生育率。

新婚夫妇的数量从最初制定相关统计的2015年的1 471 647对,以每年减少5万至8万人的速度下降。韩国统计厅制定的《2022年新婚夫妇统计》显示,2022年新婚夫妇为1 032 253对,连续11年减少,也创下1970年开始相关统计以来的最低纪录(见表2.5)。

表 2.5　韩国历年新婚夫妇数量

| 年　　份 | 2018 年 | 2019 年 | 2020 年 | 2021 年 | 2022 年 |
|---|---|---|---|---|---|
| 新婚夫妇数(万对) | 132.2 | 126.0 | 118.4 | 110.1 | 103.2 |
| 年增长率 | −4.2% | −4.7% | −6.1% | −7.0% | −6.3% |

资料来源:韩国《中央日报》中文网(https://chinese.joins.com)。

面对高昂的教育费用、住房成本和就业压力,近年来韩国社会的晚婚晚育现象愈加普遍。数据显示,2022 年登记初婚的韩国男性和女性平均年龄分别达到 33.7 岁和 31.3 岁,均创新高。此外,2022 年韩国女性的平均生育年龄达 33.5 岁,头胎生育晚也往往影响第二胎的生育意愿。

4. 女性的社会地位较低

让女性过上更公平、更安全的生活,是提高生育率的根本手段。但目前韩国的女性受歧视现象仍然较为严重,在一定程度导致生育率下滑。

世界经济论坛发布的《2023 全球性别差距报告》(Global Gender Gap Report 2023)显示,韩国在全体 146 个国家(地区)中排名第 105 位,远低于其经济水平在世界的排名。具体来看各项指标,韩国女性在"经济参与机会"排名第 114 位,在"教育程度"排名第 104 位,在"医疗与生存中"排名第 46 位,在"政治赋权"排名第 88 位,在"女性议员比重"一项中,排名第 84 位。

根据《经济学人》2023 年 3 月发布的"玻璃天花板"指数(The glass-ceiling index)排名,韩国在参与排名的 29 个经合组织成员国排最后一名。该指数反映了一国劳动女性所处的环境,评估项目包括两性高等教育和收入差距、女性劳动参与度、女性高管占比、育儿费用、两性育儿休假情况等。该指数还显示,在经合组织成员国中,韩国的工资差距最大,为 35%。经合组织的平均工资差距是 13.8%;在公司董事会和领导层中,只有 2% 的韩国公司董事会是女性,在韩国,只有十分之一的管理职位由女性担任。

经合组织公布的一项调查结果显示,以 2021 年为基准,韩国男女工资差距为 31.1%,在 39 个经合组织成员国中位居第一。[1]自 1996 年韩国加入经合组织以来已经连续 26 年位居第一。经合组织分别将男性和女性劳动者的年薪进行排列,比较

---

[1] OECD(2023), *Reporting Gender Pay Gaps in OECD Countries: Guidance for Pay Transparency Implementation, Monitoring and Reform, Gender Equality at Work*, OECD Publishing, Paris.

了两者的中位数。调查对象国家中超过 30％的只有韩国。虽然与 2020 年的31.5％相比略有好转,但仍超过本次调查平均值 12.0％的两倍以上,也远远高于男女工资差距同样严重的日本(22.1％)。在欧洲,由于女性就业更少受歧视,所以即使男性只是兼职或打零工,夫妇双方也很容易通过双薪来养家。该调查报告认为,男女工资出现差距的主要原因在于女性职业生涯中断和论资排辈。根据韩国的工资体系,只有在同一单位长时间上班,工资才能上涨。妇女在 30 多岁时因生育面临职业生涯中断,难以晋升为管理人员。即使以后重返职场,也很难追上男性,工资差距越来越大。其中,女性不能再就业或只能成为非正规就业者的事例很常见。

第二编

国际出生缺陷防治体系比较

# 第三章
# 出生缺陷概述[*]

本章将从出生缺陷的定义、成因、分类和诊断等维度,对出生缺陷的基本信息进行介绍。然后,对国内外出生缺陷的基本情况、出生缺陷的相关变化趋势进行描述,随后讨论出生缺陷导致的经济社会影响。最后,对出生缺陷三级防治体系进行介绍。

## 一、出生缺陷的定义与成因

### (一) 出生缺陷的定义

出生缺陷是指婴儿出生前发生的身体结构、功能或代谢异常,是导致早期流产、死胎、婴幼儿死亡和先天残疾的主要原因。出生缺陷病种多,病因复杂,目前已知的出生缺陷超过 8 000 种,基因突变等遗传因素和环境因素均可导致出生缺陷发生。据估算,我国出生缺陷总发生率约 5.6%。[①]

出生缺陷通常可分为结构性缺陷和功能性缺陷:**结构性缺陷**主要与身体部位的结构问题相关,例如唇裂或腭裂、心脏缺陷、四肢异常、神经管缺陷等。**功能性缺陷**又称为"功能性或发育性出生缺陷",与身体部位或身体系统的工作或功能问题有关,例如:神经系统或大脑问题(智力和发育障碍等,唐氏综合征)、感官缺陷(听力受损、视力受损等)、代谢紊乱(例如:苯丙酮尿症,甲状腺功能退化)、退行性疾病(例如:肌营养不良症)。

---

[*] 此章节内容在王涵、左熙月的《我国出生缺陷防治研究:基于政策演变和医疗资源供给的视角》的基础上进行了拓展。

[①] 卫生部:《中国出生缺陷防治报告》(2012 年)。

乔治·坦特勒斯(George Tanteles)等人①根据出生缺陷的严重程度将其分为严重缺陷、轻微缺陷和常见缺陷。**严重缺陷**是指会带来医疗和社会后果的出生缺陷,例如唇裂和腭裂、无眼症和桡骨发育不全等症状。**轻微缺陷**是指不会产生重大健康影响的情形,例如上斜或下斜的睑裂、高弓形或窄腭、单掌折痕、直肌分离、尾附肢以及第二和第三脚趾的部分并指等症状。**常见缺陷**是指结构/解剖学层面的变异,严格来说其不能称作出生缺陷,其代表正常发育范围的一方面,例如:宽额头、刷状斑点、球状鼻尖、光滑人中、耳小叶缺失、胎儿指垫等情形。

### (二) 出生缺陷的成因

#### 1. 遗传因素

据估计,在所有出生缺陷中,由遗传因素所导致的出生缺陷约占25%②,而在所有已知原因的出生缺陷中,遗传因素约占85%。近年来,随着临床诊断与分子和细胞遗传学研究相结合,阐明了越来越多出生缺陷的发病机制。出生缺陷的遗传原因包括染色体异常、单基因突变(单基因缺陷)等因素。

染色体异常是导致出生缺陷和自然流产的重要原因,大约每200个新生儿中就有一个受到影响。③染色体异常不仅包括数量上的异常,还包括结构上的异常。染色体数量异常包括常染色体非整倍体、性染色体非整倍体、染色体结构异常。染色体结构异常包括染色体缺失或微缺失、染色体重复或微重复、染色体重新排列(易位、倒位和插入)以及其他结构异常等。

单基因突变约占出生缺陷的6%,大多数单基因先天缺陷表现为畸形或发育不良,通常影响多个系统。例如常染色体显性遗传病(如:颅脑发育不良、努南综合征)、常染色体隐性遗传病(如 Morquio 综合征)、X 连锁隐性遗传病、X 连锁显性遗传疾病(如艾卡迪综合征)等。

#### 2. 环境因素

环境因素既包括母体环境还包括外界环境,发育中的胚胎接触药物可能会导

---

① Tanteles G. A., Suri M., "Classification and aetiology of birth defects", *Paediatrics and Child Health*, 2007, 17(6):233—243.

② Brent R. L., "Environmental causes of human congenital malformations: the pediatrician's role in dealing with these complex clinical problems caused by a multiplicity of environmental and genetic factors", *Pediatrics*, 2004, 113:957—968.

③ Hamerton J. L., Canning N., Ray M., et al., "A cytogenetic survey of 14 069 newborn infants: I. Incidence of chromosome abnormalities", *Clinical genetics*, 1975, 8(4):223—243.

致多种出生缺陷。例如酒精、抗癫痫药品（如苯妥英、丙戊酸钠和卡马西平）、锂、维生素 A、血管紧张素转换酶抑制剂（如卡托普利或依那普利）、抗甲状腺药物（如卡比马唑或沙利度胺）。此外，先天性感染、孕产妇疾病以及物理辐射都可能会造成出生缺陷。

如前所述，出生缺陷可能受到遗传因素和环境因素的影响。遗传因素包括家族遗传性和某些基因变异，而环境因素则涵盖怀孕期间母亲暴露于不同物质或情况下可能导致的影响。表 3.1 中列举了常见出生缺陷及其可能的致病因素。

表 3.1　常见出生缺陷的致病因素

| 遗传因素 | 环 　 境 　 因 　 素 |
|---|---|
| 先天性心脏病 | |
| 遗传因素：先天性心脏病具有家族遗传性。它与许多遗传综合征有关。例如，唐氏综合征患儿通常伴有先天性心脏缺陷。 | 德国麻疹（风疹）：母亲怀孕期间患风疹可能会影响胎儿心脏发育。<br>糖尿病：母亲怀孕期间患 1 型或 2 型糖尿病也可能影响胎儿心脏发育。妊娠期糖尿病一般不会增加先天性心脏病的风险。<br>药物：怀孕期间服用某些药物，会导致先天性心脏病和其他出生缺陷。与心脏缺陷相关的药物包括治疗双相障碍的锂和用于治疗痤疮的异维 A 酸。<br>饮酒：怀孕期间饮酒与婴儿心脏缺陷的风险增加有关。<br>吸烟：怀孕期间抽烟会增加婴儿出现先天性心脏缺陷的风险。 |
| 多指/趾 | |
| 遗传因素影响较小 | 母亲在怀孕早期 4—8 周，胚胎肢芽分化时遭受病毒感染，药物，辐射等环境因素的影响，致手指分化障碍而产生畸形。 |
| 尿道下裂 | |
| 家族史：该病在有尿道下裂家族史的婴儿中更常见。<br>遗传因素：某些基因变异可能会破坏可刺激男性生殖器形成的激素。 | 高龄孕妇：一些研究表明，35 岁以上的女性所生的男婴出现尿道下裂的风险可能增加。<br>怀孕期间接触某些物质：一些推测认为尿道下裂和母亲接触某些激素或某些化合物（例如杀虫剂或工业化学品）之间有相关性，但需要进一步研究来证实这一推测。 |
| 马蹄内翻 | |
| 家族史：如果父母或他们的其他孩子均患有畸形足，那么婴儿患有马蹄内翻足的概率也会更高。 | 环境：在怀孕期间抽烟会导致婴儿患马蹄内翻足的风险显著增加。<br>怀孕期间羊水不足：子宫内胎儿周围的液体过少，可能会增加患上畸形足的风险。 |

| 遗 传 因 素 | 环　境　因　素 |
|---|---|
| 唇裂、腭裂 | |
| 家族史。有唇裂或腭裂面部家族史的父母，生出唇裂孩子的风险更高。 | 怀孕期间接触某些物质：吸烟、饮酒或服用某些药物的孕妇更容易生出唇裂和腭裂的孩子。<br>患有糖尿病：一些证据表明，怀孕前诊断为糖尿病的女性，生出唇裂伴或不伴腭裂孩子的风险可能更高。<br>怀孕期间肥胖：一些证据表明，肥胖妇女所生的孩子可能会增加患唇裂的风险。 |

资料来源：妙佑医疗国际健康资料库，https://www.mayoclinic.org/zh-hans/diseases-conditions。

### （三）出生缺陷的诊断

出生缺陷的诊断可以在出生前进行超声、磁共振成像、血液检查、羊膜穿刺或绒毛膜绒毛采样等检查，出生后进行体格检查、超声检查、计算机断层扫描、磁共振成像和血液检查也能诊断出生缺陷。在上述检查测试的基础上，医生采用国际疾病分类编码对相应的出生缺陷进行编码统计。

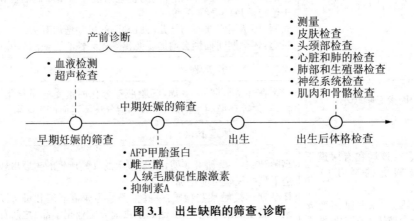

**图 3.1　出生缺陷的筛查、诊断**

1. 产前诊断①

产前诊断是指在胎儿出生前进行相关检测来确定该胎儿是否患有某种疾病，主要是筛查特定的遗传性或自发性基因疾病，根据筛查的时间可分为早期和中期。

---

① 默沙东诊疗手册，https://www.msdmanuals.cn/home。

（1）早期妊娠的筛查：血液检测、超声检查

首先，血液检测主要测量的是孕妇血液中的妊娠相关胎盘蛋白 A（由胎盘产生）和 β 人绒毛膜促性腺激素水平，并通过血液检查估计唐氏综合征的风险，血液检测大约在 11 周至 14 周的妊娠时进行。其次，超声检查主要测量靠近胎儿颈部后面一个充满液体的空间（称为胎儿颈部透明带），超声检查可以帮助估计唐氏综合征和其他某些染色体异常的风险。超声检查可以显示胎儿颈部后面的空间是否被放大，如果存在则表明出现相应风险出现的概率较大。最后，如果孕早期筛查结果不正常并且夫妻双方愿意，则可以尽早进行绒毛膜绒毛取样，以排除是否存在唐氏综合征。

（2）中期妊娠的筛查

孕中期的重要检查项目包括 AFP 甲胎蛋白、雌三醇、人绒毛膜促性腺激素、抑制素 A 水平。例如，甲胎蛋白水平较高表明婴儿大脑（无脑畸形）或脊髓（脊柱裂）、胎儿腹壁缺陷、晚期妊娠并发症（流产或胎儿死亡）出现的概率可能较大。如果孕妇的甲胎蛋白水平异常，则进一步需要进行超声检查或羊膜穿刺术。此外，孕中期还需要进行染色体异常筛查。

2. 出生后体格检查①

医生通常会在新生儿出生后的 24 小时内对其进行一次彻底体格检查，体检包括测量（体重、身高、头围）、皮肤、头与颈部、心脏和肺以及腹部和生殖器检查，并评估新生儿的神经系统和反射。

首先，测量新生儿的体重、身长和头围。而后对新生儿进行皮肤检查，新生儿的皮肤通常是红润的，但手指和脚趾在出生后最初几小时内通常会因血液循环欠佳而略带蓝色。分娩过程中受到用力挤压的身体部位会出现微小的红紫色斑点（称为瘀点）。如果身体所有部位均出现瘀点可能是某种疾病的体征，需要由医生评估。几天内通常会出现皮肤干燥和脱皮，尤其是在腕部和踝部褶皱处。很多新生儿在出生后约 24 小时出现皮疹。这种皮疹（称为中毒性红斑）呈现为扁平、红色的斑点，中间通常有白色、丘疹样隆起。该皮疹无害，会在 7 天至 14 天内消失。

其次，对新生儿进行头、颈部检查，颈部的异常可能发生于分娩过程中，也可能是由于出生缺陷引起的，例如：唇裂、腭裂、大头畸形、小头畸形和听力丧失。而后再使用听诊器对心脏和肺部进行听诊，以检测是否存在任何异常，面部和躯干呈蓝

---

① 默沙东诊疗手册，https://www.msdmanuals.cn/home。

色可能是患有先天性心脏或肺部疾病的体征。对腹部和生殖器检查,检查腹部的形状和尺寸,检查内脏器官,如肾脏、肝脏和脾脏的大小、形状和位置。检查生殖器,确认尿道是否有开口以及是否在正常位置。

最后,对神经系统进行检查,观察新生儿的意识水平、肌张力及四肢的活动能力是否一致。主要通过检测新生儿的反射,如:拥抱反射(当新生儿受到惊吓时,会哭泣、用力伸出双臂且手指张开、双腿挺直)、觅食反射(触到新生儿口或唇的任一侧时,将头转向该侧,并张开口)和吸吮反射(将一个物体,如假乳头,放入新生儿口中,就会立即开始吸吮)等。而后再进行肌肉和骨骼检查,检查新生儿的胳膊、腿及髋关节的灵活性和活动度,以确认分娩过程中是否造成任何骨折(尤其是锁骨骨折)或是否存在肢体畸形或缺失,或者髋关节脱位。检查脊柱是否有缺陷或畸形(例如脊柱裂)。

## 二、出生缺陷的国内外基本情况

### (一) 出生缺陷的国内基本情况

1. 我国出生缺陷的基本情况

我国由于人口基数较大,出生缺陷人数较多,出生缺陷病种较多。2012 年卫生部发布的《中国出生缺陷防治报告》认为出生缺陷总发生率约为 5.6%,每年有 90 万例缺陷儿出生。随着越来越多的出生缺陷病种被发现,以及一些出生缺陷病种被治愈或发生率下降,我国出生缺陷的类型和结构发生明显变化(见表 3.2)。

表 3.2 全国主要出生缺陷发生率(1/万)顺位

| 顺位 | 2000 年 | 2005 年 | 2010 年 | 2015 年 | 2019 年 | 2020 年 |
|---|---|---|---|---|---|---|
| 1 | 总唇裂(14.07) | 先天性心脏病(23.96) | 先天性心脏病(32.74) | 先天性心脏病(66.51) | 先天性心脏病(126.62) | 先天性心脏病(173.20) |
| 2 | 多指/趾(12.45) | 多指/趾(14.66) | 多指/趾(16.39) | 多指/趾(18.07) | 多指/趾(22.29) | 多指/趾(23.06) |
| 3 | 神经管缺陷(11.96) | 总唇裂(13.73) | 总唇裂(12.78) | 总唇裂(7.41) | 并指/趾(7.66) | 并指/趾(7.89) |
| 4 | 先天性心脏病(11.40) | 神经管缺陷(8.84) | 脑积水(6.02) | 马蹄内翻(6.20) | 尿道下裂(6.25) | 尿道下裂(6.71) |
| 5 | 脑积水(7.10) | 脑积水(7.52) | 神经管缺陷(5.74) | 脑积水(5.30) | 马蹄内翻(5.60) | 马蹄内翻(5.37) |
| 6 | 肢体缩短(5.81) | 肢体缩短(5.76) | 马蹄内翻(5.08) | 并指/趾(5.17) | 总唇裂(4.68) | 总唇裂(5.16) |

| 顺位 | 2000 年 | 2005 年 | 2010 年 | 2015 年 | 2019 年 | 2020 年 |
|---|---|---|---|---|---|---|
| 7 | 马蹄内翻<br>(4.97) | 尿道下裂<br>(5.24) | 尿道下裂<br>(4.87) | 尿道下裂<br>(5.10) | 小耳<br>(3.55) | 腭裂<br>(3.47) |
| 8 | 尿道下裂<br>(4.07) | 马蹄内翻<br>(5.06) | 并指/趾<br>(4.81) | 小耳<br>(3.03) | 腭裂<br>(3.32) | 直肠肛门<br>闭锁/狭窄<br>(3.45) |
| 9 | 并指/趾<br>(3.97) | 并指/趾<br>(4.94) | 肢体缩短<br>(4.74) | 直肠肛门<br>闭锁/狭窄<br>(2.89) | 直肠肛门<br>闭锁/狭窄<br>(2.98) | 脑积水<br>(3.32) |
| 10 | 直肠肛门<br>闭锁/狭窄<br>(3.45) | 小耳<br>(3.60) | 小耳<br>(3.09) | 肢体短缩<br>(2.86) | 脑积水<br>(2.93) | 小耳<br>(3.30) |

资料来源:《全国妇幼健康监测及年报通讯》2022 年。

2000 年全国主要出生缺陷发生病种中,发生率排名前三位为总唇裂、多指/趾以及神经管缺陷,而 2020 年前三位高发出生缺陷依次为先天性心脏病、多指/趾、并指/趾。近十余年来,先天性心脏病一直是我国围产儿高发出生缺陷首位,且发生率不断上升,2020 年先天性心脏病发生率较 2000 年增加接近 15 倍(见表 3.1);多趾、并趾发生率也有明显升高,多指/趾自 2000 年起居于第二位,并趾于 2019 年起居第三位;而 2000—2020 年,神经管缺陷、总唇裂、先天性脑积水和唐氏综合征的发生率呈持续下降趋势,其中,2019 神经管缺陷发生率仅为 1.20/万,较 2010 年下降79.1%,在 23 类出生缺陷中其发生率居第 14 位。总唇裂发生率由 2000 年的 14.07/万(第 1 位),下降至 2020 年的 5.16/万(第 6 位,下降 63.3%);先天性脑积水也由 2000年的发生率(7.10/万)第 5 位,下降至 2019 年的第 10 位(3.32/万),下降 53.2%。

出生缺陷已经成为导致早期流产、死胎、围产儿及新生儿死亡、先天残疾的主要原因。《全国妇幼卫生监测及年报通讯》2022 年第 2 期数据显示,2020 年造成新生儿死亡的主要原因是早产、产时并发症和先天异常,全国有 72.4% 的新生儿死亡由以上三种原因所致,城市和农村各 69.8% 和 73.2%。我国自 1981 年起婴儿死亡率已降到 40‰ 以下,而当一个国家婴儿死亡率小于 40‰ 时,出生缺陷将替代传染性疾病等危险因素,成为导致婴儿死亡和残疾的主要原因。[1]随着我国经济社会发展

---

[1]　张黎明:《在更有力的法律和政策支撑下切实加强出生缺陷防治工作》,《中国计划生育学杂志》2017年第 1 期,第 5—7 页。

水平的提高,出生缺陷已发展为一个值得广泛探讨的严重公共卫生问题和社会问题。

2. 我国出生缺陷的变动趋势

(1) 出生缺陷全国总体发生率及省域间差异

我国出生缺陷总体发生率持续上升,需给予重点关注。图 3.2 展示 1986—2019 年我国出生缺陷率的变动趋势,可以看出我国出生缺陷发生率自 1996 年的 87.7/万 上升到 2010 年的 149.9/万,增长 70.9%,此后仍稳步上升,在 2015 年下降为 122.54/万,此后上升趋势更加明显,2019 年达到 185.88/万。

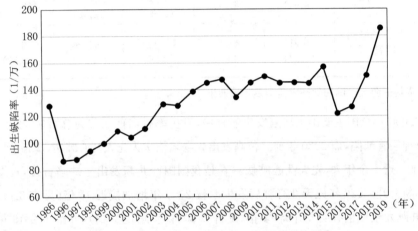

图 3.2  1986—2019 年我国出生缺陷率变化趋势

资料来源:1986—2014 年数据源于《中国出生缺陷地图集》《全国妇幼卫生信息分析报告》,2014—2019 年作者根据《全国妇幼健康监测及年报通讯》中前十位出生缺陷疾病发病率进行估算。

值得注意的是,尽管近年来我国出生缺陷率呈现上升趋势,但与出生缺陷直接相关的新生儿死亡率有明显下降。全国新生儿死亡率由 2000 年的 22.8‰降至 2021 年的 3.1‰(见图 3.3),其中城市新生儿死亡率明显低于农村地区。新生儿死亡率下降背后可能是由于孕产妇保健的相关医疗手段的普及,图 3.4 中进一步展示 2000—2021 年间我国孕产妇保健的基本情况,2000—2021 年孕产妇系统管理率从 77.2%上升到 92.9%,产前检查率从 89.4%上升到 97.6,产后访视率从 86.2%上升到 96%。

此外,出生缺陷发生率存在省域间差异。从部分省市数据可看出,近年各地区出生缺陷发生率总体依旧在上升,以北京、广州、安徽、武汉这几个地区为例,不同省市历年出生缺陷率波动较大,如上海 2019—2020 年出生缺陷率显著下降(见图 3.5)。我国出生缺陷发生率较高区域分别为广东、广西和福建,发生率较低区域分别为黑

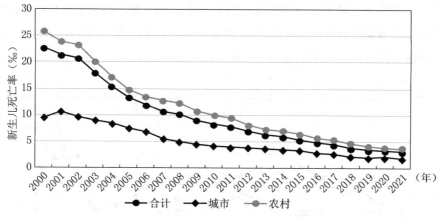

**图 3.3　2000—2021 年新生儿死亡率(‰)**

资料来源:历年《中国卫生统计年鉴》。

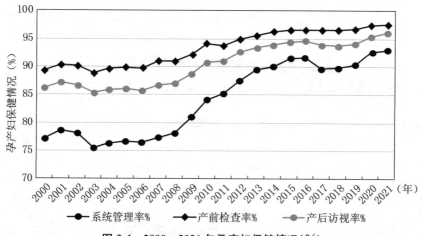

**图 3.4　2000—2021 年孕产妇保健情况(%)**

资料来源:历年《中国卫生统计年鉴》。

龙江、吉林和辽宁;整体呈现由西向东先增高再降低,由北向南逐渐增加的趋势;发病率随着纬度的递增而降低。[1]例如,2014 年中国出生缺陷监测总发生率高发区为浙江(216.8/万)和广东(214.7/万)。其次,湖南、陕西、内蒙古、广西、云南等地区出生缺陷发生率较高;而黑龙江和江苏相对为低发地区,分别为 43.4/万、69.1/万。[2]

---

① 文小焱、彭斌、胡珊等:《基于地理信息系统的全国 1996—2012 年出生缺陷空间分析》,《上海交通大学学报医学版》2015 年第 1 期,第 107—111 页。

② 姚莉琴、邹团标、张山山、李俊娥、刘锦桃、郭光萍:《1986~2014 年中国出生缺陷发生率的变化趋势及地理分布》,《中国优生与遗传杂志》2020 年第 3 期,第 351—356+359 页。

出生缺陷发生率地域差异与遗传因素关系密切。例如,地中海贫血在广西、海南、云南、广东、贵州等南方省份高发,其人群基因携带率在广西、海南、云南达20%以上。①此外,自然环境、气候特征等对出生缺陷发生率也有显著影响。

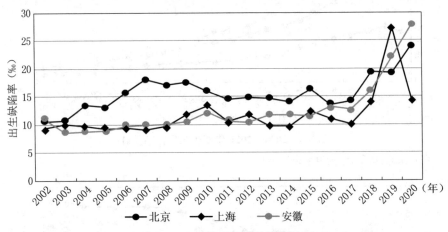

**图 3.5 出生缺陷率时间趋势图表**

资料来源:历年《北京统计年鉴》《上海统计年鉴》《安徽统计年鉴》。

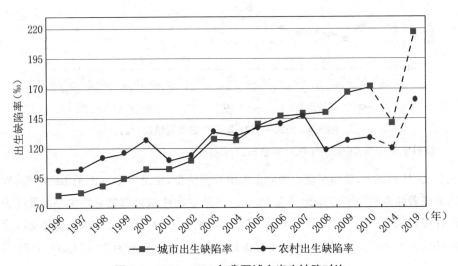

**图 3.6 1996—2019 年我国城乡出生缺陷对比**

资料来源:2021 年《全国妇幼健康监测及年报通讯》。

---

① 丘小霞:《广西地中海贫血综合防控的研究》,广西壮族自治区妇幼保健院 2018 年 4 月 24 日。

（2）出生缺陷发生率在城乡、性别间的差异

出生缺陷在城乡之间的差异更为明显。《全国妇幼卫生信息分析报告》显示，1996—2004年我国农村出生缺陷率高于城市；2005—2014年我国城市出生缺陷率持续高于农村，且大部分地区城市的出生缺陷诊断率高于农村；2014—2019年城市与农村出生缺陷率显著增高，城市出生缺陷率上升更明显（见图3.6）。以2016年至2020年三亚地区为例，每年城市围生儿出生缺陷发生率均高于农村，5年累计城市围生儿共3.9万例，其中缺陷儿482例，出生缺陷发生率12.28‰；农村围生儿共3.2046例，其中缺陷儿256例，出生缺陷发生率7.99‰。[1] 2008—2017年河南省出生缺陷监测情况呈相同规律，每年城市出生缺陷发生率均大于农村，相差幅度在4.03/万—132.68/万。[2]

不同类型的出生缺陷发生率也存在城乡间以及性别间的差异，表3.3前两列展示2020年主要出生缺陷在城乡间的差异，可以发现2020年围产儿神经管缺陷、总唇裂的围产期发生率农村高于城市；而先天性心脏病、腭裂、小耳、食道闭锁或狭窄、直肠肛门闭锁或狭窄、尿道下裂、多指/趾、并指/趾等缺陷的发生率城市高于农村。出生缺陷发生率在性别间也有显著差异，表3.3的第4、5列展示2020年主要出生缺陷在性别间的差异，例如腭裂、食道闭锁或狭窄、脐膨出的发生率女性高于男性；总唇裂、小耳、直肠肛门闭锁或狭窄、马蹄内翻、多指/趾、并指/趾、先天性心脏病等的发生率男性高于女性。

上述差异需要引起有关政府部门的高度重视，针对不同地区群体精准施策。特别是针对农村地区围产儿神经管缺陷和总唇裂发生率的较高情况，政府部门可以着手加强健康服务覆盖和提高孕产妇健康素养，以降低此类出生缺陷的发生率。综合而言，针对不同类型出生缺陷的城乡差异精准施策，为他们提供更好的健康保障和医疗服务。

表3.3　2020年主要出生缺陷的城乡及性别发生率(1/万)

| 出生缺陷 | 城市 | 农村 | 男性 | 女性 | 合计 |
|---|---|---|---|---|---|
| 神经管缺陷 | 1.26 | 1.72 | 1.45 | 1.41 | 1.45 |
| 无脑畸形 | 0.27 | 0.39 | 0.28 | 0.32 | 0.32 |
| 脊柱裂 | 0.81 | 1.06 | 0.98 | 0.83 | 0.91 |

---

[1]　邢维珍、孙娜、陈慧雅、陈求珠、杨瑰艳：《2016—2020年三亚地区围生儿出生缺陷情况分析》，《中国优生与遗传杂志》2022年第3期，第459—463页。

[2]　张红艳、胡孟彩、陈露、惠晓庆、师灿南、薛会影、陈晓霖、夏俊芬、孙利环：《河南省2008—2017年围产儿出生缺陷监测情况分析》，《中国妇幼卫生杂志》2019年第2期，第35—40页。

| 出生缺陷 | 城市 | 农村 | 男性 | 女性 | 合计 |
|---|---|---|---|---|---|
| 脑膨出 | 0.18 | 0.27 | 0.18 | 0.25 | 0.22 |
| 脑积水 | 3.36 | 3.27 | 3.74 | 2.86 | 3.32 |
| 腭裂 | 4.03 | 2.67 | 2.82 | 4.17 | 3.47 |
| 总唇裂 | 4.83 | 5.65 | 6.02 | 4.2 | 5.16 |
| 唇裂 | 2.56 | 2.38 | 3.05 | 1.86 | 2.48 |
| 唇腭裂 | 2.27 | 3.27 | 2.97 | 2.33 | 2.68 |
| 小耳 | 3.62 | 2.84 | 3.60 | 2.96 | 3.30 |
| 食道闭锁或狭窄 | 1.16 | 0.75 | 0.94 | 1.05 | 0.99 |
| 直肠肛门闭锁或狭窄 | 3.97 | 2.7 | 4.02 | 2.77 | 3.45 |
| 尿道下裂 | 8.13 | 4.65 | 12.55 | 0.16 | 6.71 |
| 膀胱外翻 | 0.03 | 0.03 | 0.04 | 0.01 | 0.03 |
| 马蹄内翻 | 5.63 | 5.00 | 5.77 | 4.93 | 5.37 |
| 多指/趾 | 25.52 | 19.49 | 26.81 | 18.9 | 23.06 |
| 并指/趾 | 9.19 | 6.01 | 8.81 | 6.88 | 7.89 |
| 肢体短缩 | 2.31 | 2.12 | 2.31 | 2.14 | 2.23 |
| 膈疝 | 1.30 | 1.09 | 1.37 | 1.05 | 1.22 |
| 脐膨出 | 1.05 | 0.63 | 0.82 | 0.94 | 0.88 |
| 腹裂 | 0.21 | 0.43 | 0.30 | 0.30 | 0.30 |
| 联体双胎 | 0.06 | 0.01 | 0.03 | 0.05 | 0.04 |
| 唐氏综合征 | 1.53 | 1.47 | 1.62 | 1.37 | 1.50 |
| 先天性心脏病 | 208.62 | 121.94 | 174.53 | 171.32 | 173.2 |

资料来源:《全国妇幼健康监测及年报通讯》2022 年第 4 期。

## 专栏 3.1　常见出生缺陷——先天性心脏病

先天性心脏病(Congenital Heart Disease，CHD)是指胎儿时期心脏及大血管发育异常而致的心血管畸形，是中国主要的先天性畸形，在全国多地均位居新生儿出生缺陷的首位;先心病发生原因主要有环境因素以及遗传因素，其中环境因素有病毒感染、母体营养不良、胎儿受压等。常见的先天性心脏病主要有房间隔缺损、室间隔缺损、动脉导管未闭及法洛四联症。检查手段有 X 线检查、超声心动图检查、心电图检查、心脏导管检查、心血管造影、色素稀释曲线测定等。

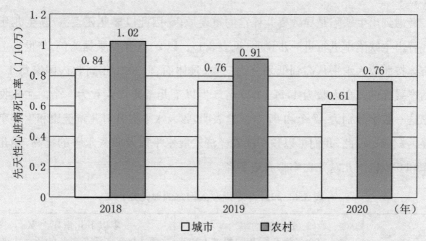

图 3.7　2018—2020 年我国先天性心脏病死亡率(1/10 万)

资料来源:《中国卫生健康统计年鉴》。

先天性心脏病死亡率在逐年降低。根据《中国卫生健康统计年鉴》显示,2018 年我国城市居民先天性心脏病死亡率为 0.84(1/10 万),农村为 1.02(1/10 万);2019 年城市为 0.76(1/10 万),农村为 0.91(1/10 万);2020 年城市为 0.61(1/10 万),农村为 0.76(1/10 万)。先天性心脏病死亡率主要构成年龄组为婴幼儿。2020 年我国 1 岁以内城市居民先天性心脏病死亡率为 20.19(1/10 万),农村为 26.1(1/10 万);城市 1 岁—4 岁组为 1.47(1/10 万),农村为 1.68(1/10 万)。可见近年我国针对先天性心脏病的监测及防治卓有成效。

### (二) 出生缺陷的国际比较

出生缺陷是世界范围造成新生儿死亡的第四大原因。2015 年,全球约有 30.3 万例新生儿在生后 4 周内死于出生缺陷,约占新生儿总死亡数的 11.3%,显著高于 2004 年水平(7%)。[①]据世界卫生组织估计数据,全国低收入国家的出生缺陷发生

---

① 关怀、尚丽新:《出生缺陷的现状及防治》,《发育医学电子杂志》2019 年第 1 期,第 1—4 页。

率为 6.42%，中等收入国家为 5.57%，高收入国家为 4.72%。中国出生缺陷发生率在 5.6% 左右。[1] 不难得出，我国出生缺陷发生率与世界中等收入国家的平均水平接近；然而由于人口基数庞大，我国每年新增的出生缺陷病例总数巨大，远超大部分国家。

考虑到出生缺陷是导致婴儿死亡的重要原因，因此以婴儿死亡率/新生儿死亡率代替出生缺陷率进行进一步说明（见表 3.4）。以 2021 年的数据为例，将世界主要经济体按照收入水平从高到低划分为三类，具体而言，2021 年高收入国家每 1 000 名活产婴儿的死亡人数为 4，每 1 000 名 5 岁以下儿童死亡人数为 5 个。在低收入国家这一数字分别为 47 个和 67 个。这表明，收入水平提升对儿童健康和生存率有着显著影响。因此，我们可以预期随着经济发展水平以及收入水平的提高，婴儿死亡率和 5 岁以下儿童死亡率将有望下降。

表 3.4　2021 年不同收入国家的婴儿死亡率

| 区　　域 | 婴儿死亡率<br>（每 1 000 名活产婴儿的死亡人数） | 5 岁以下儿童死亡率<br>（每 1 000 名活产婴儿的死亡人数） |
| --- | --- | --- |
| 高收入国家 | 4 | 5 |
| 中等收入国家 | 27 | 35 |
| 低收入国家 | 47 | 67 |

资料来源：世界银行数据库，https://data.worldbank.org/。

不同经济发展水平的国家新生儿死亡率差别较大。根据联合国儿童基金会数据显示，2021 年西非和中非的新生儿死亡率高达 30.54‰，而中东和北非国家达 11.96‰，西欧新生儿死亡率为 2.25‰（见图 3.7）。可见，新生儿死亡率与地区经济发展水平存在负相关关系，即地区发展水平越高，新生儿死亡率越低。基本国情决定我国仍是发展中国家，2020 年及之前我国新生儿死亡率要略高于美国、英国等发达国家，明显低于非洲新生儿死亡率的总体水平（见图 3.8），2021 年后新生儿死亡率明显低于美国和加拿大。表 3.4 的数据同样表明，高收入国家婴儿死亡率低，低收入国家婴儿死亡率显著增高。

---

① 卫生部：《中国出生缺陷防治报告》（2012 年）。

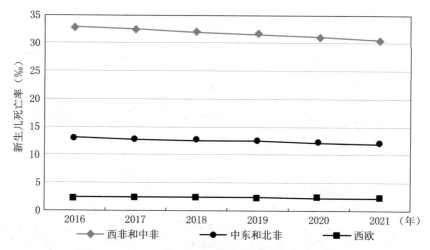

**图 3.8　2016—2021 年世界各地区新生儿死亡率对比**

资料来源：https://www.unicef.org。

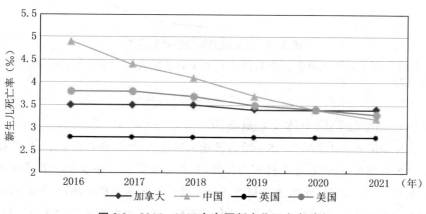

**图 3.9　2016—2021 年各国新生儿死亡率对比**

资料来源：https://www.unicef.org。

## 三、出生缺陷导致的经济社会后果

图 3.8 展示出生缺陷的经济社会后果，主要分为三个方面。首先为个体层面负担，出生缺陷给患者带来的结构畸形以及相关的身体功能障碍。其次，出生缺陷会影响家庭的正常生活和工作，带来较重的经济压力和心理精神负担。最后，社会对于出生缺陷的偏见和歧视，可能会增加无形的负担；各类医疗、康复、教育服务尚不完善，出生缺陷的增多对于社会保障体系提出了新的、更高的要求，也同时意味着

有效劳动力的减少可能对于未来经济增长等方面带来不利影响。

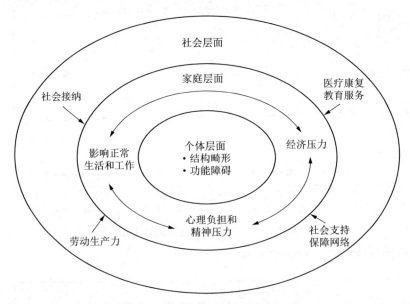

**图 3.10　出生缺陷的经济社会后果**

资料来源：《积极推动出生缺陷的公共卫生防治实践》，https://www.sohu.com/a/531188258_120166941。

## (一) 出生缺陷的个体及家庭负担

出生缺陷的个体负担、个体生活自理能力缺乏或较弱，或存在言语、交流和认知等方面的困难，或伴有先天性智力障碍，往往需要依赖家庭及社会的照顾和支持。虽然医疗技术的进步极大地提高了出生缺陷儿童的生存率，但各类缺陷儿童后续发育仍值得重点关注。一方面，出生缺陷本身可能会影响儿童的认知发育，例如学龄前先天性心脏病儿童的认知能力、记忆能力等方面均低于同龄人正常水平[1]；另一方面，非认知能力同样会受到影响，患有先天性心脏病的儿童抑郁、焦虑以及多动症患病率显著高于没有先天性心脏病的儿童。[2]南京医科大学的研究者发现学龄前先天性心脏病患儿负性情绪发生率高达 33.92%。[3]

---

[1]　Spillmann R, Polentarutti S., Ehrler M., et al., "Congenital heart disease in school-aged children: cognition, education, and participation in leisure activities", *Pediatric research*, 2023, 94(4): 1523—1529.

[2]　Gonzalez V. J., Kimbro R. T., Cutitta K. E., et al., "Mental health disorders in children with congenital heart disease", *Pediatrics*, 2021, 147(2).

[3]　沈亭、赵丽：《学龄前先天性心脏病患儿负性情绪的现状及影响因素》，《中国优生与遗传杂志》2023年第 10 期，第 2082—2086 页。

出生缺陷不仅影响患儿的生存和生活质量,也给其家庭带来巨大的经济和精神负担。经济负担是指由于疾病、伤残、死亡给患者、社会带来的经济损失,以及为了防治疾病而消耗的卫生资源。经济负担分为直接经济负担、间接经济负担。2003年的一项研究表明[1],唐氏综合征患儿的平均终生家庭经济负担为32.9万。2017年针对河北省[2]的唐氏综合征的经济负担测算发现,河北省唐氏综合征生命周期例均经济负担为384.86万元,其中直接经济负担为153.32万元,间接经济负担为231.54万元。

经济负担进一步可转嫁为精神负担,精神负担是指因为患儿的出生缺陷而导致家庭成员产生的心理压力和情感负担。这种负担包括焦虑、沮丧、无助感以及对未来的担忧,同时也可能影响家庭成员之间的关系和生活质量。例如:与正常儿童相比,唇腭裂儿童母亲的抑郁、压力及焦虑程度更高[3];来自巴西的一项研究分析了患有先天性寨卡综合征(CZS)的婴幼儿主要照护人的心理健康状况,发现40%的照护人有轻度至重度抑郁症状。

## (二) 出生缺陷的社会负担

除了给家庭带来巨大的精神和经济负担,出生缺陷在社会层面也可能造成巨大经济损失,影响经济社会的健康可持续发展。根据湖南省妇幼保健院的估算,2015年"重度'缺陷婴儿'"生命周期平均需要的抚养、医疗费用高达109万元[4],可见出生缺陷造成的经济负担巨大。在国家层面,除给经济运行带来巨大压力外,并降低国家平均人口素质导致我国人口潜在寿命损失。

首先,出生缺陷可能导致社会对受影响个体存在偏见或歧视,增加他们融入社会的难度。这可能造成他们在教育、就业和其他方面面临挑战,限制他们参与社会

---

[1] Chen Y., Qian X., Zhang J., et al., "Preliminary study into the economic burden of Down syndrome in China", *Birth Defects Research Part A: Clinical and Molecular Teratology*, 2008, 82(1):25—33.

[2] 刘静、张烨、杨珣等:《河北省唐氏综合征疾病负担测算和无创产前基因筛查项目的卫生经济学效益评估》,《中国妇幼保健》2022年第22期,第4111—4114页。

[3] Namdar P., Pourasghar M., Alizadeh F. L., et al., "Anxiety, depression, and quality of life in care-givers of children with cleft lip and palate: A systematic review", *Iranian Journal of Psychiatry and Behavioral Sciences*, 2022, 16(2). Sischo, L., Clouston, S. A. P., Phillips, C., & Broder, H. L., "Caregiver responses to early cleft palate care: A mixed method approach", *Health Psychology*, 2016, 35(5), 474—482.

[4] 澎湃新闻,https://www.thepaper.cn/newsDetail_forward_1310930。

活动的能力,从而影响到他们的生活质量。其次,出生缺陷可能对受影响个体的工作能力造成挑战,或者需要额外的支持和适应措施。这可能影响他们的就业机会和生产力,同时也增加用人单位的管理成本。第三,出生缺陷可能需要更多医疗康复和教育服务的支持。如果社会支持体系不完善,受影响的个体和家庭可能面临经济、情感上的困难,需要更多的社会支持和援助。最后,出生缺陷可能需要长期的专业治疗和康复服务,以及个性化的教育支持。这可能给家庭带来额外的负担,同时也需要社会和政府提供更多资源来提供此类服务。出生缺陷长期治疗支持不足,严重出生缺陷患儿中除30%经早期诊断和治疗可以获得较好生活质量外,约30%出生后死亡,约40%将成为终身残疾。[①]对于一些出生缺陷需要长期甚至终身治疗的情况保障不足。

综上所述,在生育率下降,高危高龄孕产妇增加的背景下,加强出生缺陷防治对提高人民生命质量极有必要,这不仅关系到人民的根本利益,更是经济社会全面健康发展的有力保障,是国家可持续发展战略的重要部分。

---

## 专栏 3.2  出生缺陷的社会负担——婴儿岛

2011年起,我国设立婴儿岛试点工作,设立婴儿岛的初衷是让陷入危机的父母可以放弃新生婴儿,让被遗弃的新生婴儿可以受到保护。然而,各地婴儿岛在试点过程中遇到严峻问题,绝大部分弃婴为残疾或患病婴儿,给福利院和地方财政带来压力。根本解决弃婴问题,需从社会保障体系和家庭支持政策入手。政府需完善对残疾儿童家庭的补助政策,改善社会观念,同时减少出生缺陷发生率。

2011年,河北省石家庄市社会福利院设立了我国第一个婴儿岛,引起社会的广泛关注与讨论。2013年,民政部办公厅下发通知鼓励各地陆续推进"婴儿安全岛"的试点工作。随后,深圳、西安、南京多地开始设立婴儿岛试点工作。

然而,各地的婴儿岛在试点过程中都碰上了许多严峻的问题:济南安全岛设立不过十天便接收超过百位弃婴,广州婴儿岛一个半月接收262位弃婴,截至2014

---

① 《人大代表建议加大财政支持阻断缺陷婴儿出生》,新浪网,https://news.sina.com.cn/c/2015-03-14/022231605172.shtml。

年6月,全国已经有河北、天津、内蒙古、黑龙江、江苏、福建、广东、贵州、陕西等16个省区市建立了32个"婴儿安全岛"试点,共接收弃婴1 400余名。由于弃婴中绝大部分是残疾或患有疾病,婴儿岛缺陷婴儿占比往往高达100%,弃婴的抚养乃至于后续医药治疗的开销都对福利院乃至于地方财政都造成一定程度的压力。2015年初,大部分婴儿岛处于暂停或关闭状态。

关于婴儿岛本身的合法性、伦理性的争论更显得尤为严峻,两者之间的博弈以"生命至上观"和"法律优先观"最具代表性。要从根本上解决弃婴问题,需要从社会保障体系和家庭支持政策两方面入手。考虑到绝大多数弃婴是因为身患残疾或重大疾病被遗弃,从政府层面需要完善对残疾儿童家庭的补助政策。在社会观念上,也要改善对残疾儿童家庭的理解,减少这些家庭因不堪重负而弃婴的可能性。

## 四、出生缺陷三级预防体系

全球每年有800万新生儿受到出生缺陷的影响,5岁以下儿童死亡率中约8%可归因于出生缺陷。[1]2010年第63届世界卫生大会通过了关于出生缺陷的相关决议(WHA63.17),其中提出了预防或治疗出生缺陷的干预措施。各国在此框架下提出了符合自身条件的出生缺陷三级预防体系。

出生缺陷三级预防体系主要包括婚前孕前防治、孕产期出生缺陷防治,以及出生后的出生缺陷防治。一级预防主要包括婚前医学检查、孕前优生健康检查、增补叶酸等。二级预防主要包括孕期筛查和产前诊断,针对孕中期阶段,实行着重筛查政策。对于可能的遗传疾病,采取唐氏筛查、羊水穿刺等检查,以及孕期的B超畸形筛查。三级预防主要是指新生儿疾病筛查,主要包括遗传代谢疾病、听力等筛查,以及其他致残性疾病的筛查。

---

[1] Perin J., Mai C. T., De Costa A., et al., "Systematic estimates of the global, regional and national under-5 mortality burden attributable to birth defects in 2000—2019: a summary of findings from the 2020 WHO estimates", *BMJ open*, 2023, 13(1): e067033.

## (一) 一级预防：婚前、孕前防治

### 1. 计划生育

首先,向妇女讲解生殖选择概念。其次,减少出生缺陷儿童总数。第三,减少高龄产妇比例,以降低常染色体异常尤其是唐氏综合征的流行率。

### 2. 孕前筛查和咨询

孕前筛查和咨询中包括两方面内容:一方面根据初级卫生保健设施中记录的家族病史,发现有可能生育出生缺陷子女的人群。另一方面筛查常见隐性疾病的携带者(例如:地中海贫血和镰状细胞病)。

### 3. 优化妇女孕前和孕期饮食

首先,促进使用碘强化盐预防碘缺乏症。其次,促进使用经叶酸强化的主食和使用添加叶酸的多种维生素补充剂,防止神经管缺损以及其他畸形。第三,避免孕期酒精、烟草和可卡因的摄入。最后,保持适当的总体饮食(例如摄入适量的脂肪、热量和铁)。

### 4. 在孕前和孕期预防和治疗致畸性感染

需要注意的致畸性感染包括:梅毒、风疹等。如患者有性传播疾病,应进行彻底治疗,然后再怀孕,否则会引起流产、早产等危险。此外,孕期感染风疹会增加流产及致畸风险。

### 5. 优化妇女孕前健康和治疗

对于胰岛素依赖型糖尿病患者、接受癫痫病治疗的妇女、使用华法林进行治疗的妇女应给予重点关注,例如糖尿病母亲的婴儿更有可能出现出生缺陷,尤其是依赖胰岛素的妇女,胎儿出现严重出生缺陷的风险较高。胎儿暴露于华法林会造成胎儿中枢神经系统缺陷,一般是由于胎儿早期出血和继发瘢痕,随后出现变形引起脑组织生长发育异常。


## (二) 二级预防：孕期筛查和产前筛查

二级预防主要包括孕期筛查、产前筛查,针对孕中期阶段,实行着重筛查政策。

### 1. 产前筛查

产前筛查的内容包括:Rh 因子血检(表 3.5 展示 Rh 因子血检及相应预防措施)、梅毒筛查、根据家族病史确定可能生育出生缺陷子女的个人、唐氏综合征筛查、神经管缺损筛查、重大畸形筛查、常见隐性疾病筛查(地中海贫血和镰状细胞病)。

表 3.5　Rh 因子状态确定及预防措施

| 母亲的 Rh 因子 | 父亲的 Rh 因子 | 胎儿的 Rh 因子 | 预防措施 |
|---|---|---|---|
| Rh 阳性 | Rh 阳性 | Rh 阳性 | 无 |
| Rh 阴性 | Rh 阴性 | Rh 阴性 | |
| Rh 阳性 | Rh 阴性 | 可能为 Rh 阳性，也可能为 Rh 阴性 | |
| Rh 阴性 | Rh 阳性 | 可能为 Rh 阳性，也可能为 Rh 阴性 | Rh 免疫球蛋白注射 |

2. 产前诊断和治疗胎儿

产前诊断的方法包括超声波、羊膜穿刺术以及绒毛膜活检。虽然二级预防着重筛查政策，但也有部分的疾病可以通过孕期治疗。例如梅毒和胎儿贫血如果女性怀孕前已明确梅毒感染，建议规范治疗后再怀孕。如果女性孕期才发现梅毒感染，应立即启动规范治疗并随访。规范治疗后完全可能分娩一个健康的婴儿。孕期胎儿贫血并不常见，但严重时可能引起胎儿水肿，心力衰竭，甚至胎死宫内，其常见的病因是免疫性溶血、细小病毒 B-19 感染，以及遗传因素、胎儿失血等。宫内输血术是目前改善严重贫血胎儿预后的有效治疗方案，能够挽救胎儿生命，使胎儿存活至出生后成活概率大的孕周。

## （三）三级预防：新生儿疾病筛查、治疗

1. 新生儿检查和筛查

胎儿出生后应交由训练有素的医务人员进行临床检查新生儿是否有出生缺陷。与此同时，也会对新生儿采取先天性甲状腺机能低下症、苯丙酮尿症、纤维囊肿等筛查项目。同时可根据需要和具体情况筛查其他项目。

2. 治疗

部分胎儿出生后可能患有相关疾病，需要医疗介入治疗。例如婴儿黄疸、镰状细胞病、地中海贫血症、先天性代谢障碍以及纤维囊肿。

以婴儿黄疸为例，作为一种常见的疾病，尤其是妊娠 38 周前出生的婴儿（早产儿）和一些母乳喂养的婴儿。婴儿黄疸的发生通常是因为婴儿的肝脏还不够成熟，无法清除血液中的胆红素。在一些婴儿中，基础病可能导致婴儿黄疸。大多数怀孕 35 周内及足月出生的黄疸患儿不需要治疗。极少数情况下，血液中异常高的胆

红素水平会使新生儿面临脑损伤的风险,特别是在存在导致严重黄疸的某些风险因素的情况下。

此外,新生儿存在某些可矫正的出生缺陷,可通过手术方式进行治疗。例如简单的先天性心脏缺陷、唇腭裂、畸形足以及先天性白内障。以唇裂为例①,外科医生会在裂口两侧做切口,然后创建组织瓣。这些组织瓣将被缝合在一起,包括唇肌。通过修复术可能实现更加正常的唇部外观、结构和功能。通常还会同时进行初次鼻部修复(如需要)。此外还需要进行重建外观手术。可能需要更多外科手术来改善口腔、嘴唇和鼻子的外观。而对于部分较为严重、难以治愈的出生缺陷,可酌情应用康复和姑息治疗方式。

---

① 资料来源:https://www.mayoclinic.org/zh-hans/diseases-conditions/cleft-palate/diagnosis-treatment/drc-20370990。

# 第四章
# 国际出生缺陷防治体系发展和演化趋势

受 20 世纪 60 年代"反应停"事件的冲击,世界各国意识到出生缺陷监测、防治工作的重要性,并及时成立国际出生缺陷监测情报交换所,通过提供出生缺陷信息有效降低出生缺陷率。随着国际出生缺陷监测的普及与发展,越来越多的国家对于出生缺陷防治有了更高的要求,即不再满足于监测层面,而是将出生缺陷防治的关口不断前移,力求从源头上降低出生缺陷的发生率,将国家和个人的损失最小化。对此,世界卫生组织提出"出生缺陷三级预防策略",并得到各国的广泛认同和应用。在未来,三级保障的发展趋势将继续秉持预防为主的核心理念,力图从源头和中期抑制出生缺陷风险,以降低全球范围出生缺陷的发生率,提高人们的健康福利水平。

## 一、国际出生缺陷防治体系的发展历程

### (一)国际出生缺陷监测发展历程

出生缺陷监测是通过对目标人群出生缺陷的相关信息进行收集、整理、汇总、分析、评估和发布,提供预警系统,对可能的致畸因素进行调查,最终对出生缺陷的发生率进行控制的过程。[1]它能够有效评估疾病的发病率和变化趋势,降低新生儿的出生缺陷率,因此,出生缺陷监测对提升国家出生人口的数量与质量均有重要意

---

[1] Ingalls T. H., Klingberg M. A., "Implications of epidemic embryopathy for public health", *American Journal of Public Health and the Nations Health*, 1965, 55(2):200—208.

义。最早的出生缺陷监测体系建立于英国威尔士和瑞典,之后美国亚特兰大、加拿大等国也于 60 年代中期陆续建立出生缺陷的监测体系。[1]然而早期的出生缺陷监测是以新生儿情况登记的形式展开,且当时各国的监测系统多为独立发展的形式,仅有少数的非正式联系,缺乏信息交流,故难以达到出生缺陷对于精准监测的要求。[2]

20 世纪 60 年代的"沙利度胺悲剧"是推动出生缺陷监测发展的关键事件。沙利度胺(又称"反应停")作为苯巴比妥类药物的替代药,被认为可以"有效治疗孕妇妊娠反应",并先后投放至欧洲、日本、非洲、拉丁美洲等市场。而由于沙利度胺含有"致畸"成分,最终致使全球约 8 000—10 000 名新生儿因沙利度胺导致严重畸形,且其中 40% 的新生儿在出生以及不久后死亡。"沙利度胺悲剧"表明治疗性药物或可导致严重的出生缺陷爆发,当具有强致畸性的新药被引入市场,导致人群中特定畸形的患病率上升,那么该类药品将会被迅速识别。即使药物在动物身上做常规实验有助于减少致畸率的发生,但若药品的致畸性不强烈,或是新生儿的畸形类型相对常见,那么受到出生数量统计波动的干扰,出生缺陷监测的敏感性将会大大降低,无法捕捉到罕见的致畸因素。因此相较于对畸形类型的完全确定,尽可能以新生儿畸形状况的详细描述来作为监测依据将显得更有效率,故如何获得更多的监测数据对建设出生缺陷监测体系尤为重要。

为避免类似沙利度胺等药物导致的"致畸事件"的再度发生,世界卫生组织联合其下属部门编纂出生缺陷问题的顾问报告,尽管可供出版的材料有限,但报告仍强调了世界卫生组织参与的必要性,并论述其参与的合理方式。1972 年 6 月,在世界卫生组织的牵头下,若干与监测系统相关的组织在日内瓦举行会议,部分国家达成临时协议,约定将部分监测数据送至世界卫生组织进行汇编,然而该行为之成效却不尽如人意。

1974 年 6 月,由国家基金会举办的第一次国际出生缺陷监测会议在赫尔辛基召开,来自 10 个国家和两个国际机构(世界卫生组织和国际癌症研究机构)共 20 名代表参加会议。与会者审查了目前这 10 个国家运行的监测系统,并详细讨论

---

[1] 郑晓瑛:《提高中国出生人口素质的理论和实践——出生缺陷综合预防的理论框架研究》,北京大学出版社 2006 年版,第 79—80 页。

[2] Källén B., Källén B., "A Short History of Birth Defect Epidemiology", *Epidemiology of Human Congenital Malformations*, 2014:1—3.

了该问题处理方法的差异,会议认为定期交流有利于发病率趋势、分类、编码、畸形报告方面的改进,有助于提升各国监测水平的提升,并成立国际出生缺陷监测情报交换所。并于1986年与世界卫生组织达成合作,成为世界卫生组织认可的非营利性组织。该交换所负责国际合作,以促进多方之间的信息交换,通过季度报告和年度代表会议研讨会,在世界各地开展现有的监测项目,同时委员会表示交换所并不会设计对数据库的分析,而是通过对数据进行整理在每季度发放给交换所的成员。1974—1975年,国家基金会通过聘请在人口畸形方面有资深经验的公共卫生统计学家希尔维亚·海依,了解各成员国中心现有统计方法的差异,并推荐标准化方法,以此提升数据交换的效率与质量。交换所成立一年后,新加入九个成员国,分别为:加拿大、英格兰和威尔士、法国、匈牙利、以色列、挪威、瑞典和美国,当前共有42个成员国(地区)。交换所除了承担监测工作外,还包括公共卫生研究和能力建设等其他活动,以通过初级预防减少疾病和促进健康结果,交换所不仅能够继续联合交换和监测出生缺陷数据,而且还能够进行流行病学和公共卫生研究并提供帮助新成员国家发展和改进了监测系统。

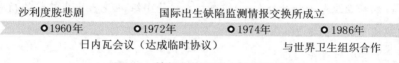

**图4.1 情报交换所成立的重要事件**

随着情报交换所的发展,国际出生缺陷监测的水平与效率得到迅速提升,其通过提供出生缺陷信息有效降低出生缺陷率[1]。如1982年,法国出生缺陷监测网发布孕妇早期服用丙戊酸药,即抗癫痫类药,可能导致新生儿发生脊柱裂状况,并迅速上报交换所,通过其他监测网的信息分析,最后证实这一药物具有致畸性。交换所通过对资料的分析做出及时反应,故避免了类似"沙利度胺悲剧"事件的发生[2]。

---

[1] Miller D. C., Saigal C. S., Litwin M. S., "The demographic burden of urologic diseases in America", *Urologic Clinics of North America*, 2009, 36(1):11—27.

[2] 赵一鸣、史慧静:《出生缺陷监测进展》,《实用预防医学》2019年第1期,第125—127页。

# 专栏 4.1　国际出生缺陷监测情报交换所简介

## 一、机构简介

国际出生缺陷监测情报交换所(International Clearinghouse for Birth Defects Surveillance and Research，ICBDSR)，1974 年建立于芬兰首都——赫尔辛基。交换所作为世界卫生组织承认的非营利性组织，为世界范围出生缺陷监测或调查项目的信息提供交换平台。交换所协助当地先天性畸形登记识别和预防出生缺陷，以便作为早期预警系统，避免预防先天性畸形的流行病。该机构还促进关于人口中出生缺陷发生的信息交流；对发生的变化进行调查出生缺陷的发生；并提供在出生缺陷的监测和流行病学方面的培训。由交换所与世界卫生组织合作创建的世界出生缺陷地图集，提供世界各地出生缺陷登记处的相关数据。

## 二、原则与目标(部分)

(一)机构的原则

1.交换所的战略重点是对全球范围进行出生缺陷监测；2.职责范围包括发现由怀孕前或怀孕期间引起的胎儿和儿童出生缺陷的因素；3.结集出生缺陷相关领域人员(包括专业人士和社会人士)组成技术讨论小组；4.完善出生缺陷的指导方针，规范出生缺陷的定义……

(二)机构的目标

1.制定国际方案以便成员国之间定期交换涵盖人口出生缺陷的监测信息和研究方案；2.倡导对出生缺陷进行监测、研究和预防；3.以合作形式对出生缺陷的模式和成因开展联合流行病学研究；4.增加对出生缺陷和原因的专业知识科普，增强对出生缺陷的预防意识(一级、二级、三级)；5.提高监测技能与研究水平，以便精准且高效地判断出生缺陷状况；6.开展联合教育，提高公众对出生缺陷的认识并普及相关知识，了解其成因并及时预防……

## 三、机构主要和主要项目

(一)主要成就(部分展示)

1.成员之间定期对监测和研究项目所涵盖的人群中交换有关出生缺陷的信息，这些信息有助于理解出生缺陷的规模和分布及其相关挑战和决定因素，改善资源的配置；2.该机构是出生缺陷监测、研究和预防的倡导者；3.提高了对出生缺陷监测和研究的能力;4.规范并促进监测行为的定义与标准形成;5.保证了相关数据的标准化和安全性……

(二)主要项目(部分展示)

1.评估具体预防措施的影响,例如叶酸补充和强化在不同国家有不同的基线患病率和叶酸相关活动(2006 年);2.出生缺陷的聚类调查(2008 年);3.药物对胎儿的不良影响监测(2010 年);4.罕见出生缺陷的系统研究(2011 年);5.官网发布所有成员定期评估的当前情况和趋势的年度报告(2017 年)……

资料来源:国际出生缺陷情报交换所官网,http://www.icbdsr.org。

国际出生缺陷监测情报交换所是国际上首个出生缺陷信息交流组织,各国类似的系统还包括美国疾病预防控制中心(CDC)、欧洲先天异常监测系统等,都为定期收集出生缺陷的信息做出巨大贡献,表 4.1 对若干国际主要监测机构做出介绍。

表 4.1　国际主要出生缺陷监测机构介绍

| 名　　称 | 国家 | 建立时间 | 机构介绍 | 网址 |
|---|---|---|---|---|
| 亚特兰大都市地区先天异常项目(Metropolitan Atlanta Congenital Defects Program,MACDP) | 美国 | 1967 年 | 发现出生缺陷新病例;建立监测标准和监测模式;为新研究、新的更好的干预和预防策略和卫生决策提供支持;为研究者提供培训资源。 | http://www.cdc.gov/ncbddd/bd/macdp.htm |
| 国家出生缺陷和发育残疾研究中心(the National Center on Birth Defects and Developmental Disabilities,NCBDDD) | 美国 | 2001 年 | 发现出生缺陷和发育残疾的原因;促进儿童发展并充分发挥其潜力;促进各年龄的残疾人(包括血液异常)健康和完好的生活。 | http://www.cdc.gov/ncbddd/AboutUs/index.html |
| 国际出生缺陷监测情报交换所(International Clearinghouse for Birth Defects Surveillance and Research,ICBDSR) | WHO | 1974 年 | 参加监测的项目要系统收集数据,并应用数据促进公众健康,包括发生率比较、政策倡导、政策发展、流行病学病因研究和结局研究、评估干预和治疗措施。 | http://www.icbdsr.org |
| 欧洲先天异常登记系统(European Surveillance of Congenital Anomalies,ERUOCAT) | 欧盟 | 1979 年 | 提供欧洲出生缺陷的流行病学信息,对新致畸原暴露进行早期预警,评估一级预防效果,评价产前诊断影响,为公众、卫生专业人员提供聚集性、暴露或危险因素的信息。 | http://www.eurocat-network.eu/ |

然而考虑到各个成员国、地区的政治、经济、文化等因素的差异,各国并未统一监测模式,故交换所的数据也是在未强制执行统一的监测模式的背景下收集而来。常见的监测模式分为两种:医院监测和人群监测。医院监测是以当地医院为基础,建立当地出生缺陷监测点和出生数据的本地资料,集合成覆盖全国范围内的出生缺陷监测网;人群监测则是以一定区域作为监测范围,对范围内符合条件的所有对象进行监测,该方式也是世界卫生组织更为推行的方式。两种监测方式在人群覆盖范围、采集流程、监测期限等方面均存在差异,其中医院监测模式实施起来更为便捷,且准确性更强、效率越高,但由于各地医疗卫生条件不一,孕妇对住院分娩的选择更具有主观性,或可能使得各地医院收集的信息存在偏差。①相比之下,以人群为基础的监测方式可以更全面地了解当地人的出生缺陷情况,但需花费大量的人力与物力支持。交换所当前42个成员中在10年前约有70%采用医院监测的方式,之后则80%的成员改用人群监测的方法。②四十多年来,国际出生缺陷的工作有了很大的进展,其功能也逐渐从单一监测模式转向多种功能并存的模式,同时也逐渐向其他领域所延伸,如出生缺陷会带来的社会负担和其他医学科学研究等,为出生缺陷的预防提供重要支撑作用。在未来,人群监测也将成为各国致力于发展的监测模式。

### (二) 国际出生缺陷三级预防保障体系发展历程

　　世界卫生组织针对国际的研究报告进行归类分析,通过孕前、孕中以及产后划分不同阶段的干预措施,提出"出生缺陷三级预防策略"。国际对出生缺陷的预防措施普遍以世卫组织编纂并发布出生缺陷干预的"三级预防"策略为基础,通过对三级预防相关内容的详细介绍,以期各个国家能够更规范地对出生缺陷进行防治。

　　一级预防是源头上减少出生缺陷的有效方法,也能让人们自身增强对出生缺陷的预防意识。一级预防是指在孕前以及孕早期阶段进行干预活动,主要工作是尽可能早发现或可导致缺陷的原因,并采取有效措施以防止出生缺陷的产生。这样的筛查工作有助于识别有特定疾病风险或有风险将疾病传染给子女者,其干预措施包括婚前检查、遗传咨询、健康教育、孕前保健、最佳生育年龄选择以及孕早期

---

① 肖文霞、陈燕杰:《出生缺陷监测的研究进展》,《中国优生与遗传杂志》2016年第4期,第9—11页。
② 信息来自国际出生缺陷监测情报交换所,2003, http://www.icbd.org/publications.html。

保健(谨慎用药、戒烟戒酒、避免接触高温环境)等①。根据世卫组织提出的要求,可将出生缺陷的预防手段概括如下:其一,应调整育龄期妇女的饮食习惯,及时补充维生素以及其他有益胎儿发育的营养物质,并通过咨询、控制体重以及适当的药物治疗,控制孕前以及妊娠期的糖尿病情况;其二,避免妊娠期间接触有害环境因素;其三,提高妇女与儿童的疫苗接种覆盖率;其四,加强对卫生人员以及对出生缺陷相关信息感兴趣的社会人士的教育普及与知识传播。②

二级预防是指通过孕期筛查和产前诊断识别出严重缺陷的胎儿,选择性终止妊娠以减少出生缺陷的发生。由于母体特征可能会增加出生缺陷的风险,如低龄、高龄产妇以及酗酒、吸烟,通过血清、超声检查、影像学等监测方法,对妊娠期妇女进行筛查并及时发现可能出现出生缺陷的孕妇,再进一步对其进行产前诊断。产前诊断则是指应用现代生物学、免疫遗传学、细胞遗传学等技术对胎儿直接或间接进行检查以及预测,以此判断是否存在缺陷情况。

三级预防是指在新生儿早期,通过对其进行特定的血生化检查来判断新生儿是否存在出生缺陷问题,对其进行早期的干预和治疗,通过促进及早转诊和进行内外科治疗降低先天性疾病的发病率和死亡率,如听力损失。早筛查能够为及时纠正提供机会,使新生儿更有可能获得更好的语言与交流技能。对于拥有先天性白内障的新生儿而言,及早地转诊和手术矫正,也有利于增加其恢复视力的可能性。新生儿筛查可以对新生儿进行某些代谢、血液和内分泌疾病的筛查,而其中很多疾病并不会立即发病,中低收入国家新生儿筛查有助于尽可能减少未来由出生缺陷对个体、家庭以及社会造成的负担。

特定出生缺陷的发病率因地理、种族、文化和经济特征的不同会存在很大差异。对此各国在结合自身实际情况的前提下,也加强对出生缺陷防治的合作探索之路。1997年,全世界每年出生的500万存在出生缺陷的婴儿中,有约66%的病例来自发展中国家,全球142个发展中国家,有67个国家和地区的婴儿死亡率低于40‰,而当一个国家或地区的婴儿死亡率降低到40‰—50‰以下③,出生缺陷将成为非常重要的公共卫生问题。因此发展中国家出生缺陷和残疾国际会议应运而

---

① 厉传琳:《我国产前诊断和筛查技术服务的规制研究》,复旦大学2014年博士学位论文。
② 植草益:《微观规制经济学》,中国发展出版社1992年版,第19页。
③ 数据源于 Reducing Birth Defects:Meeting the Challenge in the Developing World,2003,详情可见 http://www.nap.edu/catalog/10839.html。

生,为发展中国家的出生缺陷防治做出了巨大贡献。

第一届发展中国家出生缺陷和残疾国际会议于2001年在南非召开,共有18个国家和地区,约260名会议代表参加。会议宣布实施《预防和管理出生缺陷与残疾政策》,其中明确提到应对"遗传病和出生缺陷预防策略"展开研究。中国妇婴保健中心主任李竹在会上提出,妇女孕前和孕早期每日补充0.4 mg叶酸将使神经管缺失的发病率于高发区减少85%,除神经管缺失以外的其他重大畸形出生缺陷的风险下降15%,该类通过补充叶酸来进行出生缺陷预防的方式引起各国代表极大兴趣。会上数据显示,通过强化叶酸食品,智利的神经管畸形发病率下降39%,美国下降19%,南非也将通过对叶酸食品的强化来实现对出生缺陷的预防。古巴从1982年开始对所有孕妇进行血清甲种胎儿蛋白检测和B超监测,识别超过3 000例神经管畸形胎儿,并有98%的病例被终止妊娠,孕期筛查的预防措施大大降低神经管畸形的发病率[1]。至此,对出生缺陷预防措施的讨论引起全球的广泛关注。

2007年,第三届发展中国家出生缺陷和残疾国际会议在巴西召开,来自发展中国家和部分发达国家的学者对出生缺陷的预防和治疗进行更加深入的探讨。美国、印度等国通过对本土开展食品强化的方式,在面粉中添加铁、叶酸等胎儿发育所需的微量元素,显著降低新生儿神经管缺失的发病率。巴西学者利用临床遗传学检查、临床影像、尸检等方法的资料对899例围产儿死亡病例进行分析后发现,其中有420例死因是因为出生缺陷,而因出生缺陷造成的死亡病例有约70%是可以通过遗传咨询预防的。南非学者则通过医学遗传学的远程乡民,对社区内的符合条件的人群进行改善围产期、产前保健等措施,并通过对社区护理人员进行专业培训,使其能够更好地对当地的存在高危风险的孕妇进行健康指导。其他学者也从孕期母亲的营养均衡、病毒携带等方面进行讨论[2]。多数发展中国家充分认识到高出生缺陷率以及有出生缺陷的儿童将会对社会产生巨大的负担,多数国家将对出生缺陷的干预重点集中在预防层面,如婚前或孕前咨询、叶酸补充、接种疫苗等。但也有专家认为由于导致出生缺陷的原因众多,且近半数是不可被识别的,

---

[1] 任爱国:《第一届发展中国家出生缺陷和残疾国际会议》,《中国优生优育》2001年第4期,第145—146页。

[2] 王冰、蔡艳、吕玲:《第三届发展中国家出生缺陷国际会议纪要》,《现代妇产科进展》2007年第12期,第958—959页。

所以应将干预的重点放在产前筛查、新生儿筛查等预防措施。印度通过对产前诊断的方式,对曾怀有出生缺陷病例的孕妇进行绒毛取样,以此判断是否为患病胎儿。一些发达国家认为,通过绒毛、羊水细胞学诊断的准确性更高,但部分国家受宗教信仰的影响,对于产前诊断等干预措施没有开展过多的探讨。巴西通过实施对某南部城市新生儿筛查项目,对苯丙酮尿症、先天性甲状腺机能低下症及血红蛋白病进行筛查。筛查结果表明,大约有 87.3% 的患儿来自低收入家庭,且患儿母亲的教育水平较低。其他国家如智利、哥伦比亚、埃及等国家也开展了新生儿筛查的干预活动。德黑兰生命研究所研究发现,通过饮食疗法能够逆转幼儿从运动机能迟缓的现象,即便是病史较长的儿童也有明显改善的迹象,而越是年幼的儿童,其缺失的机能恢复得越快,对改善出生缺陷儿童的健康水平和生活质量有重大意义,也能在未来一定程度上减轻对家庭、社会的负担。

随着发展中国家出生缺陷国际会议的成功召开,学术界也越来越意识到推进出生缺陷防治的重要性。从表4.2列举的部分会议主题可知,后续会议的主题也越来越趋向于"重预防",且关注国家更多为发展中国家。这也在一定程度上提高了发展中国家贫困人群的健康福利。

表 4.2　发展中国家出生缺陷和残疾国际会议主题(部分)

| 年份 | 举办国 | 会议主要内容 |
| --- | --- | --- |
| 2005 | 中国 | 探讨出生缺陷的预防政策以及各种出生缺陷和遗传性疾病的干预措施,倡导发展中国家和发达国家合作。① |
| 2015 | 坦桑尼亚 | 认识到在低收入国家建设预防出生缺陷的必要性,以及重视出生缺陷防治对改善早产者健康水平的重要性。 |
| 2017 | 哥伦比亚 | 探讨世界范围内的预防和护理先天缺陷和早产的最佳做法,以及规范出生缺陷监测和注册问题。 |
| 2020 | 斯里兰卡 | 加快出生缺陷的预防和护理工作,帮助低收入国家建立预防出生缺陷和早产的能力。 |
| 2023 | 智利 | 提高中低收入国家能力,改进对出生缺陷的诊断与监测,解决相关的可变风险因素。 |

资料来源:全球医学会议网,http://www.globalconfs.com/meeting/2519.html。

---

① 内容来自文献《在"第二届发展中国家出生缺陷和残疾国际大会"上的讲话》,《中国生育健康杂志》2005 年第 6 期,第 326—328 页。

## (三) 国际出生缺陷防治体系所面临的问题

### 1. 出生缺陷监测体系面临的问题

出生缺陷监测项目的主要目的是规划和预防,即将监测中获得的数据应用于规划、推广、预防战略,并提出有指导性的公共政策[1],连接记录并整合来自不同数据库的信息,有助于对监测数据进行各种公共卫生应用[2],因此数据的质量与数量对出生缺陷监测体系的建立与发展尤为重要。从宏观层面来看,国际出生监测体系存在如下问题。

其一,国家之间公共卫生水平差距将制约该国监测数据的获取能力。相较于发达国家,发展中国家的出生缺陷发病率更高,故对监测数据的要求更高。然而由于监测能力低,许多发展中国家每年大约三分之一的新生儿是没有记录的[3],且发展中国家多数出生缺陷的资料或是从工业化国家的统计数据中推断出来的,抑或是从医院研究中得出的,并且在很多发展中国家,大多数孕妇倾向于在家中分娩,故以医院为基础的监测模式可能会造成官方统计出生缺陷发病率数据存在测量误差。各国对于出生缺陷监测能力的不同,最终造成世界范围对出生缺陷死亡率的监测数据的低估。

其二,出生缺陷监测标准不统一增加监测难度。首先,从监测模式来看,世界卫生组织向发展中国家推荐使用医院监测模式,如中国、拉丁美洲等国均采用该种模式。而约80%的国际出生缺陷监测机构采用基于人群的监测方式,如欧洲先天畸形监测中心(European Surveillance of Congenital Anomalies,EUROCAT)、美国国家出生缺陷预防协作网(National Birth Defects Prevention Network,NBDPN)等,相比于前者,后者监测系统的建立成本更高、但更为精准,而发展中国家的出生缺陷率高于发达国家,故监测模式的差异也会对监测数据的准确度产生影响;其次,从监测疾病种类来看,2009年世界卫生组织第125届会议修订了《国际疾病分类》,形成第10次修订本(ICD-10),包含一致的出生确信分别来自10个系统,约100种重点疾病。发达国家多采用此标准,而发展中国家由于资源受限,对出生缺

---

[1] 资料源于国家出生缺陷预防网站:https://www.nbdpn.org。

[2] Vianna F. S. L., de Oliveira M. Z., Sanseverino M. T. V., et al., "Pharmacoepidemiology and thalidomide embryopathy surveillance in Brazil", *Reproductive Toxicology*, 2015, 53:63—67.

[3] 资料源于联合国儿童基金会官网 United Nations Children's Fund(UNICEF), The State of the World's Children 1999,网址:https://www.unicef.cn/。

陷重点监测种类的选取范围较小。

其三,从监测期限来看,发达国家或地区比发展中国家的监测期更长。而一般认为监测期越长越有利于得到真实的数据,但所需耗费的成本越高,故发展中国家无力负担。综上所述,出生缺陷监测的报告率与监测模式、监测病种与监测期限紧密相关,故监测标准存在差异是监测体系发展的重要问题之一。对于一些罕见的出生缺陷或是轻度缺陷的胎儿,诊断的准确性也会降低,从而影响监测数据的准确性。

从微观层面来看,个人的家庭收入水平会影响个人对出生缺陷监测服务的可得性,而教育水平差异也会影响其对健康状况的表达能力。从而影响监测数据的质量与数量。以发展中国家为例,发展中国家的人均国内生产总值比发达国家低10倍到40倍,在所有发展中国家,大约有四分之一的人口每天靠不到1美元生活,极端的收入不平等导致获得高质量医疗保健的人口比例减少,正如上文提及,当家庭收入水平较低时,孕妇常会受到家庭经济负担影响而选择在家分娩,抑或减少去医院的频率。且发展中国家的识字率约为57%到87%[1],且女性识字率普遍低于男性,研究表明,当母亲教育水平更低时,其将缺乏对出生缺陷危害性的认知,从而忽视孕前咨询、筛查等措施的重要性[2],同时也会影响其对症状的表述能力,造成症状描述不清等问题,从而影响监测数据的质量。

### 2. 出生缺陷三级预防体系面临的问题

世界卫生组织统计,出生缺陷对中低收入国家或地区的影响更大,其引发的婴儿、儿童死亡和失能情况也在中低收入国家更为常见。94%的严重出生缺陷都发生在中低收入国家[3],出生缺陷干预作为降低出生缺陷发生率、提高人口健康水平的最有效、最具有经济效益的措施,如何提升出生缺陷的预防水平成为各个国家,尤其是发展中国家的重要课题。实际上,无论是发达国家还是发展中国家,不同国家之间或是同一国家不同地区的经济、技术等差异,均会对预防体系的能力产生

---

[1]　数据源于 Reducing Birth Defects: Meeting the Challenge in the Developing World, 2003,详情可见 http://www.nap.edu/catalog/10839.html。

[2]　Victora C. G., Kirkwood B. R., Ashworth A., et al., "Potential interventions for the prevention of childhood pneumonia in developing countries: improving nutrition", *The American journal of clinical nutrition*, 1999, 70(3):309—320.

[3]　Mitnick B. M., *The political economy of regulation: Creating, designing, and removing regulatory forms*, New York: Columbia University Press, 1980.

影响。

以三级预防的时间先后视角来看,首先一级预防作为在孕前和孕早期实行的干预措施,是从源头上防止出生缺陷发生的关键环节。然而即便一级预防的意义重大,但在预防措施实施过程中仍存在若干问题。从宏观层面来看,第一,国家相关政策的缺位将增加一级预防措施的实施难度。以环境因素为例,发展中国家环境中存在大量的致畸污染物,如重金属、杀虫剂等。[1]临床研究表明其将增加婴儿出生缺陷的风险,而由于对风险定义的不明确,大部分发展中国家并没有构建相关监测系统,也未制定防治危险暴露的法律,加之个人很难避免污染物渗透入自身的家庭和工作场所,故增加了孕妇受环境污染因素而导致新生儿出生缺陷的风险;第二,各国对医疗水平的负担能力将影响国家组织开展一级预防的能力。落后国家或地区孕前保健的覆盖面更狭窄、保健水平更低,难以负担全国范围的叶酸强化、碘盐补充等预防措施。从微观层面来看,第一,低经济地位、低文化水平的个人,孕前保健、咨询等卫生服务可得性更低。研究表明由于父母的低水平社会经济地位、生活在贫困国家或贫困社区的人难以接触到孕前保健等项目,同时因缺乏与医生沟通交流的机会,也会导致孕妇忽视由家族遗传病史、自身疾病以及不良行为等因素导致胎儿发生出生缺陷的风险[2];第二,出于对个人隐私的保护,部分国家将婚检、孕前检查作为个人自愿性选择。当个人忽视这项预防措施时,将会增加出生缺陷的风险。[3]

二级预防常通过孕期筛查和产前诊断实现,这些措施大大降低发展中国家出生缺陷的风险。从资源的稀缺性来看,其对专业人才、专业设备的需求,以及诊断和咨询服务的支持等依赖度也更强,而这些对于卫生保健资源有限的国家来说仍是沉重的负担。如超声波技术作为常见的产前诊断的常见手段,其费用之昂贵以及对训练有素的工作人员的需求,导致其不能被普遍应用。从服务的可得性角度来看,发展中国家的大城市,超声波技术有助于其更好地进行产前诊断,即便服务具有较高质量,受到可及性和公平性影响,很多人无法享受服务,造成资源浪费;从

① Zar H. J., Bateman E., Ramsay M., "New advances in cystic fibrosis-implications for developing countries", *South African Medical Journal*, 1998, 88(8):967—968.
② M'hamdi H. I., van Voorst S. F., Pinxten W., et al., "Barriers in the uptake and delivery of preconception care: exploring the views of care providers", *Maternal and child health journal*, 2017, 21: 21—28.
③ 白岩:《城市人口出生缺陷预防措施研究》,沈阳师范大学 2015 年博士学位论文。

技术的专业性来看,筛查的质量也将因工作人员的经验和设备的分辨率而存在差异,结果的准确性可能会受到技术水平的影响,甚至存在漏诊、误诊的情况,从而降低公众对服务的信任程度,导致二级预防的效率大大降低。[1]

三级预防着重于改善对先天缺陷患者的治疗与康复。即使有些出生缺陷可能无法治疗或被"经济、有效"的治疗,但仍存在部分疾病可以通过临床治疗方法被改善甚至治愈。通过筛查将患者转至保健中心进行外科手术,如为患有先天性心脏病的儿童进行手术,减轻出生缺陷儿童的疾病负担,故三级预防也是降低死亡率与健全公共卫生系统的重要步骤。作为最专业的保健措施,三级预防的实施环境多为三级保健中心。然而受国家或地区优先事项、基础设施、财政、人力等因素的影响,卫生保健系统及其所能提供的服务在不同国家,甚至同一国家不同地区之间都存在差异。这些差异将直接影响当地所能实施的预防措施水平,因此基本生殖保健系统的建设也被划分为不同层次,即初级保健、二级保健以及三级保健。

初级保健是地方一级提供的服务,初级保健服务中心的服务人员可能是由非专业保健工作者或二级、三级保健中心的护士或医生提供,且药物和医疗设施也比较有限,但仍然提供了十分重要的预防服务,如产前咨询、出生缺陷知识普及、微量营养元素补充、接种疫苗、致畸剂指导等。初级保健服务中心通过与二、三级和国家卫生保健中心建立联系,力图提高在社区内解决出生缺陷问题的能力。由于对资源依赖性较低,故初级保健中心的可及性和覆盖性都强于二、三级保健。由于发展中国家的护士和医生等专业人才数量有限,且多半在城市环境中展开服务,故大多数出生缺陷的预防与护理的行动在社区保健中心实施,因此初级保健多普及于发展中国家。

二级保健则由地区医院提供,其工作人员包括普通医生、医疗技术人员和护士,其保健中心拥有足够的诊断设备,并具备提供手术的能力。二级保健中心作为对初级保健的补充,除了能够支持和培训初级保健的工作者,同时监测生殖保健情况,对困难病例进行审查,并确定需要转诊的病患等。这一层次的保健在医疗条件较好的发展中国家更为常见。

三级保健是最为专业的保健,由较大的城市医院提供,既可以作为收集流行病学数据、提供人员培训、编写和分发卫生教育材料以及进行临床试验等[2],也能提供

---

① 植草益:《微观规制经济学》,中国发展出版社 1992 年版,第 19 页。

② 资料源于 World Health Organization(WHO), 1999, https://www.who.int。

遗传筛查(孕前、产前和产后)和纠正缺陷的手术。在某些遗传疾病发病率异常高的国家,可以提供孕前筛查以确定携带者,产前筛查以检测胎儿疾病,以及高危妊娠的早期新生儿筛查。虽然筛查可以在孕前、产前或新生儿时期进行,但越早做出诊断,就越有可能预防出生缺陷或将其严重性降到最低。当前支持对特定出生缺陷进行筛查的国家包括古巴、伊朗和南非等,然而在其他国家,基因筛查仅限于能够获得私人医疗服务的中高收入患者。由于三级保健既可以确定常见的出生缺陷及其风险因素,也可以确定预防策略以及有效的治疗,故运营成本过高,在发展中国家的数量十分有限,能负担相关检查费用的群体也为少数,因此三级保健多普及于发达国家,以及经济更为富裕的群体。

综上可知,从宏观层面看,三级预防的成本过高,将导致国家卫生资源负担过重。在发展中国家,三级保健中心运营成本高,数量有限,因此通过转诊治疗减轻出生缺陷危害的机会往往被发展中国家的有关政府部门所忽视。[①]而从微观层面看,低收入家庭难以承担高昂的治疗费用,也无法维持对患者治疗后期的长期照护负担,故治疗资源的可得性较差,最终导致患者错过最佳治疗时间。

## 二、国际出生缺陷防治体系的演化趋势

### (一) 出生缺陷防治理念转变

由上文的介绍可知,基于国际出生缺陷监测的普及与发展,越来越多的国家对于减少出生缺陷提出了更高的要求,即不再满足于监测,而是将出生缺陷防治的关口不断前移,即从"事后反应"转化为"事前预防",力求从源头上降低出生缺陷的发生率,将国家和个人的损失降到最小化。然而不论出生缺陷防治保障的工作如何开展,都需要建立在充足的人力、物力、财力的基础上,因此经济发展水平的不同也导致各国对出生缺陷防治保障体系的发展理念存在差异。

世界卫生组织数据显示,出生缺陷约占每年出生人口的 2%—4%,也是造成婴儿死亡率和儿童发病率的主要原因。[②]出生缺陷监测初始目的即建立出生缺陷监测的预警系统,通过对新生儿出生登记的发病率变化趋势进行分析,快速识别致畸因

---

① Christianson A. L., "Medical genetics in primary health care", *Indian journal of pediatrics*, 2000, 67(11).

② 世界卫生组织官网网址:https://www.un.org/uk/node/36395。

素进行及时干预,防止更多新生儿遭遇出生缺陷。1972年威尔逊(Wilson)基于五次国际出生缺陷讨论会的资料整理,对人类出生缺陷的病因进行分析后得出结论,遗传因素导致的出生缺陷占25%,环境因素占10%,受两者相互作用以及原因不明的出生缺陷占65%。[1]由于出生缺陷的表现形态复杂,可能存在潜伏期,即出生后几个月乃至几年才发病,且当前仍有半数的出生缺陷不能仅归结于一种特定的原因,故加大了出生监测的难度。

早期的监测系统更加关注出生缺陷的发生率与趋势。如英国海岸地区发现肢体短缩聚集情况后,别国的出生缺陷监测体系将会迅速做出反应,并通过监测信息反馈,海岸地区并不会普遍发现类似现象,从而向公共卫生人员和社会公众提供及时、高效的信息,避免了不必要的社会恐慌。[2]在对信息应用的过程中,医疗人员以及相关领域的工作人员发现监测系统采集的信息,能够更好地服务于出生缺陷的干预措施,同时也可以更好地应用于如何对出生缺陷进行预防和干预治疗,实现高效的出生缺陷防治。

监测活动作为一种持续的、系统的、及时的健康评估,也能在后续更好地展开预防、干预行动来减轻不良影响带来的后果。[3]如有学者扩大了原有的监测范围,形成"三重监测",对疾病发生的"因果链"进行分析(疾病的原因、疾病的发生、健康结果),监测的扩展在若干方面增加了预防活动的价值。通过跟踪因果关系来直接、快速地评估初级预防干预措施,以便通过预防达到更好的健康结果,同时通过对因果链信息的评估,迅速识别出问题与误差(如被忽略的潜在问题人群),从而迅速找到补救的方式。除了预防疾病以外,通过对健康结果的跟踪也证实了扩大监测范围、分析因果链的正确性和必要性,也为人们增强科学预防意识提供了更有力的依据。[4]以新生儿神经管缺失为例,作为出生缺陷常见种类之一,也是一种可预防的先天性疾病,叶酸摄入不足被认为是造成新生儿神经管缺失的主要原因,采用变革性的干预措施,让孕期妇

---

① Carey J. C., "Health supervision and anticipatory guidance for children with genetic disorders(including specific recommendations for trisomy 21, trisomy 18, and neurofibromatosis I)", *Pediatric Clinics of North America*, 1992, 39(1):25—53.

② 朱军:《国内外出生缺陷的监测进展》,《实用妇产科杂志》2008年第1期,第3—4页。

③ Thacker S. B., Qualters J. R., Lee L. M., et al., "Public health surveillance in the United States: evolution and challenges", *MMWR Suppl*, 2012, 61(3):3—9.

④ Botto L. D., Mastroiacovo P., "Triple surveillance: a proposal for an integrated strategy to support and accelerate birth defect prevention", *Annals of the New York Academy of Sciences*, 2018, 1414 (1):126—136.

女服用足量的叶酸,对发达国家以及欠发达国家都有十分显著的效果(如图4.2所示)。据估计,若实施服用叶酸的方案,每年全球将会减少约20万个神经管缺失的病例。

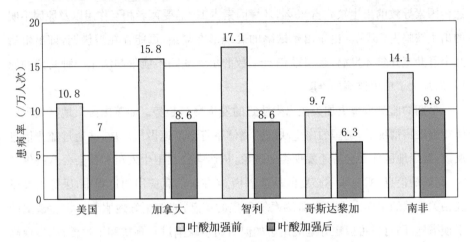

图4.2 各国叶酸加强前后新生儿神经管缺失状况对比

资料来源:美国疾病控制与预防中心,2016,https://www.cdc.gov/ncbddd/birthde-fectscount/data.html。

综上所述可知,一些先天性疾病是可以预防的,如接种疫苗、通过在主食中添加或补充营养的方式摄入适量的叶酸和碘,以及在妊娠前和妊娠期提供适当的护理等方式都是预防先天缺陷的有效方法。出生缺陷防治对于低收入的国家以及欠发达地区尤为重要。一方面,因为低收入国家的婴儿更容易发生出生缺陷的情况,另一方面,由于低收入国家的出生缺陷儿童更多,故这些国家的儿童死亡率更高,儿童的终生缺陷率和失能率也更高,大大降低了这些国家的人力资本发展水平。因此,对于出生缺陷的防治可以大大提高了低收入国家儿童的福利水平。随着技术进步以及对出生缺陷要求不断提升,各国通过对出生缺陷监测系统的功能进行拓展,将其应用于卫生服务领域,关注产前诊断、孕妇妊娠反应变化,通过监测系统信息的分析对出生缺陷进行早发现、早预防,以此减少出生缺陷对家庭以及社会带来的巨大负担,因此对出生缺陷的预防逐渐成为国际上卫生保健的关注热点。

## (二)出生缺陷三级预防保障体系的发展趋势

根据上文的介绍可知,国际上对防治出生缺陷的经验积累与体系发展均在日益完善,出生缺陷的三级预防保障体系的关口不断前移。但由于技术水平的限制,仍然需要筛查、治疗等辅助措施来减轻出生缺陷的危害性。对此在出生缺陷防治的每一阶段,学术界都在不断地探索和完善,力图将出生缺陷的发生率降到最低。

一级预防以"孕前"为节点。即利用低成本的干预措施来预防特定的出生缺陷,常见的低成本干预措施有计划生育、主食强化以及传染病控制等。以计划生育为例,主要是指向夫妇提供生育所需具备的知识,以便就是否以及何时做出要孩子的决定。由于在发展中国家超过三分之一的女性和三分之一的5岁以下儿童,都深受营养食品匮乏的困扰,而母亲在怀孕前和怀孕早期的叶酸浓度不足正是导致新生儿脊椎破裂和神经管缺失等出生缺陷最主要的原因。好在大多数国家的粮食产量都很高,叶酸的强化可以通过掺入主食(如小麦粉、玉米粉和大米)的方式实行,因此该方法也能惠及很大比例的人口。如2009年,一项由联合国儿童基金会支持的调查显示,在吉尔吉斯斯坦,42%的未怀孕妇女缺乏叶酸,27%的未怀孕妇女患有缺铁性贫血;61.6%的孕妇则缺乏碘。在联合国儿童基金会的倡导下,自2009年起,吉尔吉斯斯坦法律规定,大型面粉厂必须在面粉中添加叶酸,如此低成本却有效的干预措施,能够更广泛地惠及欠发达国家、低收入群体和易感人群,能有效改善全球范围的卫生公平性,得到众多国家的认可并被广泛地实施。

综上可知,通过对主食强化是目前国际上最为普遍、效果最好的出生缺陷预防措施,大规模强化食品(LSFF)是世界上许多国家用于防止微量营养素缺乏的一种食品系统方法,它在食品加工过程中添加必要的微量营养素,从主食和调味品,如碘添加到盐,铁和叶酸添加到面粉,维生素A添加到植物油。研究发现,LSFF增加了血液中必需微量营养素的浓度,并对一些功能结果有积极影响,包括通过改善妇女和儿童贫血,改善34%的青春期女孩和育龄妇女的铁储存。由于青春期女孩和妇女叶酸的合理补充,神经管缺陷的概率降低41%。[1]此外,联合国儿童基金会的分析表明,在胎儿发育过程中,盐碘化已经使缺碘的新生儿数量每年显著降低约2050万。[2]然而,低收入和中等收入国家LSFF的覆盖面和质量不均衡。联合国儿童基金会在了解其中的因素和方法方面积累了相当多的经验,有效评估LSFF发生的可能性。联合国儿童基金会参与盐业的所有部门,从生产商、进口商、批发商、零售商到加工食品公司,并将它们定位为国家碘化方面的核心参与者。努力了解这

---

[1] 数据源于联合国官网报告"Undernourished and Overlooked",https://www.unicef.org/reports/undernourished-overlooked-nutrition-crisis。

[2] 数据源于联合国儿童基金会,https://www.unicef.org。

些部门如何运作以及他们的决策,对有效参与至关重要,不论是当前还是未来,加强叶酸等微量元素的食品供给被视为出生缺陷一级预防最重要的措施。

表 4.3　预防出生缺陷的常见低成本措施

| 项目类别 | 孕前/孕中存在的风险因素 | 干预措施 |
|---|---|---|
| 生殖健康护理与家庭计划 | 意外怀孕 | 家庭计划 |
| | 35 岁以上妇女怀孕 | 对夫妻进行出生缺陷教育 |
| | 既有的孕产妇疾病 | 新生儿护理 |
| 微量营养元素的缺失 | 缺乏碘盐 | 普遍补充碘盐 |
| | 缺乏叶酸 | 用叶酸强化主食 |
| 暴露于致畸剂 | 风疹 | 疫苗接种 |
| | 酒精的使用 | 公共卫生信息的公布,限制、避免对酒精、致畸药物的使用 |
| | 致畸药物 | |
| | 环境致畸因子 | 制定对环境致畸因子的规章 |

　　然而由于出生缺陷的成因过于复杂,即使有了事前的干预,仍旧难以避免出生缺陷的发生,因此,二级预防则是重"筛查",即致力于在孕中期筛查出先天缺陷患者,降低其出生率。由于各国经济发展水平存在差异,国家之间能够提供的筛查服务不同。如在英国,夫妻可以在孕前和孕期接受免费的遗传咨询和产前筛查服务,这些服务包括染色体异常、单基因遗传病等检测,以降低出生缺陷的发生风险;在中国和印度,新生儿筛查项目通常针对一些常见的遗传代谢性疾病。然而,由于卫生资源有限,这些项目的覆盖范围可能比较有限,但总体而言,随着常规孕产期保健服务的广泛开展,仍旧有效提高了出生缺陷防治服务的可及性,如 2011 年中国孕产妇产前检查率和系统管理率达 93.7% 和 85.2%。据联合国儿童基金会报告,中国产前检查率明显高于发展中国家的平均水平(77%)。筛选新生儿的先天性内分泌异常、遗传代谢病,以及一些有着严重危害的遗传性疾病的检查方法要迅速并敏感,目的是尽可能地发现临床症状表现轻微或还未表现的患儿。多数发达国家已经将这些项目作为必查项目,如:日本、新加坡、美国、新西兰,新生儿遗传代谢病的筛查率已经接近 100%。极高的筛查率挽救了许多潜在出生缺陷的新生儿,对出生缺陷的预防干预起到极为重要的作用,也使患儿身体器官的损伤率降低。

　　随着近年来婴儿死亡率下降,婴儿的出生率也在持续下跌,全球少子化背景下,父母对婴儿存活率以及子女健康水平的期望也逐渐提高。为减轻个人和国家医疗负担,各国不断健全基本生殖保健方案以确保减少出生缺陷发生率。在对出生缺陷"预防"阶段和"筛查"阶段的探索中,各国也积累了对出生缺陷防治体系完善的重要经验。

由于科技水平有限,即便有孕前和孕中的预防阶段,也无法完全避免出生缺陷的发生,因此出生缺陷治疗是降低新生儿死亡率和减少出生缺陷后遗症的基础,也是三级预防的主要措施。治疗作为减少出生缺陷影响的重要措施,能够有效减轻出生缺陷对个人、家庭甚至社会的负担。由于严重先天缺陷的婴儿将导致终身残疾,需要长期治疗或康复。[1]国际上关于出生缺陷的分类方法较多,根据严重程度划分,可分为重大和轻微两种出生缺陷种类。重大的出生缺陷需要进行复杂的内外科手术,而轻微的出生缺陷则无需归于复杂的治疗措施,临床实际中将出生缺陷的形式划分得更为详尽:一是出生缺陷并不影响或轻度影响新生儿的体力或智力;二是缺陷对新生儿有些许体力或智力的影响,但其仍保留一定的自理能力;三是缺陷对新生儿的体力和智力有重大影响,导致其无法自理;四是该种缺陷对新生儿而言是致命的,无法医治,最终导致死亡。[2]即使在发达国家,对于新生儿手术在内的多种医疗措施都被认为是缺乏成本效益的行为[3],因此会考虑通过特定治疗方式或手术与其他以预防为主的预防措施的经济成效,以明确出生缺陷防治工作的重点。如并趾类的出生缺陷,由于手术成本较低,故在婴儿出生后会优先完成手术。在面对更多无法用手术来解决或缓解的出生缺陷问题时,学术界更多的是从伦理学角度探讨。

综上所述,未来出生缺陷三级预防保障的发展趋势将继续秉持预防为主的核心理念,以健康教育、计划生育、遗传咨询、合理营养等低成本的干预措施为主要工作,同时重视孕期筛查的重要性,从源头和中期抑制出生缺陷风险,以降低出生缺陷的发生率。这被普遍认为是最经济、最积极、最适用于多数国家的预防保障体系。[4]

---

① Carey J. C., "Health supervision and anticipatory guidance for children with genetic disorders(including specific recommendations for trisomy 21, trisomy 18, and neurofibromatosis I)", Pediatric Clinics of North America, 1992, 39(1):25—53.

② 邵冠楠、黄璐琪、田桑等:《出生缺陷儿的伦理决策探讨》,《医学与哲学》2020 年第 1 期,第 25—29 页。

③ Stolk E. A., Post H. A., Rutten F. F. H., et al., "Cost-effectiveness of neonatal surgery: a review", Journal of pediatric surgery, 2000, 35(4):588—592.

④ 资料源于 Reducing Birth Defects: Meeting the Challenge in the Developing World, 2003。

# 第五章
# 典型国家出生缺陷防治体系

　　世界各国对出生缺陷问题都给予高度重视,对本国出生缺陷状况的监测到三级出生缺陷防治体系的构建,均做出较好的预防和控制。考虑到发展中国家的出生缺陷防治体系推广时间较晚,本章选取具有代表性的开展出生缺陷防治工作较早的四个发达国家美国、英国、日本和新西兰。通过对这四个国家出生缺陷的基本情况和监测状况的描述、出生缺陷的三级防治体系设置和具体措施的介绍,以及出生缺陷防治体系的实施效果的展示,对各国出生缺陷防治工作给予肯定。同时,基于国外发达国家出生缺陷的有效经验,可对我国出生缺陷防治体系的完善起到借鉴作用,以期助力我国出生缺陷防治体系的健全和出生缺陷现象发生率的降低。

## 一、美国出生缺陷防治体系

### (一) 美国出生缺陷的基本情况

　　出生缺陷是美国的一个非常严重的公共卫生问题,因为它是造成美国婴儿死亡的主要原因。据统计,每年在美国出生的每33名婴儿中就有1名(约占所有婴儿的3%)患有出生缺陷,每5名婴儿死亡事件中就有1名是由出生缺陷造成的。即使有幸存活下来,也会面临无数的医疗和社会挑战。此外,每年由出生缺陷导致的住院超过139 000人,仅医院费用就高达26亿美元[1],给家庭和社会带来沉重负担。美国的出生缺陷最常发生在如下身体部位和系统:心脏(27%)、肌肉骨骼系

---

[1] Adel Mburia-Mwalili, Wei Yang, "Birth Defects Surveillance in the United States: Challenges and Implications of International Classification of Diseases, Tenth Revision, Clinical Modification Implementation", *International scholarly research notices*, 2014:1—9.

统(18%)、生殖系统(15%)、面部(5%)和神经管(2%)。造成出生缺陷的原因是多样的,既包括遗传或环境的单方作用,也包括基因和环境的相互作用。据美国出生缺陷研究和预防中心估计,10%的出生缺陷归因于环境因素,25%的出生缺陷归因于遗传因素,65%的出生缺陷则是由环境和遗传的交互作用或其他因素所致。[1]出生缺陷会对人体造成结构和功能上的损害,一些出生缺陷在出生时就能够立即被发现,如唇裂或脊柱裂等,但很多出生缺陷在婴儿出生一段时间后才能被诊断出来。

美国对出生缺陷问题的关注从 20 世纪 60 年代的沙利度胺事件开始。沙利度胺是一种化学合成药物,用来治疗孕妇在妊娠时产生的孕吐反应,但该药物副作用巨大,世界许多国家和地区的孕妇在服用此药后生育出肢体不全的畸形儿。[2]在沙利度胺悲剧后,许多国家和地区制定了出生缺陷监测计划,监测各种环境暴露及其与出生缺陷患病率的关系。在此背景下,美国疾病预防控制中心(The Centers for Disease Control and Prevention, CDC)于 1967 年确立了亚特兰大大都会出生缺陷项目,这是美国第一个以人口为基础的出生缺陷监测项目。鉴于出生缺陷对公众健康的严重影响,美国国会于 1998 年通过《出生缺陷预防法》(the Birth Defects Prevention Act of 1998),授权美国疾病预防控制中心承担收集和分析出生缺陷数据的责任。该中心通过建立地区出生缺陷研究中心,开展流行病学预防研究,对公众进行预防教育。[3]目前,美国形成了监测、研究和预防三位一体的出生缺陷防治体系。

## (二)美国出生缺陷防治体系

### 1. 出生缺陷的监测

美国疾病控制与预防中心支持和建立了美国出生缺陷监测网络,包括基于人

---

[1] Adel Mburia-Mwalili, Wei Yang, "Birth Defects Surveillance in the United States: Challenges and Implications of International Classification of Diseases, Tenth Revision, Clinical Modification Implementation", *International scholarly research notices*, 2014:1—9.

[2] Cara T. Mai, David J. Law, Craig A., Collection, Use, and Protection of Population-Based Birth Defects Surveillance Data in the United States, Special Issue:Special Issue: 2007 Congenital Malformations Surveillance Report, Part II, 2007:811—814.

[3] 纪颖:《国际出生缺陷研究机构介绍》,《国际生殖健康/计划生育杂志》2011 年第 3 期,第 211—212 页。

群的出生缺陷主动监测系统（Metropolitan Atlanta Congenital Defects Program, MACDP）、州出生缺陷监测系统（State-Based Birth Defects Tracking Systems）和国家出生缺陷预防网络（National Birth Defects Prevention Network，NBDPN）。这三个监测系统为美国出生缺陷研究提供了基础数据支持。

（1）基于人群的出生缺陷主动监测系统

亚特兰大大都会先天性缺陷项目（Metropolitan Atlanta Congenital Defects Program，MACDP）始建于 1967 年，由美国疾控中心、埃默里大学和佐治亚州心理健康研究中心联合开展，是美国第一个主动收集出生缺陷数据的监测系统，其监测对象是妊娠 20 周以上至 6 周岁以内出现染色体结构异常的胎儿、婴儿或儿童。该监测通过工作人员主动发现病例和多渠道确认，建立统一的监测标准和模式，对负责范围内胎儿、新生儿和婴儿的出生缺陷信息进行监测，为开展出生缺陷研究、制定卫生政策、实施出生缺陷干预提供了翔实的数据支持。该项目的成功之处在于监测的主动性和信息的多源性。一方面，通过专家培训该项目的工作人员对医院和诊所展开巡查，最大限度地保证获取全部出生缺陷案例；另一方面，该项目还与其他信息库（如出生和死亡登记系统、遗传实验室等）合作，这些联系提高了信息收集质量，降低了信息收集的重复性，为后续出生缺陷监测系统的建立提供重要借鉴。

（2）基于州的出生缺陷跟踪系统

准确跟踪出生缺陷并分析相关的数据才能更好地预防出生缺陷的发生。在美国疾病控制与预防中心的支持下，亚利桑那州、科罗拉多州等 14 个州相继建立本州的出生缺陷跟踪系统，追踪患有出生缺陷的婴儿，并根据收集到的数据进行个性化的转诊和帮扶活动。

出生缺陷婴儿的跟踪方式是多样的，具体方式如下：一是工作人员主动发现病例。该种方式是工作人员通过不断审查来自医疗保健机构的医疗记录，找出在这些机构中被诊断为或者正在接受护理的有出生缺陷的儿童。对于这些在审查中发现的出生缺陷病例，除了婴儿的信息外，也会收集母亲的信息。这种方式相对耗费时间和资源，但能够识别出更多有出生缺陷的儿童，且信息记录完整。二是接收出生缺陷病例报告。依靠协议从医院或其他医疗保健机构接收有关出生缺陷的病例报告，之后对这些报告中的信息进行审查和验证。三是被动案例发现。工作人员虽然收到从医院和其他医疗保健机构递交的出生缺陷病例报告，但仍无法确认各个患儿出生缺陷的详细诊断信息。不同州使用的方法不同,具体执行取决于该州的立法政策、计划资金、员工能力和社区投入等要素。

基于州的出生缺陷跟踪计划还可以为出生缺陷儿童及其家庭提供重要支持。有出生缺陷的婴儿通常需要特殊的护理和干预,才能生长得更长久、更健康。基于州的出生缺陷跟踪系统除了能够尽早识别到患病儿童外,还可以根据患儿需要为其匹配合适的干预计划及机构,进行早期干预。

(3)国家出生缺陷预防网络

1977年,美国国家出生缺陷预防网络(NBDPN)成立,该组织由公共卫生负责人员、流行病学专家、学者、患儿家长和社会其他成员组成。该组织内的会员共同致力于了解造成出生缺陷的可能因素,制定降低出生缺陷患病率的策略,努力通过早期干预来预防潜在的继发性残疾,并满足受出生缺陷影响的儿童和家庭的需求。该组织旨在建立一个以州和人口为基础的出生缺陷监测和研究的国家网络。该组织的职能如下:一是通过收集、分析和发布以州和人群为基础的出生缺陷监测数据,提高出生缺陷监测数据的质量,提升对降低出生缺陷患病率和有关信息的获取和应用;二是通过制定统一的数据收集方法,促进出生缺陷监测及预防机构之间的科学合作;三是鼓励在卫生服务规划决策中使用出生缺陷数据,开展出生缺陷监测和研究,以评估出生缺陷对儿童、家庭和卫生保健系统的影响;四是筛选可用初级预防策略制定的有效信息;五是协助家庭预防继发性残疾;六是确定与出生缺陷有关的危险因素,提升出生缺陷监测相关信息的应用率、实现医疗资源的合理分配。

2. 出生缺陷的研究

(1)美国出生缺陷研究与预防中心

美国出生缺陷研究与预防中心(CBDRP)是由美国疾病控制与预防中心(CDC)资助的出生缺陷研究机构,目的是确定并识别出生缺陷的危险因素。多年来,该中心已在美国十个州建立研究分中心(见表5.1),各分中心有自己特有的专注于某一项出生缺陷的研究项目。各个分中心之间信息共享,致力于发现引起出生缺陷的危险因素,并及时提出针对性的干预措施对出生缺陷加以预防。

(2)美国出生缺陷研究计划

各州的出生缺陷研究与预防中心合作开展两项大型研究:分别是在1997—2011年进行的全国出生缺陷预防研究(NBDPS)和2014年进行的评估妊娠暴露的出生缺陷研究(BD-STEPS),这两项研究有助于确定出生缺陷的潜在危险因素。

127

表 5.1　美国各分中心出生缺陷研究项目

| 州 | 出生缺陷研究 |
|---|---|
| 阿肯色州（Arkansas） | 婴儿先天性心脏缺陷的遗传风险因素 |
| 佐治亚州（Georgia） | 怀孕期间使用的药物对出生缺陷的风险 |
| 艾奥瓦州（Iowa） | 唇裂和腭裂的原因；农药与出生缺陷的关系 |
| 马萨诸塞州（Massachusetts） | 怀孕期间由于母亲的药物服用对出生缺陷造成的影响 |
| 纽约州（New York） | 怀孕期间所患慢性疾病与出生缺陷之间的关系 |
| 北卡罗来纳州（The North Carolina） | 遗传因素和其他因素（如营养、药物和污染）之间的相互作用如何对出生缺陷造成影响 |
| 得克萨斯州（Texas） | 西班牙裔女性的出生缺陷类型 |
| 犹他州（Utah） | 怀孕期间母体感染的风险 |

## 专栏 5.1　美国出生缺陷研究

### 一、全国出生缺陷预防研究

全国出生缺陷预防研究（NBDPS）是美国最大的研究项目之一。重点关注美国在 1997—2011 年出生的婴儿，通过访谈和问卷等形式收集大约 30 000 名有出生缺陷的婴儿和 10 000 名没有出生缺陷的婴儿的母亲信息并进行分析。结果表明，肥胖的母亲生出患有出生缺陷的婴儿的风险明显高于其他非肥胖型母亲；在怀孕期间吸烟的女性生出患有唇裂、腭裂或同时患有这两种疾病的婴儿的风险更高，上述研究提高了社会对女性在备孕和怀孕期间采取健康生活方式的重视程度。

### 二、评估妊娠暴露的出生缺陷研究

评估妊娠暴露的出生缺陷研究（BD-STEPS）是美国出生缺陷研究与预防中心的第二步计划，目的是跟进全国出生缺陷预防研究的调查结果，并进一步研究导致出生缺陷的原因及其预防措施。该研究于 2014 年开始收集数据，已经有六个研究中心开始此项研究，包括阿肯色州、加利福尼亚州、艾奥瓦州、马萨诸塞州、纽约州和北卡罗来纳州。该研究收集患有 17 种主要出生缺陷中的一种或多种的婴儿的信息，并同时通过以访谈形式采访患有先天缺陷的和没有先天缺陷的婴儿母亲，来识别可能影响出生缺陷患病率的危险因素。

### 3. 出生缺陷的预防

基于世界卫生组织提出的出生缺陷三级预防策略,美国根据国内对于出生缺陷数据的监测和研究,针对孕妇和新生儿建立了孕前保健、产前筛查和新生儿筛查的三级预防体系,更好地预防本国出生缺陷的发生。[①]

(1) 一级预防:孕前保健

并非所有的出生缺陷都可以预防,但是女性可以通过在怀孕前管理健康状况和采取健康的行为来提升健康婴儿的生育率,具体内容如下。

第一,叶酸补充计划。研究表明如果女性在怀孕前和怀孕期间至少一个月体内有足够的叶酸补充,则可以帮助其预防胎儿发育中有关大脑和脊柱方面的重大出生缺陷(如无脑畸形和脊柱裂)。1992 年,美国公共卫生署建议所有能够怀孕的育龄妇女每天摄入 400 微克叶酸,以防止神经管缺陷。到 1998 年,叶酸被添加到所有强化谷物产品中,如面包和意大利面,以及一些早餐谷物,这个过程被称为叶酸强化计划,在不改变饮食习惯的情况下有效地增加了女性叶酸的摄入量。长期以来,由于该计划的实施,美国新生儿的神经管缺陷患病率降低了 35%。

第二,避免有害物质。研究表明大部分出生缺陷与母亲在怀孕期间饮酒和吸烟有关。因此,美国通过在各地进行广泛的宣传,鼓励孕妇远离酒精、烟草和有害物质等措施降低胎儿出生缺陷的患病率。同时,还建议孕妇尽量避免在怀孕期间造成各种感染,如不慎染病,应按照医嘱及时用药。[②]

第三,选择健康的生活方式。如果女性在怀孕期间不能较好地控制糖尿病则会提高出生缺陷和其他疾病的患病风险,甚至可能给女性带来严重的并发症。另外,怀孕前肥胖(体重指数为 30 或更高)的女性在怀孕期间出现并发症的风险更高。因此,美国在出生缺陷防治的相关建议中倡议女性在孕前或孕中选择健康的生活方式,保持身体健康。

第四,多和医生沟通。对于孕妇服用的许多药物,安全性一直难以确定,如果女性计划怀孕或者已经怀孕,应多和自己的主治医生沟通,确定怀孕期间能否停止服用或开始服用某些药物。此外,在正确的时间进行疫苗接种可以有效防止女性

---

[①] Kerr S. M., Parker S. E., Mitchell A. A., Tinker S. C., "Werler MM. Periconceptional maternal fever, folic acid intake, and the risk for neural tube defects", *Annals of epidemiology*, 2017; 27 (12):777—782, e771.

[②] Yang G., Deng X., Xiao J., et al., "Maternal fever during preconception and conception is associated with congenital heart diseases in offspring", *Medicine*(*Baltimore*), 2021 Mar.5; 100(9): e24899.

感染某些病毒,有助于保持母婴的良好健康状态,因此在医生的指导下及时接种疫苗是非常有必要的。

(2)二级预防:产前筛查

孕期筛查可检查胎儿是否存在出生缺陷等问题,产前筛查可划分为孕早期和孕中期两个阶段。孕早期的筛查是在妊娠第 11 周和第 13 周之间完成的检查,通过母体血液检查和超声波检查来寻找与胎儿心脏或染色体疾病相关的某些出生缺陷,例如唐氏综合征。孕中期筛查是在妊娠第 15 周和第 20 周之间进行的筛查。孕中期筛查包括母体血清筛查和对婴儿进行全面的超声评估,以寻找是否存在结构异常(也称为异常超声)。

如果筛查结果异常,医生通常会提供进一步的诊断测试,进一步确定婴儿是否存在出生缺陷或其他可能的疾病。另外,这些筛查和诊断也提供给高危妊娠妇女,包括 35 岁或以上的女性、受到先天缺陷影响的女性、患有红斑狼疮、高血压、糖尿病或癫痫等慢性病的女性,或者经常使用某些药物的女性。

(3)三级预防:新生儿筛查

某些出生缺陷可能无法用简单的检测方式诊断,因此在婴儿出生后,对其做新生儿筛查是非常必要的。美国的新生儿筛查开始于 20 世纪 60 年代初,主要是运用生化检测方法对所取血样进行包括苯丙酮尿症、先天性甲状腺功能低下、半乳糖血症、枫汁尿症等 8 种疾病的筛查。进入 90 年代,美国引入更加高效、可靠的串联质谱技术,使得新生儿疾病筛查的范围扩大到 30 多种。目前,在全美每年筛查的 400 万名新生儿中,约有 3 000 例新生儿被查出患有遗传性疾病。美国各州对新生儿筛查的要求各不相同,有些州只做上述 8 种常规性疾病的筛查,有些州则要求做 35 种以上的新生儿疾病筛查。[1]如果筛查出有出生缺陷的新生儿,美国的出生缺陷跟踪系统会将其信息记录,并及时转移给专业的照护机构进行早期干预,防止病情恶化。

---

## 专栏 5.2　美国国家出生缺陷和发育障碍中心(NCBDDD)

美国出生缺陷和发育性残疾研究中心(National Center on Birth Defects and Developmental Disabilities, NCBDDD)是一个致力于研究、监测和预防出生缺陷

---

[1] 张会婷、杨艳玲:《新生儿筛查是防控出生缺陷的防火墙》,《中华全科医师杂志》2023 年第 5 期,第 456—462 页。

和发育性残疾的机构,以期促进美国最脆弱人群的健康和福祉。

## 一、NCBDDD 的使命和职责

1. 研究和监测。中心的主要任务之一是进行出生缺陷和发育性残疾的研究和监测。这包括跟踪不同类型的出生缺陷、发育性残疾的发生率、趋势和危险因素。

2. 预防和教育。中心通过教育和宣传活动,向医疗保健专业人员、公众、家庭和政策制定者传递有关出生缺陷和发育性残疾的信息,通过向其提供预防和保健建议,减少出生缺陷风险。

3. 支持和服务。中心通过资金支持和合作伙伴关系,提供支持和服务,帮助家庭和个体应对出生缺陷和发育性残疾的挑战,包括提供相应的医疗资源、咨询和指导等,以改善其生活质量。

## 二、NCBDDD 重点涉及领域

1. 出生缺陷研究。中心关注多种出生缺陷类型,包括心脏缺陷、唇腭裂、神经管缺陷等,研究导致其发生的危险因素、预防策略和治疗方法。

2. 发育性残疾研究。中心研究各种发育性残疾,如自闭症、注意力缺陷多动障碍(ADHD)和学习障碍,研究旨在改善早期干预和治疗措施。

3. 预防血液疾病的并发症。中心致力于通过更好地了解血液疾病及其并发症来帮助血液疾病患者,帮助消费者和医疗保健提供者获得他们需要的信息,并鼓励采取行动,改善患有这些疾病或受其影响的人的生活质量。

4. 生活质量改善。中心提供资源和支持,帮助家庭应对出生缺陷和发育性残疾,以提高患儿的生活质量。

资料来源:根据 NCBDD 官方网站简介整理得,https://www.cdc.gov/ncbddd/index.html。


## (三) 美国出生缺陷防治的成效

1. 婴儿死亡率的下降

美国在出生缺陷防治方面取得良好效果,一方面是美国婴儿死亡率的不断下降。(见图 5.1)美国婴儿死亡率自 1995 年(首次有出生/婴儿死亡相关档案的年份)以来总体呈下降趋势,每千名婴儿死亡数从 1995 年的 7.57,下降至 2020 年的 5.42,降幅超过 33%。2020 年婴儿死亡率是美国历史上报告的最低死亡率,比 2019 年每千名婴儿死亡数量5.58例下降3％,但此后在2022年略有上升。从新生儿死亡率来看,2020年新生儿死亡率(28天以下婴儿死亡)从2019年的3.69‰下降到3.56‰,降幅约13％,自1995年(新生儿死亡率最高的年份)以来下降1.39‰。从新生儿后期死亡率来看,新生儿后期死亡率自1995年以来也普遍下降,2020年新生儿后期死亡率(28天或以上的婴儿死亡率)为1.86,与2019年(1.89)基本持平,但相比于1995年(新生儿后期死亡率最高的年份)以来下降了0.79‰。

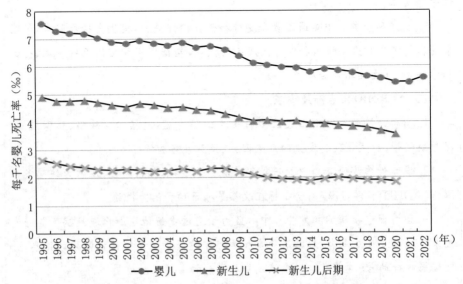

**图5.1 美国1995—2022年婴儿、新生儿和新生儿后期死亡率**

资料来源:根据美国2022年《美国婴儿死亡率报告》(Infant Mortality in the United States)整理。

另一方面,由出生缺陷导致的婴儿死亡率也呈下降趋势。在美国婴儿死亡的各类原因中,出生缺陷导致的婴儿死亡占20％。自20世纪70年代以来,出生缺陷导致的婴儿死亡率普遍下降。根据表5.2中2003年、2017年美国出生/婴儿死亡数据来看,总体而言,在2003—2017年期间,由于出生缺陷导致的婴儿死亡率下降了10％,下降幅度和孕产妇以及婴儿的特征有关。

但不同种族、不同分娩年龄之间出生缺陷致死率变化有较大的差异。2003—2017年,西班牙裔母亲的婴儿因出生缺陷导致的死亡率下降4％,非西班牙裔黑人母亲的婴儿死亡率下降11％,非西班牙裔白人母亲的婴儿死亡率下降12％。2017

年,黑人母亲的婴儿出生缺陷死亡率最高,白人母亲的婴儿死亡率最低。从母亲分娩年龄看,20 岁以下分娩的母亲的婴儿死亡率保持稳定,但 20 岁至 34 岁分娩的婴儿死亡率下降 12%(从 11.5 降至 10.1),分娩年龄在 34 岁以上的婴儿死亡率下降 6%(从 15.5 降至 14.5)。从婴儿的角度来看,由出生缺陷导致的婴儿死亡率在性别、胎龄和年龄之间存在明显的异质性。从性别看,男婴的出生缺陷致死率下降 14%(从 12.8 降至 11.0),而女婴的出生缺陷死亡率仅下降 6%(从 11.7 降至 11.0)。从不同时期婴儿的死亡率来看,2003—2017 年,极度早产(20—27 个完整妊娠周)、足月(39—40 周)和足月后期(41—44 周)婴儿的出生缺陷致死率下降 20% 至 29%。除此之外,不同婴儿年龄类别(新生儿或新生儿后期)的出生缺陷死亡率趋势变化也有差别,新生儿(<28 天)的出生缺陷死亡率下降 7%(从 8.5 降至 7.9),而新生儿后期(28—364 天)的出生缺陷死亡率下降 18%(从 3.8 降至 3.1)。这些数据从直观上展现美国近些年来出生缺陷的防治成效。

表 5.2　美国 2003 年和 2017 年整体及按不同特征划分的出生缺陷致死率

| 指标 | 每万名婴儿的死亡率×10 000 | |
| --- | --- | --- |
| 年份 | 2003 年<br>出生缺陷婴儿数量＝4 897;<br>婴儿出生数量＝3 998 383 | 2017 年<br>出生缺陷婴儿数量＝4 186;<br>婴儿出生数量＝3 809 747 |
| 由出生缺陷导致的死亡 | 12.2 | 11.0 |
| 母亲的种族 | | |
| 白人,非西班牙裔 | 11.3 | 9.9 |
| 黑人,非西班牙裔 | 14.9 | 13.3 |
| 西班牙裔 | 13.0 | 12.5 |
| 产妇分娩年龄(岁) | | |
| <20 | 13.3 | 12.9 |
| 20—34 | 11.5 | 10.1 |
| >34 | 15.5 | 14.5 |
| 婴儿的性别 | | |
| 男 | 12.8 | 11.0 |
| 女 | 11.7 | 11.0 |

| 指标 | 每万名婴儿的死亡率×10 000 | |
|---|---|---|
| 年份 | 2003 年<br>出生缺陷婴儿数量＝4 897；<br>婴儿出生数量＝3 998 383 | 2017 年<br>出生缺陷婴儿数量＝4 186；<br>婴儿出生数量＝3 809 747 |
| 胎龄(周) | | |
| 20—27 | 198.5 | 158.8 |
| 28—31 | 110.0 | 104.0 |
| 32—33 | 58.2 | 67.9 |
| 34—36 | 25.4 | 29.6 |
| 37—38 | 10.5 | 10.5 |
| 39—40 | 5.9 | 4.2 |
| 41—44 | 7.1 | 5.3 |
| 死亡时的婴儿年龄类别 | | |
| 新生儿(<28 天) | 8.5 | 7.9 |
| 新生儿后期(28—364 天) | 3.8 | 3.1 |

资料来源：根据美国 2013—2017 年《发病率及死亡率周报》(Morbidity and mortality weekly report)整理。

### 2. 发现改善出生缺陷的关键因素

美国对于出生缺陷的监测和重视促成 20 世纪 80 年代和 90 年代初的研究成果，研究者发现了对于某些类型的出生缺陷经过早期的干预和保健是可以进行预防的，如在怀孕前至少一个月和怀孕早期摄入足够的叶酸可降低生下患有严重大脑和脊柱出生缺陷(神经管缺陷)的婴儿的风险。出于这个原因，建议所有在育龄期的女性每天摄入 400 微克的叶酸。同时，不健康的生活方式会增加婴儿出生缺陷风险。怀孕期间饮酒会导致婴儿出生时患有胎儿酒精谱系障碍；在怀孕前一个月和整个怀孕期间吸烟也会增加早产、某些出生缺陷(如唇裂、腭裂或两者兼而有之)和婴儿死亡的概率。因此，研究者提出最好在怀孕前戒烟，且对于已经怀孕的女性来说，戒烟仍然有助于防止母亲和婴儿出现一些健康问题。

另外，怀孕时肥胖的女性生下患有严重大脑和脊柱出生缺陷(神经管缺陷)、某些心脏缺陷和其他出生缺陷的婴儿的风险也会更高；怀孕期间糖尿病控制不佳会增加出生缺陷的机会,并可能导致严重的妊娠并发症;怀孕期间服用某些药物会导致严重的出生缺陷,但孕妇服用的许多药物的安全性一直难以确定,如果怀孕或计划怀孕,应在医生的指导下停止服用所需的药物或开始服用新药。这些研究从科学的角度论证了相关措施对出生缺陷预防的效果,美国政府也已将相关措施纳入国家出生监测防治网络,更好地预防出生缺陷的发生。

## 二、英国出生缺陷防治体系

### (一) 英国出生缺陷的基本情况

在 20 世纪初,英国公共卫生专家乔治·纽曼(George Newman,1906)发现,从 1851—1900 年英格兰地区和威尔士地区[1]的人口死亡率从 22.5‰降至 18.2‰,而两地 1 岁以下婴儿的平均死亡率却始终徘徊在 154‰左右。[2]具体到城市来看,位于英格兰地区的伯明翰、利物浦、曼彻斯特等工业城市的婴儿死亡率甚至高达 220‰,远高于本地平均人口死亡率和平均婴儿死亡率。[3]关于婴儿死亡的原因,G. F.梅克利里(G. F. McCleary)通过研究发现,1899 年发生的婴儿死亡事件中,41.7‰的婴儿死亡的成因是流行性腹泻,而到 1900 年 154‰的婴儿死亡事件中,有高达 19.9‰的婴儿死亡成因是早产导致的身体虚弱。[4]为控制婴儿死亡率,改善婴儿及其母亲生存和生活条件,英国政府在 19 世纪初期的 20 年里,通过制定《出生登记法》《助产士法》《妇幼福利法》等法律,开展健康访问活动,为母亲和婴幼儿提供护理和保健服务,进而提高国家人口素质。随着 1948 年英国《国家卫生服务法》的颁布和全民医疗服务制度(National Health System,NHS)的建立,英国婴儿死亡率有了大幅下降,到 1960 年英国婴儿死亡率已降至 16‰。[5]

经历婴儿死亡率大幅下降阶段后,出生缺陷往往成为发达国家婴儿死亡的首要原因。在英国,出生缺陷十分常见,每年会有数千名新生儿患有出生缺陷。据估

---

[1] 英国(United Kingdom,UK),又称大不列颠及北爱尔兰联合王国,划分为英格兰、威尔士、苏格兰和北爱尔兰四个部分,首都为伦敦。

[2] George Newman, *Infant mortality: a social problem*, Methuen, 1906.

[3] Wohl A. S., *Endangered lives: public health in Victorian Britain*, JM Dent and Sons Ltd., 1983.

[4] McCleary G. F., "The early history of the infant welfare movement"(No Title), 1933.

[5] 数据源于世界卫生组织数据专栏:新生儿死亡率(每 1 000 名活产婴儿),https://data.who.int/zh/indicators/i/A4C49D3。

计,每16名新生儿中就有1名存在某种出生缺陷疾病,该统计数据将全部出生缺陷类型纳入测量,而不仅是某些严重的出生缺陷类型。①这里根据欧洲先天异常和双生子登记系统(European Surveillance of Congenital Anomalies and Twins, EURO-CAT)报告的数据,绘制出2010—2021年英国多地区②汇总后每万个新生命③中患有出生缺陷的情况。2010—2021年,上述地区每万个新生命中患出生缺陷的总病例数不断波动,整体呈现下降趋势(见图5.2)。2021年上述地区每万个新生命中就有244.5个生命患有出生缺陷,其中患有出生缺陷的活产儿(Live Birth)和死产儿④(Stillbirth)共计195名,因出生缺陷而终止妊娠的(Termination of Pregnancy for Fetal Anomalies prevalence, ToPFA)死胎有49.5名。

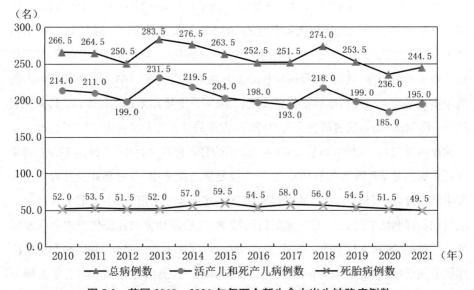

图5.2　英国2010—2021年每万个新生命中出生缺陷病例数

资料来源:EUROCAT发布的流行率图表:2010—2021年;图中所标的数量为每万名新生儿(Live Births和Stillbirths)中患有出生缺陷的数量。

---

① 参见伦敦健康官网"出生缺陷"专题,https://www.londonhealth.co.uk/childrens-health/newborn-health/birth-defects/。
② 涉及英国下列地区:东米德兰兹和南约克郡、北英格兰、西南英格兰、泰晤士河谷、威尔士、威瑟斯、西米德兰兹、约克郡和亨伯、苏格兰。
③ 新生命(Birth)包括死胎、死产和新生儿。
④ 活产儿(Live birth)是指在出生时有生命迹象的婴儿;死产儿(Stillbirth)是指妊娠满28周及以上或出生体重达1 000克及以上的胎儿在分娩过程中死亡的。

2016—2021 年,在英国死产儿(Stillbirth)和新生儿死亡①(Neonatal death)情况中,出生缺陷在死亡原因中占较大比率,是死产儿死亡和新生儿死亡的重要原因。其中,有大约十分之一的死产儿是由出生缺陷导致的,且该比例在近年来保持稳定,2021 年该比率为 9.3%,每千个新生命中有 0.33 个死产儿因出生缺陷导致死亡。②由出生缺陷导致死亡的新生儿约占全部死亡新生儿的三分之一,该比例在 2021 年为 32.6%,在 2021 年由先天性异常导致的新生儿死亡率在每千例活产儿中有 0.54 例,比 2020 年的 0.50 例略有上升,但仍低于 2016 年至 2019 年之间的比率。③

此外,通过考察英格兰和威尔士 2010—2021 年死产儿和新生儿的相关数据可知(见图 5.3),由出生缺陷引起的死产儿、新生儿死亡的比率大体呈现逐渐上升的趋势,截至 2021 年,出生缺陷导致的死产比率为 24.68%,导致的新生儿死亡比率为 33%,是新生儿死亡的重要原因。另外,出生缺陷同样也是 28 天至一年内的婴儿和 1 岁到 15 岁的儿童死亡的主要原因,2021 年英格兰和威尔士共有 1 460 名婴儿和儿童死亡,其中就有 247 名婴儿和儿童死亡是由先天性畸形、变形和染色体异常导致的,该因素在死亡原因中占比最高。④

目前,英国较为常见的出生缺陷疾病类型有唇腭裂(Cleft Lip and Palate)、侏儒症(Restricted Growth)和胎儿酒精综合征(Foetal Alcohol Syndrome)。其中,唇腭裂是英国最常见的出生缺陷,大约每 700 个新生儿中就有 1 个患有唇腭裂;侏儒症分为两种类型,不成比例性侏儒症和成比例性侏儒症,不成比例性侏儒症是一种先天缺陷,会导致人的生长不成比例,据估计,英国约有 30 万人患有侏儒症;胎儿酒精综合征在英国也较为常见,往往是由其母亲在怀孕期间饮酒而导致的,每年约有 6 000 名婴儿出生患有胎儿酒精综合征。⑤

---

① 新生儿(Neonatal death)是指出生 28 天及以下的婴儿。

② 数据源于英国 MBRRACE 机构(Mothers and Babies: Reducing Risk through Audits and Confidential Enquiries across the UK)发布的《MBRACE-UK:2020 年出生围产期死亡率监测报告》。

③ 数据源于英国母婴:通过审计及保密调查降低风险机构(MBRRACE, Mothers and Babies: Reducing Risk through Audits and Confidential Enquiries across the UK)发布的《MBRACE-UK:2021 年出生围产期死亡率监测报告》。

④ 数据源于英国国家统计局(Office for National Statistic)发布的《2021 年英格兰和威尔士的儿童和婴儿死亡率》报告(Child and Infant Mortality in England and Wales: 2021)。

⑤ 参见伦敦健康官网"出生缺陷"专栏:https://www.londonhealth.co.uk/childrens-health/newborn-health/birth-defects/。

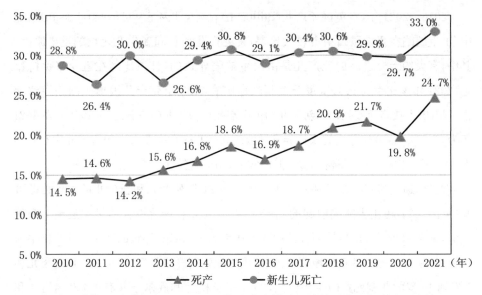

**图 5.3 英格兰和威尔士 2010—2021 年由出生缺陷导致的死产和新生儿死亡情况**

资料来源:英国国家统计局(Office for National Statistics)发布的 2010—2021 年历年《英格兰和威尔士的儿童和婴儿死亡率》报告(Child and Infant Mortality in England and Wales)。

### (二)英国出生缺陷的防治体系

出生缺陷对人类健康和出生人口素质都造成严重影响。世界卫生组织在 1999 年提出出生缺陷的三级预防策略[①],以应对世界各国出生缺陷的发生率普遍上升的问题。英国作为发达的工业化国家,具备较为完善的出生缺陷防治体系和妇幼保健服务体系。英国妇幼保健体系是由社区医疗保健服务中心与医院组成,社区服务中心由全科医生(General Practitioner,GP)、社区儿科医生、助产士、执业护士等人员组成,社区服务中心负责社区范围内人群的健康保健与医疗服务等工作。该系统覆盖全部人群,免费为英国妇女儿童提供良好的保健服务。尽管英国并没有明确提及三级预防体系的概念,但是其预防出生缺陷的措施和妇幼保健服务体系均能较好地匹配三级预防体系中每一级的预防措施。

1. 一级预防

一级预防能够预防和减少出生缺陷的发生,在三级预防体系中具有最高的成

---

① World Health Organization, Primary health care approaches for prevention an control of congenital and genetic disorders-report of a WHO meeting, 2001.

本收益。①它主要通过识别和控制导致出生缺陷的各种风险因素来降低出生缺陷的发生率。在怀孕初期,父母身体越健康,其婴儿的身体通常也会越健康。为了对出生缺陷进行有效预防,英国为一些妇女和准父母提供专业的孕前咨询、孕前监测,通过这些方式来确保婴儿及孕妇的身体健康,具体方式如下:一是处于疾病治疗时期的妇女按照医嘱在怀孕前改变药物,以防止服用的药物伤害到胎儿;二是患有心脏病、栓塞病史、癫痫、糖尿病等疾病的妇女需要医生的合理、科学建议,确保她们能够得到相关治疗,以便在受孕前和怀孕期间管理自己的身体健康;三是对于有遗传性疾病家族史的准父母、备孕夫妻,以及担心家族性疾病或残疾的夫妻,卫生方面也建议这些群体在备孕过程中接受一些孕前咨询和孕前检查。

妇女吸烟饮酒和滥用药物增加腹中胎儿发育不良的风险。据估计,英国有大约三分之一的围产期胎儿或新生儿死亡是由吸烟引起的。在英国卫生部发放的《生育手册》和英国国家卫生服务中心(National Health Service,NHS)官方网站中,都着重告知孕妇在怀孕前及时接种孕前风疹疫苗,在怀孕期减少酒精摄入、保持无烟环境、不使用娱乐性药物,以及去看专业医疗保健人员、按时检查并增加叶酸摄入等。通过确保孕妇在怀孕过程中接收到足够的营养、接受疫苗接种,以及避免暴露于有害物质等方式来确保孕妇在怀孕前就已经处于最佳健康状态,这作为一级预防措施将有效地控制出生缺陷,不仅能减少胎儿出生缺陷疾病的发生,同时也会尽可能保证孕妇的健康。

2. 二级预防

英国出生缺陷的二级预防旨在通过开展产前检测、超声监测和早期干预,对胎儿和新生儿出生缺陷进行早期识别、治疗和管理。具体措施如下:多学科团队会参与到孕妇的怀孕过程中,向孕妇提供分娩的最佳时间、地点和方式,对出生缺陷进行早期干预和治疗;通过对孕妇疾病史的了解和对婴儿身体健康状况的检测,获得关于婴儿出生缺陷复发的风险情况,从而提供减少复发风险的方法,以上措施都属于二级预防的有效手段。

不同出生缺陷疾病类型可治疗程度和危害性不同,有的出生缺陷疾病危害不大,比较容易干预和治疗,但有的出生缺陷疾病危害较大,甚至影响终身。为了保

---

① 王博识、张立明:《出生缺陷一级预防工作模式的实践与思考》,《中国计划生育学杂志》2010年第6期,第324—325、379页。

证婴儿的顺利出生以及健康成长,针对出生缺陷情况,英国开展出生缺陷测试(Test for Birth Defect)对围产儿的健康情况进行检测和预防。一些出生缺陷在婴儿出生后才能识别,但有些可以在怀孕期间通过超声波测试、血液测试等方法来进行检测。英国所有的孕妇都被邀请进行筛查测试,以检测某些类型出生缺陷的早期迹象,这些测试不是强制性的,孕妇可根据自身需求进行选择,测试项目和内容见表5.3。

表5.3　英国为孕妇提供的胎儿出生缺陷测试项目和内容

| 测试项目 | 具 体 内 容 |
|---|---|
| 超声波(Ultrasound) | 大多数准妈妈都会在12周和18—20周左右接受超声波扫描;12周扫描通常用于预测宝宝的出生日期,而18—20周扫描则用于检查宝宝的发育情况和健康状况。20周的扫描被称为异常扫描,因为它可以检查胎儿发育是否异常;医生可以通过扫描检查主要器官的功能和结构以及四肢的生长情况。异常扫描可以检测出某些异常情况,但无法检测出某些问题;例如,超声波扫描通常无法发现某些心脏缺陷。 |
| 绒毛取样(Chorionic Villus Sampling, CVS) | CVS取样通常在13周左右进行;包括检测胎盘样本,方法是将针穿过腹壁或使用插入子宫颈的小管。 |
| 羊膜穿刺(Amniocentesis) | 这项检查通常在15周左右进行;需要采集胎儿周围的羊水样本。这项检查可用于检测染色体异常,染色体异常可能导致唐氏综合征等疾病。 |
| 过皮脐血采样(Percutaneous Umbilical Blood Sampling) | 如果超声波扫描发现可能存在异常,通常会使用这种检查,医生可以通过这种检查对染色体进行分析。 |

资料来源:根据英国伦敦健康(London Health)官方网站"出生缺陷"(Birth Defect)专栏内容整理。

除此之外,英国国家卫生服务中心(NHS)还制定了胎儿异常筛查计划(Fetal anomaly screening programme,FASP)、孕妇妊娠期传染病筛查(Infectious diseases in pregnancy screening,IDPS)以及镰状细胞和地中海贫血症筛查(Screening for Sickle Cell and Thalassaemia)。

其中,胎儿异常筛查计划用来帮助孕妇检测胎儿是否患有出生缺陷。该计划要求所有符合条件的孕妇都能平等地获得内容相同并且质量有保证的筛查,并且能够通过助产士等相关服务人员获得高质量信息,包括此项筛查的内容、时间和方式等一切必要的信息,以便孕妇能够就以上信息和个人意愿做出选择。该计划能够评估婴儿在出生时患有唐氏综合征(21三体,T21)、爱德华兹综合征(18三体,

T18)、帕托综合征(13 三体,T13)以及一些其他出生缺陷的可能性。该计划主要包含联合测试、四重血液筛查测试和 20 周筛查扫描三项筛查(见表 5.4)。其中,联合测试用来评估孕妇生 T21、T18 或 T13 婴儿的可能性,若女性无法进行联合测试,医护人员将为其提供四重血液筛查测试,但该测试只能评估婴儿患有 T21 的概率,T18 和 T13 则无法检测。另外,该计划适用于妊娠 20 周的孕妇,用来扫描筛查胎儿患有 11 种出生缺陷疾病的可能,具体筛查内容包括脑畸形、先天性心脏病、骨骼发育不良等。图 5.4 展示了妊娠 $18^{+0}$ 周至 $20^{+6}$ 周①之间的孕妇进行 20 周筛查扫描的胎儿异常筛查计划路径。

表 5.4　英国胎儿异常筛查计划(FASP)筛查项目

| 筛查项目 | 筛查时间 | 筛查手段 | 筛查内容 |
|---|---|---|---|
| 联合测试 | 妊娠 10—14 周 | 超声波扫描、采集血液样本 | 唐氏综合征<br>爱德华兹综合征<br>帕托综合征 |
| 四重血液筛查测试 | 妊娠 14—20 周 | 采集血液样本 | 唐氏综合征 |
| 20 周筛查扫描 | 妊娠 18—20 周 | 超声波扫描 | 脑畸形、脊柱裂唇裂、先天性膈肌疝、胃裂、外指骨、先天性心脏病、双侧肾缺如、严重的骨骼发育不良、爱德华兹综合征、帕托综合征 |

资料来源:根据英国国家卫生服务中心(National Health Service,NHS)官方网站"怀孕护理"专栏内容整理。

　　为了及早发现和治疗孕期感染,降低母婴传播感染风险,英国国家卫生服务中心建议孕妇并为其提供妊娠期传染病筛查测试(IDPS)。妊娠期传染病筛查项目包含艾滋病感染、乙型肝炎和梅毒,并为确诊的孕妇提供相应治疗信息和手段。当地政府还呼吁孕妇应在怀孕期间尽早进行血液测试,以确保能够及时转诊和接受治疗,尽量避免母婴传播引发的出生缺陷。

　　英国国家卫生服务中心(NHS)还为所有孕妇都提供了镰状细胞病和地中海贫血症检测,并呼吁孕妇在 10 周内尽早检测。该疾病属于遗传性血液疾病,可通过血液进行传播,若母亲是该疾病基因携带者,则很有可能通过母婴传播将镰状细胞病或地中海贫血症遗传给胎儿,同时父亲也需进行相应筛查,防止通过其他途径传

---

① 　$18^{+0}$ 周是指妊娠 18 周+0 天,$20^{+6}$ 周是指妊娠 20 周+6 天。

播。通过这项筛查，可以确定孕妇是否携带地中海贫血基因，确诊后及时接受治疗不仅能保卫母体健康，也有助于预防婴儿患有严重疾病和出生缺陷。

此外，英国妇幼保健体系在预防出生缺陷的基础上，更加关心孕妇的个性化护理和心理健康，孕妇可在社区或医院获得持续的助产士服务，可随时联系助产士和全科医生解决妊娠方面的问题。初次怀孕和再次怀孕的孕妇在怀孕期间的精神都较为敏感脆弱，助产士的共情服务为她们提供一定的精神慰藉，保持孕妇怀孕期间的情绪稳定和心情舒畅。上述方式还能在孕妇与专业卫生人员之间建立信任关系，使孕妇做出更加明智的决定，例如按照助产士的建议合理饮食，减少肥胖、烟酒等对母体和胎儿的影响。

3. 三级预防

在英国，婴儿出生后 24 小时内会有健康专业人士主动为新生儿注射维生素 K，目的是预防罕见但危害严重的血液疾病。英国实施的三级预防措施是新生儿筛查，这个筛查一般会在新生儿出生后 6—8 周内进行，用来检测婴儿是否具有某些出生缺陷，早发现、早治疗也能对婴儿健康成长起到正向作用。新生儿筛查包括新生儿听力筛查（Newborn Hearing Screening Programme，NHSP）、新生儿血斑筛查（Newborn Blood Spot Screening，NBS）和新生儿身体检查（Newborn Physical Examination，NPE）（见表 5.5）。对于确诊患有出生缺陷的新生儿的父母，英国国家医疗服务系统会为需要帮助的父母安排专业的帮助和支持。一方面，医生和相关健康专家会为新生儿父母解读筛查测试结果、未来婴儿健康状况和出生缺陷治疗方案等；另一方面，对于那些面临较大经济负担的新生儿父母，一些专门性慈善机构会为这些父母提供额外帮助，如唐氏综合征协会、镰状细胞协会、英国地中海贫血协会、死产和新生儿死亡协会等。

据统计，英国每 1 000 名婴儿中就有 1—2 名婴儿在出生时出现单耳或双耳永久听力损失的情况，更严重的是，每 100 名在重症监护中度过超过 48 小时的婴儿中就有 1 个听力损伤的情况[①]，并且这些婴儿大多出生在听力正常的家庭中。永久性听力损失会显著影响婴儿发育，通过新生儿听力筛查（NHSP）能够尽早发现听力损伤情况，及时采取相应的治疗手段让这些婴儿有更好的机会来发展语言、听力和沟

---

① 数据源于英国国家卫生服务官网：https://www.nhs.uk/conditions/baby/newborn-screening/hearing-test/。

通技能。新生儿听力筛查一般会在出院前对新生儿进行相应的听力测试,若新生儿在出院前未接受此项测试,则会在出生后的 4 到 5 周内由医疗保健专业人员、医疗保健助理或健康访问者对新生儿进行测试,这项测试最晚在出生后的 3 个月内完成。

新生儿血斑筛查(NBS),也称为脚后跟穿刺测试,这项筛查一般在新生儿出生5 天内进行,是通过采集新生儿血液样本来了解新生儿是否患有 9 种罕见且严重的出生缺陷的一种方式。大多数婴儿不会患有这些疾病,但对于少数患有这些疾病的婴儿来说,这项检测能够通过及时的筛查、治疗,显著改善新生儿的身体健康状况,有效防止婴儿的严重残疾甚至是死亡。

新生儿身体检查(NPE)为出生 72 小时内的新生儿提供一次全面体检,并且在6—8 周后会再次提供体检,目的是及时筛查出先天性心脏病、髋关节发育不良、先天性白内障和睾丸异常,及早提供相应治疗。主要检查手段:一是询问婴儿的喂养情况、警觉性和一般健康状况;二是用特殊的手电筒观察婴儿的眼睛,检查他们眼睛的外观和活动情况;三是听婴儿心脏,检查婴儿心音;四是检查婴儿臀部;五是检查婴儿关节。

表 5.5 英国新生儿筛查项目具体情况

| 筛查项目 | 筛查时间 | 检查手段 | 检查内容 |
|---|---|---|---|
| 听力筛查 | 出生后不久,或4—5 周内,不超过 3 个月 | 自动耳声发射(AOAE)测试 | 听力损伤情况 |
| 血斑筛查 | 出生后 5 天内 | 采集新生儿的少量血液样本 | 镰状细胞症、囊性纤维化、先天性甲状腺功能减退症、遗传性代谢疾病(苯丙酮尿症、中链酰基-CoA脱氢酶缺乏症、枫糖尿症、异戊酸血症、戊二酸尿症 1 型、同型胱氨酸尿症)、严重联合免疫缺陷症 |
| 身体检查 | 出生后 72 小时内初次检查,6—8 周后二次检查 | 询问喂养情况、警觉性和一般健康状况;用特殊的手电筒观察婴儿的眼睛,检查眼睛外观和活动情况;听婴儿心脏,检查心音;检查婴儿臀部、关节 | 先天性心脏病、髋关节发育不良、先天性白内障、睾丸异常 |

资料来源:根据英国国家卫生服务中心(National Health Service, NHS)官方网站"新生儿检查"专栏内容整理。

此外,在英国妇幼保健制度中,产妇和婴儿会分别获得相应的产后护理和婴儿护理。英国近期调查显示,身体健康的母亲和婴儿在正常分娩后的平均住院时间已大大减少,有些妇女在分娩后几小时内就出院了。分娩回家后,母亲及其婴儿仍可通过社区助产士获得产科护理服务,通常包括产妇身心健康监测、婴儿喂养和婴儿健康监测。三级预防措施有助于尽早、及时发现出生缺陷并展开治疗,提高治愈率和康复率,降低出生缺陷对婴儿的不良影响。

---

## 专栏 5.3  欧洲先天异常和双生子登记系统(EUROCAT)

### 一、背景介绍

欧洲先天异常登记系统(European Surveillance of Congenital Anomalies),原名为欧洲先天异常和双生子登记系统(European Surveillance of Congenital Anomalies and Twins, EUROCAT)。该系统是欧洲基于人口建立的登记网络,用于对先天性异常进行流行病学监测。系统成立于 1979 年,目前在 21 个欧洲国家有 36 名正式成员和 6 名准成员,每年约调查 150 多万名新生儿,覆盖欧盟 25% 的新生儿。[1]

### 二、主要活动

该系统网络主要涉及三个领域:患病率、初级预防和产前筛查(Boyd P. A. et al., 2011)[2],主要活动集中于数据信息的建立和分析,具体包括:数据转化、编码和分类、患病率分析、数据质量分析、数据保护和获得等。该网络自 1980 年后,每年会发布出生缺陷报告并提供各个登记处的具体出生缺陷数据,涉及 80 种出生缺陷,同时包括死产儿病例数、活产儿病例数、产前诊断情况和出生缺陷发生率变化趋势等。[3]

---

① 参见 EUROCAT 官网 EUROCAT network 专栏:https://eu-rd-platform.jrc.ec.europa.eu/eurocat/eurocat-network/eurocat-network-overview_en。

② Boyd P. A., Haeusler M., Barisic I., et al., "Paper 1: the EUROCAT network—organization and processes", *Birth Defects Research Part A: Clinical and Molecular Teratology*, 2011, 91(S1): S2—S15.

③ 纪颖:《国际出生缺陷研究机构介绍》,《国际生殖健康/计划生育杂志》2011 年第 3 期,第 211—212 页。

该系统收集所有主要先天性结构异常(先天性畸形、变形、断裂和发育不良)、染色体异常、综合征和其他与结构异常相关的遗传性疾病数据,这些疾病通常在产前或产后出现。登记范围包括受影响的活产、胎龄在 20 周或以上的胎儿死亡,以及产前诊断后因胎儿异常而终止妊娠的情况。系统下属的登记处在确定新诊断病例的年龄方面存在差异,但大多数登记处都会登记一岁以内的诊断病例。①

## (三) 英国出生缺陷防治成效

近年来,随着出生缺陷防治措施的推进、妇幼保健体系的建立和科学技术的不断进步,英国孕妇的孕前照护和孕期支持体系更加完善,部分出生缺陷在产前检测时能够被及时发现并终止妊娠,英国出生缺陷的数量大大降低,出生缺陷防治措施取得一定成效。

2010—2021 年,英国多地区汇总后每万个新生命中出生缺陷总病例数整体呈现下降趋势,从 2010 年中每万个新生命中有 266.5 例出生缺陷到 2021 年每万个新生命中约有 244.5 例,出生缺陷总病例数的下降表明英国人口身体素质、健康程度在不断提高,出生缺陷防治措施也得到推进和落实。②需要注意的是,尽管出生缺陷总病例数在下降,但是图 5.3 显示,在英格兰、威尔士两个地区中由出生缺陷导致的死产、新生儿死亡的比例却在上升。其中,由出生缺陷导致的死产的比率由 2010 年的 14.45% 逐年上升到 24.68%,出生缺陷逐渐成为死产最重要的原因。新生儿死亡原因同样如此,在 2010 年,由出生缺陷导致的新生儿死亡比率为 28.79%,之后逐渐上升到 2021 年的 33%。③这一方面反映出出生缺陷依然是死产和新生儿死亡的重要原因,另一方面也警示英国当地政府亟须对出生缺陷防治体系进行调整,实施相关手段控制并预防出生缺陷导致的死产以及新生儿死亡。

---

① 郑晓瑛:《提高中国出生人口素质的理论和实践》,北京大学出版社 2006 年版。
②③ 数据源于英国母婴:通过审计及保密调查降低风险机构(Mothers and Babies:Reducing Risk through Audits and Confidential Enquiries across the UK)发布的《MBRACE-UK:2021 年出生围产期死亡率监测报告》。

不仅出生缺陷患病率在下降，英国死产率也在逐年下降。从 2013 年至 2020 年，英国死产率逐渐降低，到了 2021 年，有了一定程度的上升，而新生儿死亡率近年来则一直维持在相对稳定的水平，即每千名活产儿中约有 1.65 名死亡。分地区来看，英格兰的死产率在 2013—2020 年逐年下降，不存在较大波动，但是在 2021 年有较小幅度的上升，新生儿死亡率从 2013 年的 2‰逐年下降到 1.6‰。而苏格兰、威尔士以及北爱尔兰的死产率和新生儿死亡率变化浮动比较剧烈。其中，2021 年苏格兰的死产率相对于 2013 年得到下降，并且下降幅度较大，2013 年时新生儿死亡率接近 4‰，到 2021 年该比率下降到 3.27‰，而 2021 年新生儿死亡率相比于 2013 年还有一定程度的上升，接近 2‰。与其他三个地区不同的是，威尔士的死产率有所上升，2021 年为 3.88‰，与 2013 年相比略有增长。死产率和新生儿死亡率变化浮动最大的是北爱尔兰，2013—2017 年，北爱尔兰的死产率大幅提高，最高接近5‰，2017—2019 年呈逐渐下降趋势，从 2019 年到 2021 年又呈上升趋势，死产率为4.09‰，相较于 2013 年有所下降。

## 三、日本出生缺陷防治体系

### (一) 日本出生缺陷的基本情况

受 1957 年孕妇服用"沙利度胺"药物导致婴儿出现上肢缺陷这一历史性事件的影响，世界各国开始加大对新生儿出生缺陷的致病因素及干预措施的关注。1972年日本妇产科医师协会（Japan Association of Obstetricians and Ginaecologists，JAOG）成立，该协会又被称为"日本母亲"，它从流行病学角度出发，重点关注本国孕产妇身体健康状况和新生儿出生缺陷等信息，旨在为孕产妇提供孕前、孕期和产后全流程的预防、筛查、医治及康复护理等专业指导，降低新生儿出生缺陷发生的概率。1988 年，日本妇产科医师协会正式加入国际出生缺陷监测系统信息交换所，交换所于 2005 年更名为国际出生缺陷监测情报交换所，该交换所内成员国共享本国新生儿出生缺陷信息，为本国及国际出生缺陷防治体系的构建和完善提供经验数据支撑。[①]

---

① 参见国际出生缺陷监测情报交换所官网，http://www.icbdsr.org/。

1988年，在日本厚生劳动省（卫生劳动和福利部）的认可和日本妇产科医师协会的支持下，日本开展了一项出生缺陷研究计划。该计划与全日本三百多家国家级医院合作，按年度收集上述医院妇产科和儿科的门诊数据，整理分析形成日本历年新生儿出生缺陷状况报告。之后，日本妇产科医师协会于1991年在日本横滨市大学医学院妇产科成立先天性异常监测信息交流中心，并将该中心作为国际出生缺陷监测情报交换所的日本分会，主要负责收集新生儿先天性异常监测数据。日本横滨市大学医学院妇产科每年都从合作的分娩医院、诊所等分娩机构中获得当年日本10％左右的新生儿数据，以统计日本新生儿出生缺陷患病情况。日本横滨市大学医学院妇产科公布的2011—2021年历年《日本新生儿外表畸形调查报告》显示，十一年间日本新生儿中患有出生缺陷的概率呈逐年上升趋势，畸形婴儿出生率从2011年的2.43％上升到2021年的3.34％，增幅超过37.4％。在日本横滨市大学医学院妇产科2021年调查的105 901名新生儿中，共有3 549名新生儿被确诊为畸形儿，即每位新生儿有3.34％的概率患有出生缺陷（见图5.4）。

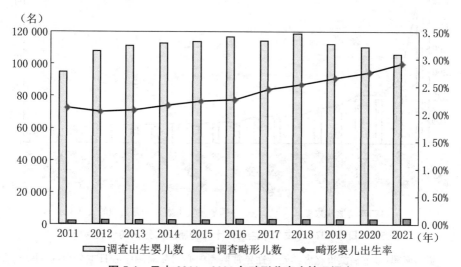

**图5.4　日本2011—2021年畸形儿出生情况调查**

资料来源：日本横滨市立大学先天性异常监测中心国际监测中心日本分会（icbdsr-j.jp）先天性异常数据库中的2011—2021年各年度《日本新生儿外表畸形调查结果报告》；畸形婴儿出生频率＝调查畸形儿总数/调查出生婴儿总数×100％。

国际出生缺陷监测情报交换所2014年发布的《国际出生缺陷年度报告》数据显

示日本新生儿出生缺陷病种繁多。①图5.5显示日本2021年发生率居前20位的新生儿先天畸形疾病情况。由图5.5可得,整体来看,排名在前20位的新生畸形儿发生率超过2.37‰,占当年畸形儿出生总概率(3.34‰)的71%,也即在全部患有出生缺陷的新生儿中有超过七成的新生儿患有如图5.5所示的20种出生缺陷疾病类型。具体来看,在日本2021年全国主要出生缺陷发生病种中,发生率排名首位的是室间隔缺损(先天性心脏病的一种),每万名新生儿中患有该出生缺陷的婴儿就有55.05个,约占当年总畸形儿的16.5%,是排名第二位的出生缺陷发生率的2.42倍。排名第2到第4的出生缺陷病种还有耳瘘孔、唐氏综合征和动脉导管未闭,每万名新生儿中出现上述三种出生缺陷的频数分别为22.76人、17.56人和17.47人。还有房间隔缺损、唇裂伴有腭裂、18-三体综合征三类畸形疾病的发生率也在千分之一以上,新生儿患有房间隔缺损的概率为0.136 0%,新生儿患有唇裂且伴有腭裂的概率为0.127 5%,新生儿患有18-三体综合征的概率为0.100 1%。还有12种畸形

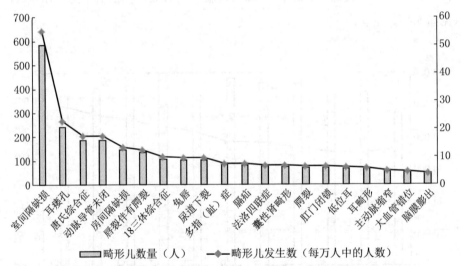

图5.5　日本2021年发生率居前二十位的新生儿先天畸形疾病情况

资料来源:日本横滨市立大学先天性异常监测中心国际监测中心日本分会(icbdsr-j.jp)先天性异常数据库中的2021年《日本新生儿外表畸形调查结果》,2021年调查中的分娩总数为102 908人;畸形儿发生数=畸形儿数量/分娩总数×10 000。

---

① 数据源于国际出生缺陷监测情报交换所发布的《国际出生缺陷年度报告》第96页的日本出生缺陷病例数及概率表。此外选取的数据是国际出生缺陷监测情报交换所发布的《国际出生缺陷年度报告》最新版数据。

类型的发生率在千分之一以下、千分之零点四以上,也即每万名新生儿中有 4—10名新生儿分别患有以下 12 种畸形类型:脑膜膨出(4.25)、大血管错位(4.72)、主动脉缩窄(5.10)、耳畸形(6.04)、低位耳(6.23)、肛门闭锁(6.61)、腭裂(6.61)、囊性肾畸形(6.99)、法洛四联症(7.08)、膈疝(7.46)、多指(趾)症(7.74)、尿道下裂(9.73)、兔唇(9.73)。[①]

## (二) 日本出生缺陷防治体系

为保障母体和胎儿的健康质量,降低孕妇、产妇、胎儿和婴幼儿死亡的概率,日本通过相关法律政策的制定和实施,明确女性、儿童和残疾等特殊脆弱性群体的合法权益和制度保障。如日本分别于 1947 年和 1965 年颁布《儿童福利法》和《妇幼保健法》,两部法律明确指明要通过健康指导、健康检查、医疗救助等为改善母婴和儿童健康提供支持。日本 1958 年实行的《国民健康保险法》也从法律上对加入健康保险且交纳保险费的女性被保险人,在其生育时会提供一次性生育补贴,对加入健康保险的儿童的医疗费用以"保险 80％报销＋地方政府自费部分补贴"的形式实行全额免费政策。日本 1970 年还颁布《残疾人基本法》,为患有出生缺陷的残疾儿童提供必要的医疗、康复、成长等多方面的福利保障。日本为降低新生儿患有出生缺陷的概率,在颁布相关法律的基础上,还制定了涵盖女性孕前、孕期和产后生育全过程的出生缺陷三级预防体系。

### 1. 一级预防

日本新生儿出生缺陷一级预防是政府通过知识普及、健康咨询、健康检查等低成本的方式对可能出现的出生缺陷进行预防。日本国民对健康检查的重视程度普遍较高,男女双方在交往时或步入婚姻前,往往会自觉进行婚前体检并互换体检报告,婚前检查项目除基础性体检项目外还包括对内分泌、生殖道的检查。在进行婚前检查时,医生也提供孕前咨询服务,为婚后生育提供健康保证。此外,日本妇产科学会还为每个人制定涵盖从幼儿期到成年期再到老年期的全生命周期的健康指导手册,其中包含对女性怀孕前、孕中和孕后的健康指导。对于有怀孕意向但患有糖尿病等慢性非传染性疾病的女性,会引导其先进行慢性病治疗,之后在家庭医生的指导下有计划的备孕,以降低因母体患有慢性病给新生儿带来的巨大儿、畸形等

---

① 括号内为该出生缺陷病种在每万名新生儿中的患病人数。

出生缺陷的患病概率。

日本厚生劳动省为此还专门发布政府针对母婴提供的从妊娠到育儿全过程的服务指南，居住地政府会在女性确认怀孕后为其发放《母子健康手册》。该手册既可以记录孕妇和新生儿的健康状况，又可以指导孕期女性的健康教育、健康检查和健康饮食等。具体措施如下：第一，地方政府通过举办母亲（双亲）补习班的方式，为孕期母亲和即将养育婴儿的双亲提供孕期、产后和养育等方面的指导，并向其宣传政府相关政策，提高怀孕女性及其家人对健康保健知识和国家妇幼保健政策的掌握度；第二，制定不同妊娠时期的孕产妇饮食营养均衡指南，建议妊娠时期孕妇的每日叶酸摄取量为 400 μg，以减少因母体叶酸摄取不足、饮食不健康等造成的新生儿患有脊柱裂等神经管类出生缺陷疾病的概率[1]；第三，日本妇产科学会制作的《健康手册》还列出孕妇在怀孕期间的禁忌清单，如禁止吸烟饮酒、吸食毒品、滥用药物、感染病毒等；第四，各地方政府通过设立育儿世代综合支援中心，为母性提供从怀孕、出生到养育各阶段的各种咨询、指导和帮助，同时与本地区孕产妇相关的机构建立网络联系，为母性孕期提供全方位便利。[2]

2. 二级预防

日本新生儿出生缺陷二级预防主要是通过对怀孕女性进行孕期检查，筛查未出生婴儿的染色体和形状结构等异常状况。患有先天性疾病的婴儿中有四分之一是由染色体异常导致的，产前检查可以发现上述异常，以便提早干预。孕期检查项目包括标准孕期检查和额外孕期检查项目，标准孕期检查项目如表 5.6 所示，日本政府还对进行标准孕期检查的孕妇以检查券或补贴券的方式提供补助。在检查的作用方面，标准孕期检查对避免出生缺陷婴儿尤其是重大畸形儿起到重要筛查作用，额外孕期检查项目对推测和发现婴儿染色体异常起重要作用。总体来说，在日本以产前检查为核心的新生儿出生缺陷二级干预体系中，若在产前检查中发现胎儿患有出生缺陷，首要干预措施是引产，日本对采取引产方式阻断出生缺陷婴儿出生这一行为持包容态度，因此也遭到社会各界的谴责。

在标准孕期检查项目方面，日本妇产科学会规定不同妊娠时期下的孕期检查时间间隔和检查项目，每次孕检均涵盖测量血压、体重、宫底、腰围、尿检等常规项

---

① 参见日本厚生劳动省发布的《母子健康手册》和《日本人的饮食摄取参考标准（2020 版）》。
② 参见日本厚生劳动省发布的《育儿世代综合支援中心业务指导方针》。

目,不同妊娠时期的医学检查项目不同,前 6 次孕期的检查囊括的项目最多,越到后期体检的时间间隔越短。第一时段在妊娠 23 周以内,该时期孕妇每月进行一次产检,除常规项目外,还包括九项血液检查、一项宫颈癌筛查、一项衣原体检查和一项超声检查;第二时段在妊娠 24—35 周,该时期孕妇每半个月进行一次体检,此时的血液检查项目减少到血酸和血糖两项,将宫颈癌筛查替换为 B 群溶连链球菌检查,其他项目与之前的妊娠时期相同;第三时段在妊娠 36 周及以后,这一时期孕妇产检的时间间隔缩短到 1 周,产检项目也仅包含常规项目和血液检查。孕期检查不仅能够及时确认孕妇和胎儿的健康状况,还能观察胎儿身体结构的异常状况,对于胎儿身体结构或胎盘位置的异常状况等及时进行干预和治疗。第二,在额外孕期检查项目方面,已有超声断层法、母体血清标志物检查、母体血液新型产前遗传学检查(NIPT)、羊水检测、绒毛检测等项目,可以在产前推测婴儿染色体异常的概率,基于此对胎儿受染色体异常导致的可能发生的先天性疾病进行预防和控制。此外,日本妇产科学会还制作"孕妇妊娠风险自评表",孕妇可通过下列指标和指数自行判断自身的妊娠风险,为自己选择何种医院进行生产提供医学依据。

表 5.6　日本孕妇标准孕期检查项目

| 时期 | 妊娠初期—23 周 | 24—35 周 | 36 周—分娩 |
|---|---|---|---|
| 孕妇体检时间间隔 | 每隔 4 周 | 每隔 2 周 | 每隔 1 周 |
| 每次通用基本项目 | 了解妈妈健康状况,确认宝宝心跳:测量血压、体重、宫底、腰围、尿检(有无蛋白尿、尿糖)、确认有无水肿 | | |
| 医学检查 | 血液检查(ABO 血液型·Rh 血液型·不规则抗体、血酸、血糖、乙型肝炎抗原、丙型肝炎抗体、HIV 抗体、梅毒血清反应、风疹病毒抗体效价) | 血液检查(血酸、血糖) | 血液检查(血酸) |
| | 宫颈部细胞学(宫颈癌筛查) | B 群溶连链球菌检查 | / |
| | 血液检查 HTLV-1 检查(至 30 周) | | / |
| | 衣原体检查(至 30 周) | | / |
| | 超声检查 | | |

资料来源:日本妇产科学会官网发布的《日本妇产科学会监督的健康手册》第 83 页"孕妇检查项目"。

3.三级预防

新生儿出生缺陷三级预防是指日本政府通过为新生儿提供出生缺陷筛查、早期治疗训练和后期医疗补助等第三层面帮助,目的在于改善和提高患有出生缺陷的新生儿及其家庭的生活质量。第一,在新生儿出生缺陷筛查方面,日本政府规定对出生后四周内的婴儿开展血液、眼部和听力等方面筛查,以检查先天性代谢异常、甲状腺功能异常、眼睛视觉异常和听力异常等情况,对筛查结果异常的儿童尽早提供治疗,上述大规模筛查均以公费全额支付或公费部分补助的方式提供。①其中,日本从2000年开始就在全国四个地区实施新生儿听力筛查计划,之后在全国开展,2012年将新生儿听力筛查项目添加在《母子健康手册》中,2016年开始要求对新生儿听力筛查项目提供公费补助,2019年厚生劳动省着手为听障儿童提供早期支持、医疗、福祉和教育等项目,极大地提前了患有听力障碍新生儿的早期诊断和干预时间,为患儿提供了较早干预训练的机会(其他内容详见专栏5.4)。

---

## 专栏 5.4　日本新生儿听力筛查制度

### 一、背景介绍

1. 听力筛查的目的。听力损失是新生儿中最为常见的先天性疾病之一,通过较早的发现听力障碍儿童,及时进行干预治疗,确保其克服后续障碍。

2. 听力筛查的方法。有耳声辐射检查(OAE)和自动听性脑干反应(AABR)两种电生理技术筛查形式。

### 二、具体措施

1. "1-3-6"新生儿听力筛查体系。日本建立新生儿听力筛查的"1-3-6规则",也即新生儿在出生后一个月内进行初次听力检查,出生后三个月内进行二次精准检查,确诊为听力障碍的婴儿在出生后6个月内开始进行早期康复治疗和训练。

2. 初次听力筛查的公费补助制度。日本政府2016年起就开始对新生儿听力筛查项目提供公费补助。日本厚生劳动省母子保健课题组的调查研究显示,截至2021年,已经有1 273个市区町村开始对新生儿听力筛查给予公费补助,占总市区町村的73.1%,还有222个市区町村实行全额补助,占13%,2021年新生

---

① 参见日本厚生劳动省发布的《母子健康手册》。

儿听力筛查的平均补贴金额为 4 026 日元/人(折合人民币 196.14 元)。从 2022 年开始,日本厚生劳动省发布将"新生儿听力筛查费"按每十万人 935 000 日元的标准纳入交付税的通知。

3. 新生儿听力筛查委员会。日本妇产科医师协会 2023 年的调查数据显示,日本 91% 的都道府县都已设立新生儿听力检查委员会。

**三、实施效果**

1. 整体效果。日本厚生劳动省科研三科班 2007 年《新生儿听力年度报告》中显示,有 60% 的失聪儿童在新生儿听力检查中被发现。经过多年发展和完善,日本地方政府新生儿听力筛查体制基本完善,筛查结果准确性高达 90%。

2. 具体效果。接受新生儿听力检查的听障儿童在整体形体发育、运动发育、社会发育方面都比没有接受新生儿听力检查的儿童表现得更好;患有听障的新生儿越早被诊断,该新生儿语言表达和理解能力发展越好,可显著改善听力障碍儿童的生活质量,具有较高的社会成本效益。

资料来源:日本妇产科医师协会发布的《新生儿听力检测现状》、日本厚生劳动省发布的《关于新生儿听力筛查的通知》。

第二,在患有出生缺陷的新生儿早期治疗方面。日本政府在《母子健康手册》中提供了精准听力检查单位的列表,新生儿初级听力筛查中显示听力障碍的儿童家庭可到列表机构进行二次精准检查,日本厚生劳动省还为听障儿童家庭提供听力康复训练、早期佩戴助听器、做人工耳蜗手术等康复训练的指引。《手册》还为在血液筛查中发现有先天性代谢异常及先天性甲状腺功能异常的新生儿提供早期治疗办法,即确诊后及时使用特殊奶粉及甲状腺激素类药物开展治疗和恢复。

第三,在对有出生缺陷的新生儿提供医疗补助方面。日本《儿童福利法》规定要为患有染色体异常、基因突变、先天性代谢异常、慢性肾脏疾病等特定慢性病的儿童提供公费医疗,残疾儿童还可免费享受公费医疗制度提供的改善身体残疾状况的手术治疗,以及政府提供的残疾人福利金、康复辅助器具和日常生活器具的费用补助。

## (三)日本出生缺陷防治的成效

为降低孕妇生育死亡风险和新生儿出生缺陷发生率,提高孕妇和新生儿健康概率,日本政府建立出生缺陷三级预防体系,为孕妇和产妇提供覆盖教育、检查、评估、补助等全方位的新生儿出生缺陷防治体系,极大地提高日本公民对新生儿出生缺陷的重视度。尽管整体上日本新生儿中患有出生缺陷疾病的概率仍在逐年上升,但也有一些出生缺陷疾病的发生率在干预后开始降低。研究发现,得益于日本母体血液新型产前遗传检查(NIPT)技术的成熟和政府宣传力度的提高,在产前筛查确诊的患有唐氏综合征的胎儿数量增加,基于引产干预后的新生儿中患有唐氏综合征的概率从 2015 年开始逐年下降。①出生缺陷的防治成效还体现在孕前产检人数的增加,政府产检项目补助金额和支出的增加,血液筛查、听力筛查、视力筛查等出生后出生缺陷筛查机制和康复治疗保障的逐渐完善。日本厚生劳动省科研三科班 2007 年《新生儿听力年度报告》也显示,在新生儿初级听力筛查制度的推广下,有 60% 的失聪儿童在新生儿听力检查中被发现并得到较早的治疗训练,减少了听力障碍给儿童带来的沟通、教育、就业等方面的不良影响。

随着出生缺陷三级预防体系的推广和完善,日本婴儿和新生儿死亡状况得到改善,围产期胎儿死亡状况也得到缓解(见图 5.6、图 5.7、图 5.8 和图 5.9)。第一,婴儿和新生儿的死亡人数和概率均在下降。2003—2022 年,二十年间日本出生人数从112.36 万人下降至 77.08 万人,出生后不满周岁就死亡的婴儿数量从 3 364 人下降至 1 356 人,妊娠期满 28 周且在出生后 28 天内死亡的新生儿数量从 1 879 人下降到 609 人,婴儿死亡率和新生儿死亡率分别从 2003 年的 0.299% 和 0.167% 下降至2022 年的 0.176% 和 0.079%,降幅分别为 41% 和 53%。第二,未出生胎儿的总体死产数、自然死产数和人工死产数都在逐年下降,但自然死产率呈逐年上升趋势,人工死产率呈逐年下降趋势。从 2003 年到 2022 年,日本全国的总死产数从 35 330人下降到 15 179 人,二十年间总死产数降幅达 57%。其中,自然死产数从 14 644 人下降至 7 391 人,人工死产数从 20 686 人下降至 7 788 人,自然死产占比从 41.45%上升到 48.69%,人工死产占比从 58.55% 下降至 51.31%。第三,围产期胎儿死亡数逐年下降。妊娠期满 22 周的死产儿和出生后一周内的死产儿数之和从 5 929 人下降至 2 527 人,近二十年全日本围产期死亡的新生命数量下降 57% 左右。此外,孕产妇死亡率也从 1950 年的 176.1 人(每 10 万对活产婴儿)下降到 2020 年的 2 人,围产死亡率从 1980 年的 20 人(每 1 000 对活产婴儿)下降到 2020 年的 3 人。②

---

① Sugo Y., Kurasawa K., Saigusa Y., et al., "Changes in the number of babies born with Down syndrome in Japan", *Journal of Obstetrics and Gynaecology Research*, 2022, 48(9):2385—2391.

② 数据源于日本妇产科医师协会发布的《日本围产期护理的现状》。

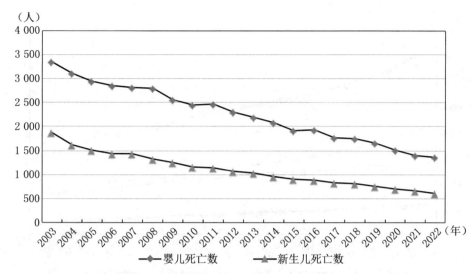

**图 5.6　日本 2003—2022 年婴儿和新生儿死亡数**

资料来源：日本厚生劳动省历年发布的"当前人口调查"数据；"婴儿死亡人数"是指婴儿出生后不满周岁死亡的人数；"新生儿死亡人数"是指妊娠 28 周后出生的活产儿，从出生到生后 28 天内死亡的人数。

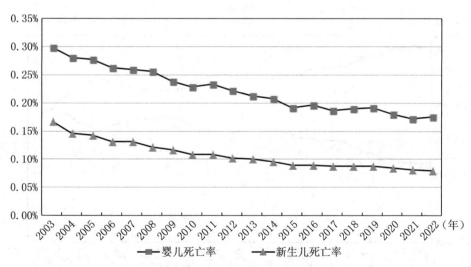

**图 5.7　日本 2003—2022 年婴儿和新生儿死亡率**

资料来源：日本厚生劳动省历年发布的"当前人口调查"数据；婴儿死亡率＝婴儿死亡人数/出生人数×100％，新生儿死亡率＝新生儿死亡人数/出生人数×100％。

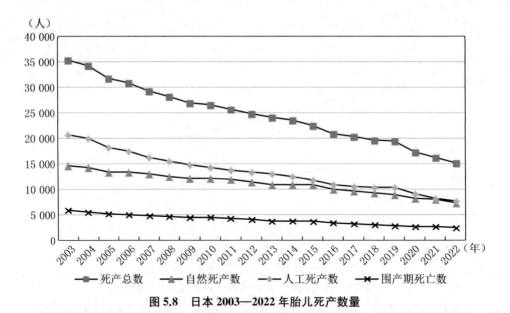

**图 5.8　日本 2003—2022 年胎儿死产数量**

资料来源:日本厚生劳动省历年发布的"当前人口调查"数据;"围产期死亡数"是指妊娠满 22 周以后的死产数和早期(出生一周内)新生儿死亡数之和。

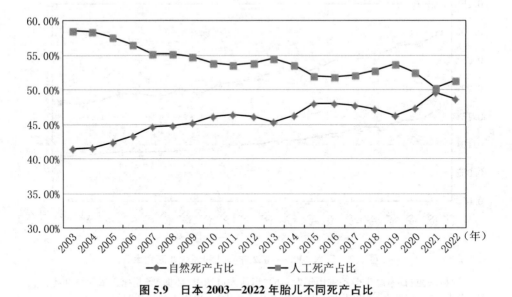

**图 5.9　日本 2003—2022 年胎儿不同死产占比**

资料来源:日本厚生劳动省历年发布的"当前人口调查"数据;自然死产占比=自然死产数/死产总数×100%,人工死产占比=人工死产数/死产总数×100%。

国际社会保障动态

## 四、新西兰出生缺陷防治体系

### （一）新西兰出生缺陷的基本情况

20 世纪 60 年代，欧美国家孕期妇女为减少妊娠反应服用沙利度胺，导致大量"海豹畸形儿"出生的事件，引起各国的重视。2019 年，新西兰统计局对新西兰 2012—2018 年每千名活产婴儿中患有出生缺陷的婴儿进行分类统计。整体上看，2012—2018 年，新西兰每千名儿童中出现出生缺陷婴儿的比率呈现周期性波动趋势。2018 年新西兰发生率最高的前十位出生缺陷疾病类型分别为：先天性心脏缺陷（13.24‰）、睾丸未降（3.67‰）、房间隔缺损（3.57‰）、室间隔缺损（2.89‰）、尿道下裂或外裂（2.23‰）、染色体异常（1.38‰）、无唇裂的腭裂（1.11‰）、多指畸形（0.92‰）、唐氏综合征（0.82‰）和先天性髋关节脱位（0.75‰）。发生率较低甚至为零发生率的出生缺陷疾病类型有：无脑（0.02‰）、腭裂伴唇裂（0.00‰）、膀胱萎缩（0.00‰）、还原畸形（0.00‰）、未指定肢体（0.00‰）和上肢缩窄畸形（0.00‰）（见图 5.10）。

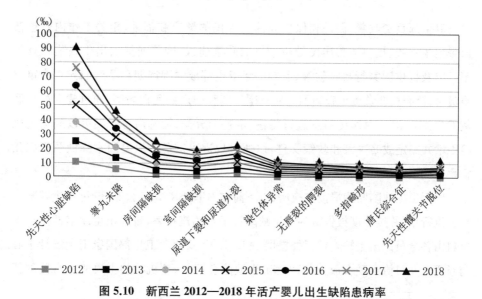

**图 5.10　新西兰 2012—2018 年活产婴儿出生缺陷患病率**

资料来源：新西兰出生缺陷登记处 2012—2018 年历年出生缺陷数据；帕陶综合征又名 13-三体综合征，爱德华兹综合征又名 18-三体综合征，唐氏综合征又名 21-三体综合征。

## （二）新西兰出生缺陷防治体系

### 1. 新西兰出生缺陷监测机构

新西兰共有四个组织和机构对其出生缺陷状况进行监测（见图5.11），分别是新西兰卫生部、新西兰围产期和孕产妇死亡率审查委员会（PMMRC）、国际出生缺陷监测情报交换所新西兰分会（ICBDSR）以及新西兰儿童和青少年流行病服务处（NZCYES）。其中至少有三个组织拥有自己独立的出生缺陷信息收集系统。

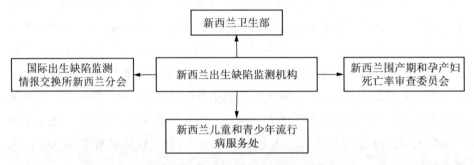

**图5.11　新西兰出生缺陷监测机构**

卫生部负责改善、促进和保护新西兰人民的健康和福祉，相关工作内容包括监督卫生系统、提供改善居民健康水平的政策建议、购买或提供出生缺陷筛查等服务以及提供国家行政收款等。①2005年卫生部成立围产期和孕产妇死亡率审查委员会，该委员会负责审查新西兰所有围产期和孕产妇死亡病例，通过建立死亡病例的相关数据库，对病历信息进行传输、审查和分类，筛选出孕产妇可以避免的风险因素并制定战略决策和政策文件，以通过规避可避免的风险因素降低孕产妇死亡率。②

国际出生缺陷监测情报交换所（以下简称ICBDSR）每年公布39种出生缺陷疾病的流行率，并按年度报告每种出生缺陷近十年的流行率，每种出生缺陷的流行率资料由各会员国出生缺陷登记处提供。③1977年，新西兰卫生部国家卫生统计中心与新西兰儿科协会联合成立新西兰出生缺陷登记处，该机构的主要职能有监测新

---

① 新西兰卫生部，http://www.health.govt.nz/about-ministry/what-we-do。

② 新西兰围产期和孕产妇死亡率审查委员会向卫生部长提交的第一份报告：2005年6月至2007年6月。

③ 新西兰出生缺陷登记处，http://nzbdr.ac.nz/。

西兰出生缺陷的患病率、筛查出生缺陷群组、研究出生缺陷产生原因,以及为相关医疗服务和制定医疗政策提供数据支持。2004 年,新西兰儿科协会成立新西兰儿童和青年流行病学服务处(NZCYES),该机构旨在提供关于改善新西兰儿童和青少年健康福祉的有效信息。①

各个监测部门所整合的数据源于其对某项服务或政策的初步实施效果反馈,因此,想要制定出更具针对性、更高效、更完善的出生缺陷预防的方针政策,就需要不断重复数据收集与信息反馈的过程,并对数据进行深入挖掘与分析(见表 5.7)。

表 5.7　新西兰出生缺陷预防网络(NBDPN)

| 项目 | 人员 | 产品性质 | 产品类型 | 演示模式<br>(生成信息) |
|---|---|---|---|---|
| 数据 | 数据提供者、数据源、数据摘录者、数据收集者 | 数据的有效性②、及时性、完整性、准确性 | 计数、比率、比例、地图/地理信息系统、多变量分析 | 监测数据库、数据表、纳入"未知"类别(包括缺失或未知数据) |
| 信息 | 数据传输者、数据管理人员、流行病学家、分析员、统计员、公共卫生人员 | 切题性、有效性、类似信息 | 地区内、跨地区、按背景(人口、时间、地理区域、基准等)进行比较、流行病学变量(性别、种族、孕产妇年龄等) | 饼状图、直方图、频率表、条形图、散点图 |
| 知识库 | 理论创立者、数据提供者、数据解释者、行动执行者 | 通过数据收集者、解释者和使用者之间的多向交流而产生 | 根据信息需求和不同受众背景定制政策 | 讨论、对发言的书面反馈 |
| 措施 | 行动者、数据报告/监测人员、决策者、医疗服务提供者、干预措施制定者/实施者、家庭、社区、科学家/研究人员、媒体 | 适当、以证据为基础、最大程度地提高效率和成本效益 | 估算频率、转介服务、规划服务、规划干预措施、展开研究、分组调查 | 报告和出版物、监测报告、科学出版物、网站、政策文件、指导方针、目标或指标、干预方案、风险交流、新闻稿、媒体文章 |

资料来源:Oben G L M Q. Indicators for congenital anomalies in New Zealand[D]. University of Otago, 2015。

<hr>

① 新西兰奥塔哥大学官网(University of Otago),http://dnmeds.otago.ac.nz/departments/womens/paediatrics/research/nzcyes/index.html。
② 数据有效性是指数据如何反映、数据对所有案例的反映程度。

2. 新西兰出生缺陷监测指标

国际上至少有9项公共卫生指标用于监测出生缺陷(见表5.8),而新西兰用于监测出生缺陷的指标有6种:出生缺陷的患病率、与出生缺陷相关的婴儿死亡率、与出生缺陷相关的围产期死亡率、与产妇年龄相关的出生缺陷患病率、唐氏综合征活产率、神经管缺陷的患病率。

表5.8 各国或地区先天性畸形的公共卫生指标

| 指标 \ 国家 | 美国 | 加拿大 | 澳大利亚 | 英格兰威尔士 | 欧盟九国 | 新西兰 |
|---|---|---|---|---|---|---|
| 出生缺陷的患病率 | √ | √ | √ | √ | | √ |
| 与出生缺陷有关的婴儿死亡率 | √ | | | √ | | √ |
| 与出生缺陷有关的围产期死亡率 | | | √ | √ | √ | √ |
| 唐氏综合征活产率 | | √ | √ | √ | √ | |
| 产前筛查服务的检出率 | | √ | | | √ | |
| 因胎儿畸形而终止妊娠 | | | √ | | √ | |
| 儿科手术需求 | | | | | √ | |
| 与产妇年龄相关的出生缺陷患病率 | | | √ | √ | | √ |
| 神经管缺陷患病率 | √ | √ | √ | √ | √ | |

资料来源:Oben, G., Indicators for congenital anomalies in New Zealand, University of Otago, 2015。

3. 新西兰出生缺陷三级防治体系

参照世界卫生组织提出的出生缺陷三级防治体系,新西兰建立了本国的新生儿出生缺陷防治体系。主要内容如下。

(1) 一级预防

为了减少出生缺陷带来的负面影响,最大限度地降低出生缺陷的患病率,新西兰卫生部针对孕妇采取包括遗传咨询、孕前保健、营养摄入、疾病预防等在内的一系列出生缺陷一级预防措施。具体内容:一是提供生育健康问题咨询。包括通过询问夫妻双方个人及其家族是否有遗传性疾病和遗传病史、夫妻双方是否属于近亲结婚、女性是否有流产史等,为女性生育提供健康建议和指导,如女性在半年内有流产史,则怀孕计划需要推迟至半年后。二是提供孕前体检。夫妻双方在备孕前应进行备孕前体检,在对双方的身体健康状况有充分了解和医生提供优生优育指导的基础上,进行健康生育。三是提供营养摄入指导。孕妇在怀孕期间需要摄入充足的叶酸、碘和维生素 D 等营养物质。新西兰卫生部还于 2023 年 8 月出台相关文件,要求在生产或销售的所有非有机面包制作小麦粉必须添加规定含量的叶酸。四是要求孕妇避免接触致畸剂。告知孕妇在孕期在生病时应避免擅自用药,避免和有害物质和放射性物质接触。此外,医疗保健部门还向孕妇提供心理咨询服务并建议孕妇在孕期戒烟戒酒、规律作息等。

(2) 二级预防

尽管在婚前、孕前已经实施诸多措施对出生缺陷进行初级预防,但仍无法彻底避免出生缺陷的发生,因此,还需建立出生缺陷二级预防体系进一步降低出生缺陷的患病率。新西兰的出生缺陷二级预防体系是指对孕期妇女提供医学诊断和筛查,具体筛查项目包括艾滋病筛查、18-三体筛查、13-三体筛查、神经缺陷筛查等。为做好出生缺陷二级预防工作,新西兰政府为产妇和新生儿制定了详细的健康筛查时间表,筛查内容见表 5.9。

表 5.9　新西兰产妇及新生儿筛查时间表

| 时段 | 筛　查　内　容 |
|---|---|
| 怀孕前 | 产妇以及其伴侣的健康、生育史等状况 |
| 怀孕期间 | (1) 第 1—12 周:产妇应该考虑进行 HIV 筛查和其他常规的产前血液检查,并与助产士或产科医生讨论筛查结果,同时确定是否需要进行孕早期唐氏综合征和其他疾病的联合筛查。<br>(2) 第 12—28 周:产妇可在怀孕第 13 周零 6 天时进行妊娠早期联合筛查。对于怀孕超过 14 周但不足 20 周的产妇,如果有进行唐氏综合征和其他疾病筛查意愿,可以考虑在孕中期进行母体血清筛查。<br>(3) 第 28—40 周:在此期间,产妇可以与助产士或产科医生确定是否进行新生儿代谢筛查和新生儿听力筛查(这两项筛查将在婴儿出生后进行)。 |
| 生产后 | 在新生儿出生后 48—72 小时内进行新生儿代谢筛查并在出生后 1 个月内进行听力筛查。 |

资料来源:新西兰国家筛查部官网发布的本国产妇和新生儿筛查项目及时间等信息,https://www.nsu.govt.nz/。

2007 年 4 月,新西兰国家筛查部发布《产前唐氏综合征筛查报告》,报告指出,利用母亲年龄和颈项透明层(NT)进行筛查而不使用生化标记物的做法是不安全的,并对新西兰唐氏综合征筛查流程进行调整。当前,新西兰各医疗机构对于唐氏综合征和其他疾病(包括 18-三体综合征、13-三体综合征、神经管缺陷等)的产前筛查主要有两种方式,分别是妊娠早期联合筛查和妊娠中期母体血清筛查。在产妇怀孕不足 14 周时可进行妊娠早期联合筛查,它包括验血和扫描两个项目;中期妊娠母体血清筛查在怀孕第 14—18 周时进行,此项筛查仅包括血液筛查。这两项筛查通过将验血和扫描的结果与产妇的其他信息(如年龄、体重和怀孕周数相结合),得出筛查结果。如果筛查测试显示新生儿患有某种疾病的可能性增加,产妇则需要接受进一步的检查,以确定新生儿是否确实患有这种疾病,这种进一步的测试称为诊断测试,其他内容见表 5.10。

表 5.10  新西兰唐氏综合征和其他疾病的产前筛查

| 筛查项目 | 筛 查 内 容 |
|---|---|
| 妊娠早期联合筛查 | (1) 血液检查——孕早期母体血清筛查<br>检查时间:妊娠第 10 周或第 9—13 周零 6 天之间;<br>检查内容:测试血液中 β-HCG(β 人绒毛膜促性腺激素)和 PAPP-A(妊娠相关血浆蛋白 A)这两种分析物的水平。<br>(2) 扫描——颈部透明层扫描<br>检查时间:妊娠第 12 周或第 11 周零 2 天—13 周零 6 天之间;<br>检查内容:这是一种专门用于婴儿疾病筛查的超声波扫描,测量的是婴儿所生存的羊水空间,当婴儿患有某些疾病时,这一测量值往往会偏大。 |
| 妊娠中期母体血清筛查 | 检查时间:妊娠第 14—18 周或第 20 周时;<br>检查内容:筛查血液中 β-HCG(β 绒毛膜促性腺激素)、uE3(非结合雌三醇)、AFP(甲胎蛋白)和抑制素 A 四种分析物水平。 |
| 诊断检测 | 若筛查显示某种遗传病(如唐氏综合征、13-三体综合征、18-三体综合征或特纳综合征)的风险增加,则可选择羊膜腔穿刺术或绒毛取样术(CVS)进行诊断检测。 |

资料来源:新西兰国家筛查部:唐氏综合征和其他疾病的产前筛查计划,https://www.nsu.govt.nz/。

(3) 三级预防

胎儿的发育过程具有动态性,部分胎儿异常症状可以在孕早期和孕中期通过妊娠早期联合筛查和妊娠中期母体血清筛查等检测出来,但也有一些出生缺陷疾病在妊娠后期乃至婴儿出生后才能被发现,例如肠管扩张、肾积水、脑积水等。为了填补一级预防和二级预防措施中的空缺,新西兰政府设立出生缺陷三级干预屏障,主要是在胎儿出生后发挥作用。该干预通过对新生儿开展出生缺陷筛查,及早发现患有出生缺陷疾病的儿童,并对其进行早期医学治疗和康复训练,以降低甚至消除患病儿童因出生缺陷所导致的残疾风险,提升患病儿童自身健康水平,减轻家庭经济负担和社会医疗负担。为了更好地落实出生缺陷的三级干预措施,新西兰国家筛查部先后于 1969 年和 2006 年制定"新生儿代谢筛查计划"和"新生儿听力筛查计划"。

新西兰新生儿代谢筛查计划始于 20 世纪 60 年代,是世界上最早开展新生儿代谢筛查行动的国家之一。其目的是尽早发现婴儿是否患有代谢紊乱疾病,并尽早进行干预治疗,从而降低患有甲状腺功能减退症和苯丙酮尿症等代谢紊乱疾病的婴儿致残和死亡的概率。该筛查的创始者阿瑟·维尔(Arthur Veale)教授和鲍勃·格思里(Bob Guthrie)教授通过测量婴儿苯丙氨酸水平,并与血液样本进行对比,从而识别出苯丙酮尿症(PKU)患者,专栏 5.5 显示新西兰一名苯丙酮尿症患者的筛查和照护经历。自此,新西兰每年新出生的 64 000 名左右的婴儿都要进行 20 多种代谢紊乱疾病的筛查,历年筛查结果显示每年大致有 50 名左右的新生儿会被检查出至少患有一种代谢紊乱疾病。新西兰各医疗机构落实新生儿代谢筛查计划的主要手段是对出生 24—48 小时之内的新生儿进行足跟采血(见图 5.10)。

---

## 专栏 5.5　苯丙酮尿症(PKU)患者杰丁(Jaydin)的故事

苯丙氨酸是人大脑发育必需的一种氨基酸,PKU 则是由于肝脏中缺乏一种酶导致苯丙氨酸的代谢受到阻碍而引起的出生缺陷病,它会严重损伤婴儿的智力,在症状初期,可以通过食疗或其他辅助措施对其进行治疗,新西兰大约每 15 000 名新生儿中就有 1 人患有此病。

杰丁和他的祖父母生活在一起,他的症状是在出生后不久发现的,医疗机构的人员对其进行第一次足跟采血测试后判断其可能患有苯丙酮尿症,几天后经过二次化验确诊了他的患病情况。据杰丁的祖母描述:杰丁出生十天后,在她和杰丁的祖父结婚纪念日的当天,杰丁的母亲邀请她到家里进行商讨,因为那时杰丁已经出现症状,不能进食任何东西,那也是她第一次了解到苯丙酮尿症。杰丁的祖母一直在耐心地教导他哪些是他可以食用的食品。最开始他的祖母为他购买了一本关于苯丙酮尿症的图画书,让他来学习相关知识,随着知识储量的增长,他的祖母将图画书替换为了文字读物。

令他祖母感到欣慰的是杰丁的悟性非常好,在他三岁时,和祖母一起去逛超市,有一个陌生人和他聊天,当那个陌生人假装要倒一些牛奶给他喝时,杰丁立刻拒绝了,并告诉那个陌生人他不能喝牛奶,因为牛奶会损坏他的大脑神经,当陌生人问到原因时,他告诉那个陌生人自己患有苯丙酮尿症,并详细地介绍了苯丙酮尿症的相关情况。起初,杰丁在刚刚进入校园学习时并不顺利,但现在他的成绩越来越好,并且一直在努力去做所有事情。他不仅精通架子鼓和柔道,而且成为出色的游泳运动员和披萨制作者。

随着杰丁的日渐成长,他的家庭及他本人对于本苯丙酮尿症的了解越发深入,在杰丁0—8岁期间,一直有一个固定的医疗团队为杰丁的家庭提供了许多专业的医疗指导和照护服务,为他的健康成长提供了必要的支持。

资料来源:新西兰国家筛查部,https://www.nsu.govt.nz/。

婴儿出生后的前六个月是其语言学习的关键期,在此期间如果缺乏对应的语言训练会直接影响到婴儿未来的沟通、表达、教育和就业水平。因此,为了尽早发现有听力障碍的儿童并对其进行早期治疗,提高其语言表达和沟通能力,保障其良好的学习、社交和就业能力,新西兰政府于2006年正式启动新生儿听力筛查计划。新西兰每年有135—170名婴儿出生时患有轻度、重度或永久性先天性听力损伤,也即每1000名新生儿中大约有3名婴儿患有听力损伤,且其中毛利人和太平洋岛裔①婴儿患病率更高。目前,新西兰的新生儿听力筛查计划由各地区的卫生部门负责,并由各医疗机构协助落实,确保那些被筛查出患有听力缺陷的婴儿在成长的各阶段都能得到相应的医疗救助。该计划在实施时主要观察内耳和听觉通路的完整性,通过测量大脑对声音的反应情况,识别耳蜗正常但有听力缺陷的儿童。这项筛查工作分为两个阶段,全程大概需要10—20分钟,过程中婴儿不会有疼痛感。

## (三) 新西兰出生缺陷防治效果

长期以来,新西兰政府不仅实施一系列的新生儿筛查计划,对出生缺陷类疾病进行早期的防控,以期降低新生儿出生缺陷的患病率和死亡率,还规划了相应的战略目标并辅之以残疾人保护政策和法案,以期实现对患儿家庭和社会的负面影响最小化。这些战略及政策的核心是新西兰残疾人问题办公室制定的《新西兰残疾

---

① 太平洋岛岛屿原住民是亚裔在新西兰的四大族群之一,亚裔在新西兰的四大族群包括欧裔新西兰人、毛利人、太平洋岛岛屿原住民及亚裔新西兰人,毛利人是新西兰的原住民和少数民族,属于南岛语族—波利尼西亚人。

战略 2016—2026》①,该战略是根据《怀唐伊条约》《联合国残疾人权利公约》和《联合国儿童权利公约》制定的。它对残疾人的健康、教育、就业、经济保障和司法权利保护等八个方面进行规划,目的是将新西兰打造成一个残疾人有平等的机会实现他们的目标和愿望的国家。2017—2019 年,为了实现上述战略目标,新西兰卫生部和新西兰残疾人问题办公室先后制定《2016—2021 年新西兰 Pasifika 残疾计划》《2017—2022 年毛利人残疾行动计划》和《2019—2023 年新西兰残疾行动计划》。

近年来经过新西兰政府及相关部门出台的一系列政策及手段,其出生缺陷防治取得一定成效。新西兰卫生部对新西兰 1996—2016 年的死亡人数和死亡类别进行统计,结果见图 5.12 和 5.13。尽管新西兰 1996—2016 年胎儿、新生儿、婴儿及围产期的死亡人数和死亡率出现某些阶段性波动,但总体上呈现下降趋势。其中,胎儿死亡率从 1996 年的 7.1‰下降至 2016 年的 6.8‰;围产期胎儿死亡率从 1996 年的 10.1‰下降至 2016 年的 9.0‰;新生儿死亡率从 1996 年的 3.9‰下降至 2016 年的 2.7‰,婴儿的死亡率降幅最大,从 1996 年的 7.3‰下降至 2016 年的 4.0‰,相当于每 1 000 名婴儿的死亡人数减少了 2.3 例。

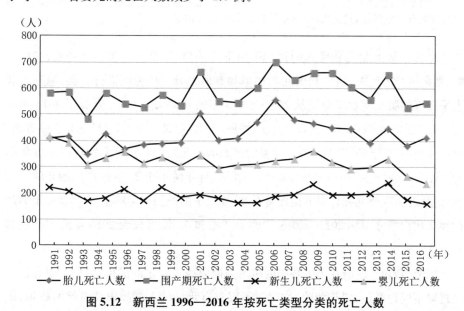

**图 5.12　新西兰 1996—2016 年按死亡类型分类的死亡人数**

资料来源:新西兰卫生部公开的本国 2016 年婴儿和胎儿死亡数据,其中由于 1998 年的相关数据有大量漏报,这里按照 1997 年作为参考进行估量。

---

① 　资料来源:新西兰残疾人战略办公室,https://www.odi.govt.nz/nz-disability-strategy/about-the-strategy/new-zealand-disability-strategy-2016-2026/。

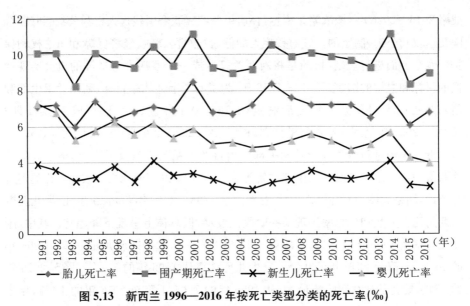

**图 5.13　新西兰 1996—2016 年按死亡类型分类的死亡率(‰)**

资料来源:新西兰卫生部公开的本国 2016 年婴儿和胎儿死亡数据,其中由于 1998 年的相关数据有大量漏报,这里按照 1997 年作为参考进行估量。

　　尽管总体上胎儿和婴儿的死亡率呈下降趋势,但是进一步按照种族、产妇年龄、地区进行分类时,胎儿和婴儿死亡率却有所上升。按种族进行分类,毛利人和太平洋人的胎儿死亡率分别从 2011—2015 年的 6.8‰、7.1‰上升到了 2016 年的 7.0‰、7.5‰(见图 5.14、5.15)。其次,按照产妇年龄进行分类,在胎儿死亡率方面,年龄在 20 岁以下的产妇和 20—24 岁的产妇的胎儿死亡率分别从 2011—2015 年的 9.6‰、6.5‰增长到 2016 年的 13.9‰、7.3‰,且年龄小于 20 岁的产妇胎儿的死亡率涨幅较大;在婴儿死亡率方面年龄在 20 岁以下的产妇和年龄在 40 岁及以上的产妇婴儿死亡率分别从 2011—2015 年的 10.0‰和 5.3‰增长到 2016 年的 10.6‰和 6.1‰(见图 5.16、5.17)。

　　综上,新西兰政府在出生缺陷的防治方面取得了一定的成果,但仍需要有针对性地对不同种群、不同年龄阶段产妇、不同贫富程度的人群提出针对性的政策,提升新西兰出生缺陷防治工作的均衡性和针对性,实现出生缺陷防治工作的高质量发展。

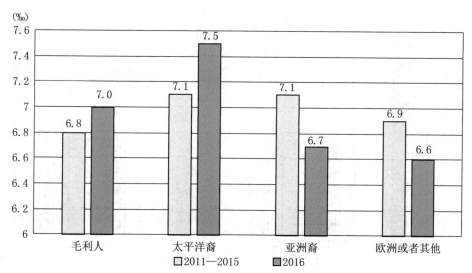

**图 5.14  新西兰 2011—2015 年和 2016 年按种族分类的胎儿死亡率**

资料来源：新西兰卫生部 2016 年胎儿和婴儿死亡报告。

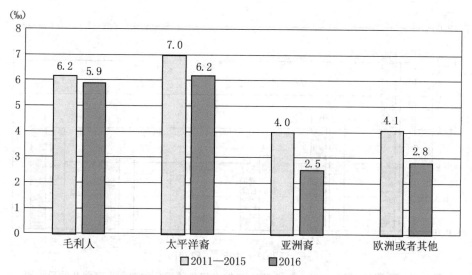

**图 5.15  新西兰 2011—2015 年和 2016 年按种族分类的婴儿死亡率**

资料来源：新西兰卫生部 2016 年胎儿和婴儿死亡报告。

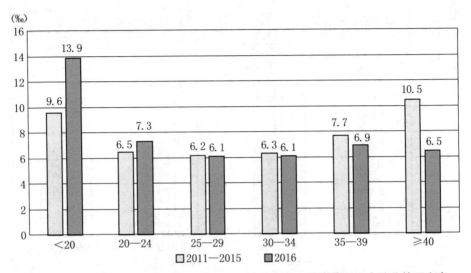

**图 5.16 新西兰 2011—2015 年和 2016 年按产妇年龄组分类的所孕育胎儿的死亡率**

资料来源:新西兰卫生部 2016 年胎儿和婴儿死亡报告。

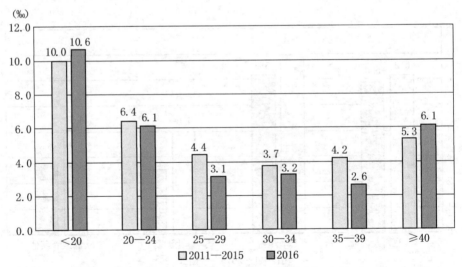

**图 5.17 新西兰 2011—2015 年和 2016 年按产妇年龄组分类的所生育婴儿的死亡率**

资料来源:新西兰卫生部 2016 年胎儿和婴儿死亡报告。

# 第三编
# 我国出生缺陷防治体系

# 第三章

# 第六章
# 我国出生缺陷防治体系的政策沿革[*]

　　加强出生缺陷防控是提高出生人口素质的重要手段。近年来,国家卫生健康委等单位启动多项预防出生缺陷的国家项目,并建立出生缺陷三级防治体系。本章首先对国家层面的政策进行梳理,包括整体规划和出生缺陷三级防治政策等重点政策演变,回顾出生缺陷防治政策的发展改革过程,以及医疗保障、社会救助在其中的作用,以更好地了解我国出生缺陷防治体系政策的演变。同时考虑到我国不同省份之间经济社会发展差异较大,为此选取东部、中部、西部的上海市、浙江省、河北省、陕西省对地方层面的出生缺陷三级预防政策进行梳理。

## 一、国家层面总体政策

### (一)国家层面整体政策演变

#### 1. 重点法律法规政策

　　我国政府高度重视出生缺陷防治与筛查工作,自 20 世纪 90 年代起至今,陆续出台多项规划、法律及制度。1982 年,中共中央、国务院发布《关于进一步做好计划生育工作的指示》(国务院〔1982〕11 号),将计划生育定为基本国策,同时提出优生检查、优生保健和优生监测,旨在降低出生缺陷水平,提高人口素质。1994 年,《母婴保健法》(主席令〔1994〕第 33 号)首次在法律层面规范出生缺陷防治措施,从法律上首次将出生缺陷预防纳入法制化管理轨道,具体从婚前保健和孕产期保健两个

---

[*]　此章节内容在王涵、左熙月的《我国出生缺陷防治研究:基于政策演变和医疗资源供给的视角》的基础上进行了拓展。

方面对"保障母亲和婴儿健康,提高出生人口素质"的措施作出原则性规定。

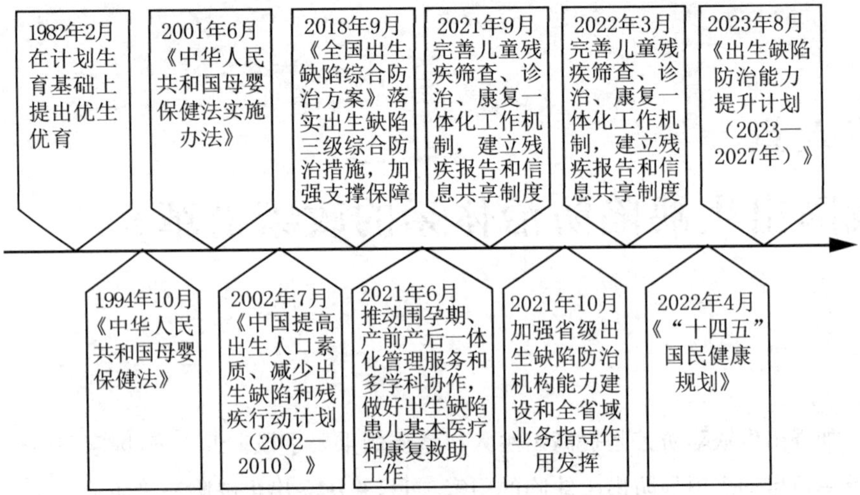

**图 6.1　国家层面重点政策演变**

2001 年 6 月出台更为具体的《母婴保健法实施办法》(国务院令第 308 号),提出了以保健为中心,保障生殖健康为目的,面向基层群体的预防为主的工作方针,同时建立孕产妇死亡、婴儿死亡和新生儿出生缺陷监测、报告制度。2002 年 7 月发布的《中国提高出生人口素质、减少出生缺陷和残疾行动计划(2002—2010 年)》(卫基妇发〔2002〕162 号),要求切实采取措施,掌握中国出生缺陷基本状况,在全社会普及预防出生缺陷和残疾的科学知识,加强婚前保健、孕产期保健、婴儿保健和早期干预等综合性防治措施,预防和减少出生缺陷和残疾的发生。

为进一步降低出生缺陷发生率,《全国出生缺陷综合防治方案》(国卫办妇幼发〔2018〕19 号)提出落实综合防治措施,广泛开展一级预防、规范开展二级预防、深入开展三级预防,加强技术、人才支撑保障。2021 年 6 月《中共中央国务院关于优化生育政策促进人口长期均衡发展的决定》,进一步要求健全出生缺陷防治网络,落实三级预防措施,提出要推动围孕期、产前产后一体化管理服务和多学科协作,做好出生缺陷患儿基本医疗和康复救助工作。

之后,国家不断出台政策指导出生缺陷防治工作的推进。在《国家人权行动计划(2021—2025 年)》(国务院新闻办公室发〔2021〕)中明确要减少儿童严重出生缺陷发生,完善儿童残疾筛查、诊治、康复一体化工作机制,建立残疾报告和信息共享制度。《国家卫生健康委关于印发健康儿童行动提升计划(2021—2025 年)的通知》(国卫妇幼发〔2021〕33 号)提出加强省级出生缺陷防治机构能力建设和全省域业务

172

指导作用发挥,规范婚前孕前保健门诊等机构设置和管理,开展相关特色专科建设,加强出生缺陷防治紧缺人才培养,针对重点出生缺陷疾病,建立健全县级能筛查、地市能诊断、省级能指导、区域能辐射的出生缺陷防治网络,推进出生缺陷防治服务。随后,《母婴保健法实施办法》(2022年修订版全文)(国务院令第752号)明确规定出生缺陷防治机构的监督管理部门层级。

目前,在《"十四五"国民健康规划》(国办发〔2022〕11号)和《出生缺陷防治能力提升计划(2023—2027年)》中都提出了我国出生缺陷防治工作的目标是建立覆盖城乡居民,涵盖婚前、孕前、孕期、新生儿和儿童各阶段,更加完善的出生缺陷防治网络,显著提升出生缺陷综合防治能力。我国将通过健全服务网络、加强人才培养、深化防治服务、聚焦重点疾病、提升质量管理、强化支撑保障六方面措施,向着目标不断前进。

我国出生缺陷防治体系经历40余年发展变化,逐步形成并确立我国出生缺陷防治制度框架。从最初的工作指示到《母婴保健法》的确立并对医疗保健机构和保健人员考核提出具体要求,初步形成出生缺陷防治制度。而后进行的三次法律修订则进一步完善了母婴保障体系。《出生缺陷综合防治方案》的出台则从三级预防方面规定和发展了防治制度,对妇幼人群婚前检查、孕产期检查进行规定,形成比较明确的出生缺陷防治体系。随后的政策文件不断细化出生缺陷防治工作,指导地方推进出生缺陷防治能力的提高,并确定工作目标是建立覆盖城乡居民,涵盖婚前、孕前、孕期、新生儿和儿童各阶段,更加完善的出生缺陷防治网络。

2. 妇幼发展纲要规划中的相关政策

20世纪90年代起,中国每隔10年发布《中国妇女发展纲要》《中国儿童发展纲要》规划,重点是为了保障妇幼健康。纲要的出台推动妇女健康保障工作的开展,顺应广大妇女对美好生活的需要,充分体现以人民为中心的发展思想,符合全球妇女发展趋势,是新发展阶段中国妇女全面发展的纲领性文件。《中国儿童发展纲要》的提出也有助于预防出生缺陷情况的发生,促进社会完善儿童健康服务体系,保障儿童健康发展。

最初为了降低新生儿死亡率,在《中国妇女发展纲要(1995—2000年)》中提出开展孕产妇系统保健,并初步建立妇幼卫生监测网络和报告系统。同时对普及妇幼健康教育和提升妇幼卫生人员素质提出规定,乡级妇幼卫生人员产科急救知识及产科技能培训覆盖率预期目标达85%,贫困地区村级接生员复训率达80%,全国孕产妇保健覆盖率和孕产妇接受健康教育率达85%。

| 《中国妇女发展纲要（1995—2000年）》开展孕产妇系统保健，并初步建立了妇幼卫生监测网络和报告系统，对普及妇幼健康教育和提升妇幼卫生人员素质提出了规定 | 《中国儿童发展纲要（2001—2010年）》发展合作医疗以及多种形式的健康保障制度、增加基本卫生服务经费投入、加强宣传 | 《中国儿童发展纲要（2011—2020年）》增加妇幼医疗资源总量，落实出生缺陷三级防治措施，完善产前诊断网络，开始关注具体病种 | 《中国儿童发展纲要（2021—2030年）》总方针为"早筛早诊早治"，具体措施是建立多部门联动的防治机制、推动多学科诊疗合作及建立筛查、召回、诊断、治疗和随访一体化的体系等 |

| | 《中国妇女发展纲要（2001—2010年）》广泛普及生殖健康知识，加强预防保健的综合服务，重点针对严重危害农村妇女健康的疾病进行防治，持续重点关注农村地区的妇幼健康宣传及保障 | 《中国妇女发展纲要（2011—2020年）》加强各级妇幼保健机构建设，加快妇幼卫生人才培养，加强妇幼保健机构人员配备的方针，在关注覆盖率的同时开始重强调妇幼医疗资源质量 | 《中国妇女发展纲要（2021—2030年）》深入推进医疗改革、坚持保健与临床相结合的方针，并提出将孕产妇健康管理纳入基本公共卫生服务范围 |

图6.2 妇幼发展纲要规划相关政策演变

此后为了进一步减少由出生缺陷导致的婴儿死亡，在《中国妇女发展纲要（2001—2010年）》提出要广泛普及生殖健康知识，加强预防保健的综合服务，重点针对严重危害农村妇女健康的疾病进行防治，持续重点关注农村地区的妇幼健康宣传及保障，并提出生殖保健知识普及率和育龄人口计划生育知识普及率达80%以上的预期目标。同年发布的《中国儿童发展纲要》要求"发展合作医疗以及多种形式的健康保障制度、增加基本卫生服务经费投入、加强宣传"，并且提出"婴儿和5岁以下儿童死亡率以2000年为基数分别下降1/5，儿童保健覆盖率在城市达90%以上，在农村达到60%以上"的预期。

在《中国妇女发展纲要（2011—2020年）》提出要加强各级妇幼保健机构建设，加快妇幼卫生人才培养，加强妇幼保健机构人员配备的方针，在关注覆盖率的同时着重强调妇幼医疗资源质量。同年推出的《中国儿童发展纲要》，提出增加妇幼医疗资源总量，落实出生缺陷三级防治措施，完善产前诊断网络，并且提出婴儿和5岁以下儿童死亡率分别控制在10‰和13‰以下、先天性甲状腺功能减低症、新生儿苯丙酮尿症等遗传代谢性疾病筛查率达80%以上的预期目标，开始针对性关注具体病种。

2021年，在《中国妇女发展纲要（2021—2030年）》中提出深入推进医疗改革、坚持保健与临床相结合的方针，并提出以下预期：将孕产妇健康管理纳入基本公共卫生服务范围,孕产妇系统管理率达到90%以上。同年出台的《中国儿童发展纲要》,总方针为"早筛早诊早治",具体措施是建立多部门联动的防治机制、推动多学科诊疗合作及建立筛查、召回、诊断、治疗和随访一体化的体系等。

《中国妇女发展纲要》和《中国儿童发展纲要》总共分为三个阶段。在2000年以前婴儿死亡率高于30‰,处于较高水平。第一阶段提出规范妇幼卫生人员接生行为,提高孕产妇接受健康教育率,从孕产妇健康角度初步降低婴儿死亡率。第二阶段首次提出"婴儿和5岁以下儿童死亡率下降20‰"的具体目标,落实相关疾病的筛查和治疗政策,大幅度降低婴儿死亡率,并在2010年成功将婴儿死亡率控制在10‰左右。当婴儿死亡率降低到一定水平,出生缺陷无法忽视地成为导致婴儿死亡的重要原因。为了进一步降低婴儿死亡率,降低出生缺陷率的举措不可或缺。第三阶段提出落实三级预防措施,完善出生缺陷防治网络,确立"早筛早诊早治"的政策方针。

### (二) 国家层面重点政策演变

#### 1. 婚检、孕前保健政策

一级预防主要包括婚前医学检查、孕前优生健康检查、增补叶酸等。婚检方面,随着法律法规的颁布,我国婚检率起伏较大,可见婚检率与国家政策息息相关。我国婚检政策主要经历五个阶段。第一阶段是新中国成立初期,国家未对婚检做出强制性的规定,但是个别地区已有试行婚检的案例,如上海。第二阶段是从1952—1994年,从婚前医学检查的角度提出禁止结婚的条件,但是仍未硬性规定婚检。第三阶段是从1994—2003年的强制婚检阶段。1994年颁布的《婚姻登记管理条例》将强制婚检纳入法规,自此婚检率呈现上升趋势。第四阶段是2003—2009年的自愿付费婚检阶段。2003年国务院通过的《婚姻登记条例》去除了提交婚前健康检查证明这一环节,鼓励自愿婚检。第五阶段是2009年至今的免费婚检阶段。

在孕前优生保健方面,主要表现在国家发布《关于开展国家免费孕检项目试点工作的通知》(国人口发〔2010〕29号)中。孕前优生健康检查服务包括为计划怀孕夫妇提供优生健康教育、进行体格检查与临床实验室检查、进行生育风险评估、进行咨询指导等。在实施之初是为了提高农村地区孕前保健水平,因此首先在河北、吉林、江苏、浙江、安徽等18个省(区、市)选择100个县(市、区)进行免费孕前优生检项目试点工作。《国家人口计生委、财政部关于启动国家免费孕前优生健康检

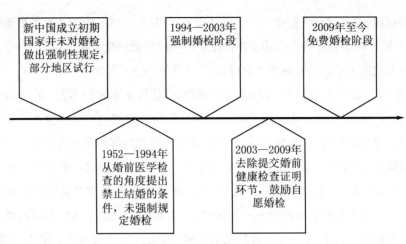

新中国成立初期国家并未对婚检做出强制性规定，部分地区试行

1994—2003年强制婚检阶段

2009年至今免费婚检阶段

1952—1994年从婚前医学检查的角度提出禁止结婚的条件，未强制规定婚检

2003—2009年去除提交婚前健康检查证明环节，鼓励自愿婚检

**图 6.3　婚检相关政策**

查项目第二批试点工作的通知》(人口科技〔2011〕18号)的发布,进一步扩大免费孕前检查项目,在第一批试点基础上,新增第二批试点120个县(市、区)。2012年实施地区扩大至全国60％的县区,2013年实现农村地区免费孕前保健服务全面覆盖。此后,于2015年进一步扩大免费孕前优生健康的范围,实现覆盖全部城乡计划怀孕夫妇。在2017年,卫生部发布《孕前保健服务工作规范(试行)》,规定孕前保健内容及实施方法。2019年国家卫生健康委正式将免费孕前保健纳入国家基本公共卫生服务。

## 专栏 6.1　婚检率跌至不足一成,埋下哪些隐患?

　　我国是出生缺陷高发国家,每年新增出生缺陷约90万例,出生缺陷发生前5位的分别是先天性心脏病、多指(趾)、唇裂、先天性脑积水和神经管缺陷。多位妇产科专家提出,虽然近年来出生缺陷率的升高有综合原因,但婚检率下降导致出生缺陷一级预防明显被削弱是一个主要因素。

**婚检免费为何不愿做**

　　婚检查什么?病史询问、体格检查、男女性生殖系统检查、实验室检查和胸部数字化摄影等,这些检查是主要项目。准新人拒绝或忽略婚检,主要由于健康意识不足。一些受访的年轻人认为,工作单位每年体检,如今婚前同居也并不鲜见,再做婚检是"多此一举"。有人担心,婚检会触及隐私,担心自己某些疾病暴露

176

后会失去对方,因而逃避婚检;有人在对方提出婚检要求时,甚至认为是对方不相信自己。

**优化服务倡导主动婚检**

婚检是维护爱人健康的重要手段,也是预防出生缺陷、保护孩子健康的第一道屏障。很多受访的业内人士认为,婚检虽不能从行政上强制恢复,但应通过健康教育和政策引导来鼓励人们自觉选择。

北京市卫生计生委副主任耿玉田提出,要优化服务流程,通过婚检婚登一站式服务、婚检孕检系列套餐服务等手段,引导新婚人群参与;加强部门协调,加强与民政等部门协作,利用婚姻登记网络、婚登大厅等平台宣传婚检信息,方便百姓对婚检相关政策与知识的获取;扩大宣传,联合妇儿工委等部门加大婚前医学保健的宣传,提高围婚人群对婚检的重视程度。

预防出生缺陷,单靠婚检还不够。广东省妇幼保健院出生缺陷防治与产前诊断中心主任尹爱华说,出生缺陷的防治应以预防为主,首先要做好婚前保健,其次提高孕前、产前检查质量,第三是选择最佳孕周产前诊断,及时检出缺陷儿,为胎儿宫内治疗等创造条件。

资料来源:人民网,2016, http://health.people.com.cn/n1/2016/0428/c398004-28311807.html。

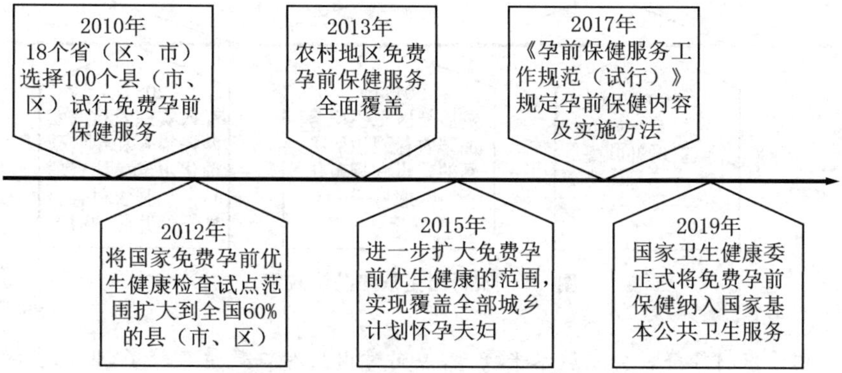

图 6.4　孕前保健服务相关政策演变

针对缺碘导致的出生缺陷疾病,卫生部于 1994 年提出《中国 2000 年消除碘缺乏病规划纲要》,且于 2017 年颁布《食盐加碘消除碘缺乏危害管理条例》来针对性减少由于缺碘导致的出生缺陷。针对服用叶酸可部分预防的神经管畸形（NTDs），2009年卫生部发布《增补叶酸预防神经管缺陷项目管理方案》，首次提出全国计划怀孕的农村妇女可免费增补叶酸。2018年，国务院办公厅发布《医疗卫生领域中央与地方财政事权和支出责任划分改革方案》，首次将孕前优生检查与增补叶酸以预防神经管缺陷项目纳入基本公共卫生领域。2020年，国家卫生健康委办公厅进一步提出将增补叶酸作为公共产品，继续推进增补叶酸预防神经管缺陷项目，加强精准化管理和个性化指导。针对地方性多发病，如有显著地域集中性的地中海贫血的防治，国家卫健委发布《地中海贫血防控试点项目技术服务规范》（国妇幼函〔2015〕873号）。

---

## 专栏 6.2  农村地区出生缺陷防治政策

我国农村地区的婴儿死亡率和 5 岁以下儿童死亡率均大于城市。2022 年的数据显示，农村婴儿死亡率和 5 岁以下儿童死亡率分别为 5.7‰ 和 8.00‰，高于城市 3.1‰ 和 4.2‰ 的水平。同时鉴于农村较高的出生率，优生优育更为重要。

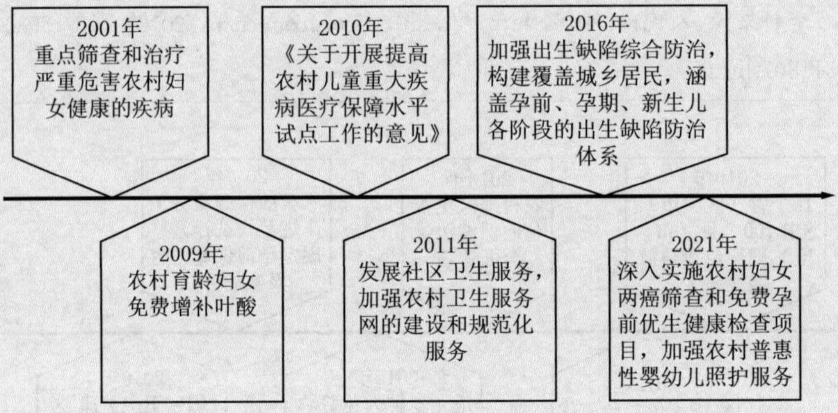

**2001年**
重点筛查和治疗严重危害农村妇女健康的疾病

**2010年**
《关于开展提高农村儿童重大疾病医疗保障水平试点工作的意见》

**2016年**
加强出生缺陷综合防治，构建覆盖城乡居民，涵盖孕前、孕期、新生儿各阶段的出生缺陷防治体系

**2009年**
农村育龄妇女免费增补叶酸

**2011年**
发展社区卫生服务，加强农村卫生服务网的建设和规范化服务

**2021年**
深入实施农村妇女两癌筛查和免费孕前优生健康检查项目，加强农村普惠性婴幼儿照护服务

**图 6.5  农村出生缺陷防治政策**

由于农村经济社会发展水平较低，但同时出生人口数量又较多，因此农村地区向来是出生缺陷预防的重点。由最初的疾病筛查到实行一系列出生缺陷防治具体措施，如免费增补叶酸、免费孕前优生等，进一步规范农村医疗健康管理，优化农村出生缺陷防控体系，大大降低农村出生缺陷率。

2. 孕期筛查和产前诊断政策

构建出生缺陷全链条防控,孕期筛查是关键,可以减少严重出生缺陷儿出生。我国广泛开展产前筛查,普及应用产前筛查适宜技术,规范应用高通量基因测序等新技术,规定医疗保健机构为怀孕的妇女提供的孕期保健包括建立孕产期保健册(卡)、提供产前检查、筛查危险因素、诊治妊娠合并症和并发症、提供心理、营养和卫生指导等。在整个妊娠期间至少提供5次产前检查,发现异常者应当酌情增加检查次数。根据不同妊娠时期确定各期保健重点。对高危孕妇进行专案管理,密切观察并及时处理危险因素。医疗保健机构为妇女提供的分娩期保健包括对产妇和胎儿进行全产程监护、安全助产及对新生儿进行评估及处理。

我国提倡住院分娩。对因地理环境等因素不能住院分娩的,有条件的地区应当由医疗保健机构派出具有执业资质的医务人员进行家庭接生;无条件的地区,应当由依法取得家庭接生员技术合格证书的接生员实施家庭接生;发现异常情况的应当及时与当地医疗保健机构联系并进行转诊。

3. 新生儿疾病筛查政策

三级预防主要是指新生儿疾病筛查,主要包括遗传代谢疾病、听力等筛查,以及其他致残性疾病的筛查。比如2012年,有21个省份354个贫困县实施贫困地区新生儿疾病筛查项目,为新生儿免费提供苯丙酮尿症、听力障碍等疾病筛查。2021年《国务院办公厅关于印发国家残疾预防行动计划(2021—2025年)的通知》提到,全面开展遗传代谢病和听力筛查,逐步扩大致残性疾病筛查病种范围。2023年《出生缺陷防治能力提升计划(2023—2027年)》提出要逐步扩大筛查病种,有条件的地区将先天性肾上腺皮质增生症以及听力障碍基因检测等纳入新生儿疾病筛查。

新生儿疾病筛查是提高出生人口素质,减少出生缺陷的预防措施之一。全国新生儿疾病筛查病种包括先天性甲状腺功能减低症、苯丙酮尿症等新生儿遗传代谢病和听力障碍。省、自治区、直辖市人民政府卫生行政部门可以根据本行政区域的医疗资源、群众需求、疾病发生率等实际情况,增加本行政区域内新生儿疾病筛查病种。各地区设置具备能力的医疗机构为新生儿遗传代谢病筛查中心和新生儿听力筛查中心,我国规定医疗保健机构应当对产妇及新生儿提供产褥期保健,包括为产妇及新生儿进行健康评估,开展母乳喂养、产后营养、心理、卫生及避孕指导,为新生儿进行预防接种和新生儿疾病筛查等,医疗机构发现新生儿患有遗传代病和听力障碍的,应当及时告知其监护人,并提出治疗和随诊建议。正常分娩的产妇及新生儿至少住院观察 24 小时,产后 3—7 天及 28 天进行家庭访视,产后 42 天进行母婴健康检查,高危产妇及新生儿应当酌情增加访视次数,2022 年我国新生儿遗传代谢病和听力障碍筛查率均达 90% 以上。

---

## 专栏 6.3  中国出生缺陷干预救助基金会

中国出生缺陷干预救助基金会成立于 2011 年,是经民政部登记注册的具有独立法人地位的全国性公募基金会,业务主管单位是国家卫生健康委。基金会宗旨是"减少出生缺陷人口比率,促进出生缺陷患者康复,提高救助对象生活质量",口号是"从生命起点关注民生",2019 年被民政部评为"4A 级基金会"。

多年来,基金会在财政部的支持下和国家卫生健康委的指导下,积极开展中央专项彩票公益金支持出生缺陷干预救助项目、小鹿灯-"无陷未来"出生缺陷儿童救助公益项目、新生儿先天性心脏病筛查诊治公益项目、新生儿听力障碍防控综合能力提升公益项目、妇幼健康服务能力提升项目等 30 个公益项目,设立母婴健康专项基金、遗传病诊治专项基金、"早安天使"早产儿关爱专项基金、妇幼健康发展专项基金、"满天星"儿童生长发育与健康专项基金、神经与肌肉疾病防控专项基金、成功妈咪专项基金、糖尿病干预救助专项基金共 8 个专项基金,充分调动各地方政府、企事业单位及个人积极参与,在全国开展出生缺陷检测近 290.84 万例,救助患儿 6.7 万人次,让近 300 万个家庭感受到国家和社会的关爱,赢得相关部门的充分肯定和社会各界的广泛好评。2023 年,出生缺陷干预救助项目获中国公益慈善领域的最高政府奖"中华慈善奖"。

资料来源:作者根据中国出生缺陷干预救助基金会网站简介整理。

---

4. 残疾人优惠政策

2022 年,我国的残疾人总数超过 8 500 万人,占全国总人口的比重是 6.34%,涉及 2.6 亿家庭。[1]考虑到残疾人群中为先天性心脏病、唐氏综合征等的人群源于出生缺陷,因此我国的残疾人相关政策均提到预防出生缺陷。

---

[1]  澎湃新闻:《无障碍:各地残疾人面临何种困境?》,https://www.thepaper.cn/newsDetail_forward_18868150。

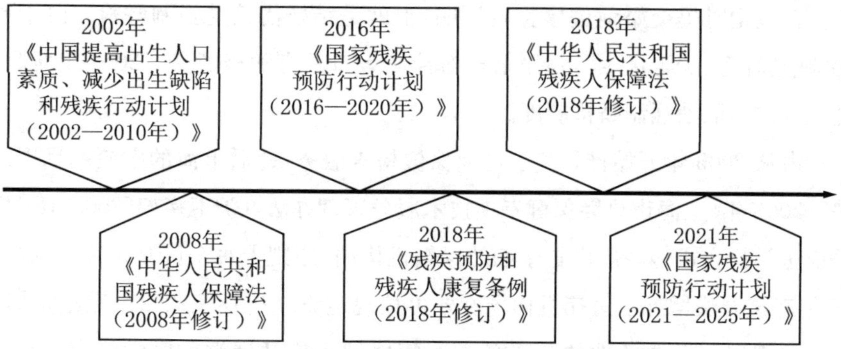

图6.6 针对残疾人相关出生缺陷的政策演变

中国于2002年开始提出要加强孕前检查和新生儿检查等早期干预措施,于2008年提出健全残疾人早期发现和治疗体系。2016年则进一步规范婚前检查和新生儿筛查等措施。为了进一步保障未成年残疾人健康,于2018年首次规范未成年监护人在未成年治疗中的责任与义务。2018年《残疾人保障法》则明确健全早期发现预防机制。2021年《国家残疾预防行动计划(2021—2025年)》提出要建立完善残疾预防科普知识资源库,出版、遴选、推介一批残疾预防科普读物,推动将残疾预防和出生缺陷防治核心知识纳入全科医生等职业培训课程和教材内容,形成残疾预防知识科普骨干队伍,加强残疾预防知识普及,确保残疾预防知识规范、有效传播。

由于出生缺陷很容易导致残疾,因此残疾人群的相关政策是出生缺陷防治的重要组成部分。自1991年首次颁布《残疾人保障法》,至今已有两次修订。近些年颁布的残疾人相关法律主要以预防为主,加强婚前孕前检查以及新生儿筛查干预,从源头上减少残疾人数目。

## 二、地方层面特色政策

遵循国家相关法规政策,各地政府因地制宜制定、细化政策。基于我国不同省份之间经济社会发展差异较大,选取东部、中部、西部的上海市、浙江省、河北省、陕西省,重点对出生缺陷预防中的三级政策进行具体剖析。

### (一)一级预防:婚检、孕前保健政策

1.婚前检查政策

1994年《婚姻登记管理条例》和1995年《母婴保健法》均规定,申请结婚登记双

方需要在登记时提交婚前健康检查证明,也就是结婚需接受强制婚检。由于当时提倡"晚婚晚育、少生优生",强制婚检对控制人口具有积极意义。2003年新版《婚姻登记条例》,取消强制婚检制度。

上海从2005年开始推行免费婚前保健检查服务,此后上海的婚检率呈现上升趋势。2008年《上海市母婴保健专项技术服务管理办法》(沪卫疾妇〔2008〕18号)规定婚前医学检查机构一般设置于妇幼保健机构内,原则上每个区县设置一家机构;2016年起该办法增加了医疗机构场所外可按规定设立的补充;2021年该办法鼓励符合设置规划和设置条件的各级各类医疗保健机构开展婚前医学检查。总体来看,上海逐渐鼓励在严格把控资质的前提下增设婚前医学检查机构。此外,上海市还在实施《残疾人保障法》的通知中提到,民政部门应当引导申请结婚登记的人员自愿参加婚前卫生指导、咨询和医学检查。

浙江省关于《实施免费婚检和免费孕检的意见》(浙政发〔2008〕82号)中提出于2009年在全省(区、市)范围内全面实施免费婚检。2022年《浙江省母婴保健专项技术服务管理办法》规定原则上每个县(市)至少设置一家婚前医学检查的医疗机构。陕西省人民政府《2011—2020年妇女发展规划和儿童发展规划》(陕政发〔2011〕70号)推进全面免费婚检,优先发展残疾人婚检、孕检。2018年《河北省残疾预防行动计划(2018—2020年)》,强调婚前医学检查重要性,提出加强对严重遗传性疾病、严重精神障碍等特殊疾病的检查。河北省关于《在全省开展免费婚检的通知》(冀卫发妇幼〔2020〕4号)宣布2020年起,在全省范围开展免费婚前医学检查。

目前22个省份全面推行免费婚检,除以上四省份外,还有北京、山西、内蒙古、吉林、安徽、福建、江西、湖北、湖南、广西、四川、云南、青海等地,其余省份为部分地区免费婚检。

2. 孕前保健政策

尽管国家在2010年发布《关于开展国家免费孕检项目试点工作的通知》,但上海在此之前发布《上海市2008年人口和计划生育工作要点》(沪人口委〔2008〕1号),提出在全市范围开展免费孕前检测工作。而后发布《上海市免费孕前优生健康检查项目的实施方案》(沪人口委〔2010〕30号),率先开展城市免费孕前优生健康检查试点。浙江也早在2009年在全省(区、市)范围全面实施免费婚检和免费孕检。

但陕西于2011年宣布将在省内10个城市开展试点工作,经过三年的试点后,于 2012 年实现全省范围免费孕检全覆盖。河北省于 2010 年开始在 7 个县（市、区）开展为期 1 年的免费孕前优生健康检查项目试点。《河北省人口发展"十二五"规划》（冀政函〔2012〕11 号），逐步扩大国家免费孕前优生健康检查项目试点范围，实现免费孕前优生健康检查制度全覆盖。

各地在孕前保健政策方面采取积极的举措，包括开展免费孕前优生健康检查项目试点工作，并逐步扩大范围。这些政策的实施有助于提高孕产妇的健康水平，促进胎儿的健康发育，减少出生缺陷的发生。

### （二）二级预防：孕期、产前筛查政策

各地出于对财政收支、医疗保险基金收支平衡的考虑，对于孕期、产前筛查的项目和费用支付方式都存在较大的差异。总体而言，东部沿海地区出生缺陷筛查的覆盖项目更多，同时免费的筛查项目也更多，相较之下，中西部地区的筛查水平略低。

上海市卫生局发布的《上海市母婴保健专项技术服务管理办法》（沪卫疾妇〔2008〕18 号）提出，应该限制产前诊断机构在 8 家以内，原则上设置在具备与所开展的技术相适应的三级医疗机构内；2016 年该办法将 8 家改为 10 家以内；2016 年全市开展产前诊断机构总数控制在 15 家以内。可见随时间发展，产前诊断等筛查服务需求上升。同时上海 2008 年开展的产前筛查的项目为 21-三体综合征和神经管缺陷，要求机构应当为二级以上医疗机构；至 2016 年在原基础上，建立由社区卫生服务中心、各医疗机构和产前诊断机构组成的产前筛查干预服务网络以提高唐氏综合征筛查，《上海市妇女健康服务能力建设专项规划（2016—2020 年）》（沪卫计〔2017〕15 号）再次提到推广唐氏综合征筛查；2018 年提到要落实唐氏综合征筛查网络相关要求，有序高效开展产前筛查；2019 年该办法提到建立儿童脑瘫早期筛查、转诊和康复体系。

浙江省发布的《浙江省卫生健康事业发展"十四五"规划》（浙发改规划〔2021〕141 号）中提到要使产前筛查率提高至 90% 以上，有效控制重症先天性心脏病、唐氏综合征、神经管缺陷等严重出生缺陷发生率；《浙江省妇女和儿童"十四五"规划》提到普及产前筛查适宜技术，规范应用高通量基因测序等技术；《浙江省母婴保健专项技术服务管理办法》（浙卫发〔2022〕1 号）详细规定产前诊断机构规模和范围。

陕西省 2019 年提出对符合条件的孕妇，每次怀孕可进行一次免费唐氏综合征

筛查和神经管缺陷血清学筛查以及两次免费常规超声检查。河北省到2018年为止侧重强调推广增补叶酸以预防神经管缺陷,2019年起以胎儿先天性心脏病影像筛查和唐氏综合征、耳聋基因筛查为重点;河北省计划到2025年,全省产前筛查率达85%以上,新生儿遗传代谢性疾病筛查率、新生儿听力障碍筛查率均不低于95%;实现全省出生缺陷免费筛查全覆盖,确保建档立卡孕妇应筛尽筛;持续开展唐氏综合征和听力筛查,通过开展筛查尽力防治智力低下和聋哑儿出现。

---

### 专栏6.4　医疗(生育)保险政策与产前检查

　　孕产妇在孕产期会经历产前筛查与诊断、住院分娩等过程,产生大量费用支出,最初一部分费用是由生育保险进行报销支付,但自国务院发布《国务院办公厅关于全面推进生育保险和职工基本医疗保险合并实施的意见(国办发〔2019〕10号)》要求各地在2022年底前实现两项保险合并实施后,主要由医疗保险进行支付。原生育保险包含生育医疗费和生育津贴,其中生育医疗费覆盖范围一般为出生缺陷防治的一、二级预防的部分,包括生育出院前的检查费、手术费、住院费和药费等,还有生育出院后由生育引起疾病的费用。出生后新生儿的治疗只能通过原医疗保险报销,其对应为三级预防。生育保险与医疗保险的报销范围原本有一部分重叠,但不能重复报销。两险合并之后,缴纳以及报销过程都得以简单化,但报销范围和报销水平没有实质性的变化。

　　对于医疗保险的报销范围和比例各地均有不同的政策。以产前检查为例,上海的产前检查并不纳入医保报销范围内,属于自费项目,但会提供一次性4 200元的生育医疗费补贴(危重孕产妇生育医疗费补贴按8 000元计发),主要解决生育妇女产前、产后及生育期间的住院起付线及起付线以上自负部分的医疗费用。北京市医疗保险直接报销产前检查费用,但不可以持卡实时结算,需要先由参保人员个人全额垫付,保存好相关结算单据及证明材料,由用人单位汇总并到单位参保区医疗保险经办机构申请手工报销。自确定妊娠至终止妊娠,发生的产前检查费用按限额标准支付3 000元,低于限额标准的按实际发生的费用支付。陕西门诊产前检查费用采用一次性补贴方式发放,由参保人员先行支付,待分娩出院结算时,系统自动完成申领登记,经医保经办机构审核后,将门诊产前检查费用一次性补贴划转到用人单位。

| 地区 | 报销范围 | 其 他 |
|------|---------|------|
| 上海市 | 自费项目 | 提供一次性生育医疗费补贴(4 200 元,危重孕产妇8 000 元) |
| 北京市 | 可报销 | 不可实时结算,先由患者全额垫付,后经用人单位汇总后报销,限额支付标准为3 000 元 |
| 陕西省 | 一次性补贴 | 由参保人先行支付,待分娩出院结算后,经审核后一次性划转到用人单位 |

**表6.1　部分地区产前检查报销范围和数额**

资料来源:作者从当地政策文件中搜集而来。

### (三) 三级预防：新生儿疾病筛查、治疗政策

1. 新生儿疾病筛查政策

《母婴保健法》明确规定要开展新生儿疾病筛查。1981 年上海市是国内最早实行新生儿疾病筛查制度的城市,1999 年在国内最早实行新生儿筛查标本递送的绿色通道。上海最早在 2002 年开展新生儿筛查工作,于 2007 年确定全市性新生儿遗传代谢性疾病筛查项目,其中包括四种疾病。并于 2015 年宣布建立唐氏综合征产前筛查系统。2016 年开展新生儿先天性心脏病筛查工作,并于同年建立了上海市新生儿先天性心脏病筛查诊治中心。

浙江省早在 1995 年提出要积极推行新生儿筛查技术工作。2001 年发布的通知中对规范新生儿听力筛查、先天性甲状腺和苯丙酮尿症收费标准。2009 年,杭州市规范了产前筛查和新生儿疾病具体筛查项目以及收费标准。后来各市陆续出台部分项目收费的通知。2014 年浙江省发布通知,取消新生儿疾病免费筛查中的半乳糖血症,新增红细胞葡萄糖-6-磷酸脱氢酶(G-6-PD)缺乏症。其他疾病如先天性甲状腺功能低下症(CH)、苯丙酮尿症(PKU)、先天性肾上腺皮质增生症(CAH)、新生儿听力障碍等四种疾病仍然免费筛查。

《陕西省医疗服务价格标准》规定,新生儿疾病筛查收费标准为每例 50 元。2019 年,陕西省政府发布意见表示,对新生儿进行一次免费苯丙酮尿症、先天性甲状腺功能减低症和听力障碍筛查,采用"双指标法"进行一次免费先天性心脏病筛查。河北省则于 2000 年宣布苯丙酮尿症和先天性甲状腺功能低下为新生儿疾病筛查范围。2004 年、2009 年、2021 年先后对该办法进行了修改,最新的管理办法于 2022 年 1 月 1 日起执行。

对比来看,上海、浙江在推广新生儿筛查工作方面较为领先,且相关政策数量较多,筛查项目覆盖面逐步扩大、一些项目逐步纳入免费行列。另一方面各地区强调的筛查病种具有地域差异,其中上海、浙江较强调先天性心脏病筛查以及新生儿听力障碍筛查,陕西较强调苯丙酮尿症筛查。整体来讲,近年出台文件数增多,且更聚焦于各病种针对性举措。

2. 出生缺陷儿治疗政策

出生缺陷治疗的费用较高,给家庭带来沉重的经济负担。我国主要通过医疗保险相关政策对治疗出生缺陷相关疾病费用支出给予报销,同时通过中央、地方政府专项扶持基金来减轻家庭的就医负担。此外,社会公益组织也会提供相应的基金对出生缺陷患儿的疾病救助给予一定的补助。

首先,基本医疗保险"保基本"。出生缺陷新生儿出生后也可通过参加城乡居民基本医疗保险报销相应的治疗费用。关于儿童的住院、治疗、手术等医疗费用的报销保障方面,由于各地医保基金的收支情况不同相应的待遇也不尽相同。例如在上海,父母若在孩子出生前三个月内办理少儿医保,则儿童自出生起所发生的医疗费用可以纳入医保报销范围(报销标准见表 6.2)。上海于 1996 年创建少儿住院互助基金,每年有 220 余万名 0—18 周岁的常住少年儿童参保。北京市新生儿自出生之日起享受城镇居民基本医疗保险待遇。参保人员发生符合本市基本医疗保险和学生儿童大病医疗保险药品目录、诊疗项目目录、医疗服务设施范围的医疗费用,由城镇居民基本医疗保险基金按规定支付。

表 6.2　上海市新生儿医保报销标准

| 医保待遇 | 起付标准 | | | 医保基金比例 | | |
|---|---|---|---|---|---|---|
| | 一级医院 | 二级医院 | 三级医院 | 一级医院 | 二级医院 | 三级医院 |
| 住院待遇 | 50 元/次 | 100 元/次 | 300 元/次 | 80% | 75% | 60% |
| 门急诊待遇 | 300 元 | | | 70% | 60% | 50% |

资料来源:上海本地宝,https://sh.bendibao.com/zffw/20221116/262882.shtm。

其次,地方和中央政府都会有相关的扶持政策,地方的扶持政策主要依赖于当地的财政收入情况。例如《浙江省探索建立普惠型儿童福利制度"先行先试"试点实施方案》(浙民儿〔2013〕72 号)中提到,对依法收养残疾儿童的家庭,每个家庭每月补助 150 元。陕西省在《2011—2020 年妇女发展规划和儿童发展规划的通知(陕政发〔2011〕70号)》中提到,要建立残疾儿童补贴和康复救助制度。河北省邯郸市、承德市等多地区也发布类似文件。从政策文件上看,所选地区中浙江省对于出生缺陷儿童补助标准最高,其次为上海市。表6.3中展示部分地区政府针对出生缺陷的相关救助政策。

表6.3　上海市、浙江省、陕西省出生缺陷的社会救助政策

| 地区 | 人　群 | 社会救助政策 |
|------|--------|--------------|
| 上海市 | 0—18岁智力、听力、肢体、视力、自闭症等5类残疾儿童 | 视力、听力、言语、智力类:10 000元/人/年 |
| | | 肢体类:15 000元/人/年 |
| | | 肢体(脑瘫)、孤独症类:24 000元/人/年 |
| 浙江省 | 0—17岁残疾儿童和孤独症儿童 | 0—6周岁,36 000元/人/年 |
| | | 7—17周岁,24 000元/人/年 |
| 陕西省 | 脑瘫、孤独症、智力、听力残疾儿童 | 2 000元/人/月,每年不超过10月 |

资料来源:上海市阳光宝宝卡、《浙江省残疾儿童康复服务制度工作细则》和《陕西省人民政府关于建立残疾儿童康复救助制度的实施意见》。

此外,国内外民间慈善组织积极开展出生缺陷患儿的治疗和康复工作,表6.4中展示了部分慈善组织的出生缺陷救助项目信息。为唇腭裂、先天性心脏病、先天性听力障碍、苯丙酮尿症等患儿免费实施相关治疗和康复,极大地改善了出生缺陷患儿的预后,提高了患儿及家庭的生活质量,取得了良好的社会效益。[1]例如,中国出生缺陷干预救助基金会在全国范围内开展出生缺陷检测近290.84万例,救助患儿6.7万人次,让近300万个家庭感受到国家和社会的关爱,18岁以下家庭困难且患有出生缺陷疾病的儿童,医疗费用自付部分超过3 000元后,可以通过出生缺陷干预救助基金会相关平台提交材料,审核通过后可以申请到最高3万元的相应比例的救助,诊断、治疗、手术、包括康复等费用都在救助的范围内。爱佑慈善基金会2006年设立的"爱佑童心项目"采用定点医院合作模式,在全国各地区选择诊疗水平高的医院为先天性心脏病患儿提供治疗,与政府部门、定点医院、捐赠人搭建医疗救助网络,通过优质医疗资源的下沉,为偏远地区及困难家庭患儿提供可负担的、优质的诊断及治疗。

---

[1]　中国出生缺陷防治报告(2012)。

表 6.4　慈善组织出生缺陷救助项目信息(部分)

| 项目名称 | 救助内容 |
| --- | --- |
| 嫣然天使基金 | 家庭贫困的唇腭裂患者 |
| 微笑列车基金会(美国) | 唇腭裂患儿 |
| 幸福微笑——救助唇腭裂儿童 | 低收入家庭的唇腭裂儿童 |
| 天使阳光基金 | 困难家庭 0—14 周岁的先天性心脏病患儿 |
| 如新中华儿童先天性心脏病基金 | 贫困先天性心脏病患儿 |
| 先天性结构畸形救助项目(中国出生缺陷干预救助基金会) | 患有遗传代谢病、先天性结构畸形和功能性出生缺陷三类出生缺陷疾病的经济困难家庭患儿 |
| 出生缺陷(遗传代谢病)救助项目(中国出生缺陷干预救助基金会) | 患有遗传代谢病、先天性结构畸形和功能性出生缺陷三类出生缺陷疾病的经济困难家庭患儿 |

# 第七章
# 我国出生缺陷防治体系现状与对策

本章主要包括三方面的内容。首先,介绍我国出生缺陷防治的基本情况,具体包括出生缺陷三级预防体系以及出生缺陷防治服务网络建设的情况。其次,阐述出生缺陷防治面临的主要问题。最后,针对出生缺陷防治存在的问题提出相应的政策建议。

## 一、出生缺陷防治的基本情况

### (一)出生缺陷三级预防体系成效初显

1. 婚检、孕前保健

我国已形成中国特色的出生缺陷综合防治策略,一级预防把好婚前、孕前关口,通过健康教育、婚前保健、孕前健康检查、增补叶酸项目等服务,进一步降低出生缺陷发生率。婚前医学检查和孕前优生健康检查普及率的提高,对预防出生缺陷、保障母婴健康具有重要意义。从图 7.1 中可以看出,1994 年进行强制婚检后,婚前检查率维持在 60％左右,而在 2003 年取消强制婚检之后急剧下跌,由 2002 年的 68％跌至 2004 年的 2.67％。

为进一步降低出生缺陷发生风险提高出生人口素质,2010 年 4 月国家人口计生委与财政部在 18 个省份的 100 个县共同组织实施国家免费孕前优生健康检查项目试点工作,试行免费孕前保健服务。并于 2012 年将实施地区扩大至全国 60％的县区,2013 年实现了农村地区免费孕前保健服务全面覆盖。2015 年进一步扩大了免费孕前优生健康的范围,实现覆盖全部城乡计划怀孕夫妇。截至 2021 年我国已有 22 个省份推行免费婚检服务。

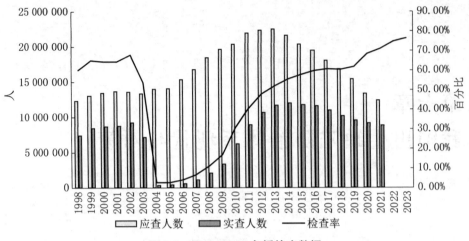

**图 7.1    1998—2023 年婚检率数据**

注:2022 年和 2023 年应查人数和实查人数暂时缺失。

资料来源:1998—2021 数据来源为中国卫生统计年鉴;2022 年婚前检查率数据来自 2022《中国妇女发展纲要(2021—2030 年)》统计监测报告;2023 年婚前检查率数据来自央广网:多组数据看我国残疾预防行动任务成绩单 全国婚检率达 76.5%,https://news.cnr.cn/dj/20240821/t20240821_526864258.shtml。

此外,中国计划生育协会开发"全国婚孕检信息服务"平台,为用户定向匹配婚检孕检服务机构,智能化提供电话、地址、地图、检查内容、流程等,同时宣传相关政策法规和知识,方便群众获取婚检孕检信息。中国计生协在全国推进"优生优育进万家"活动,建立优生优育指导中心,提供孕产期保健知识、科学育儿培训等宣传服务,推动"优生优育课堂"向社区延伸。2019 年以来累计开展线上线下孕妇课堂、家长培训、亲子活动等 3 000 余场,服务近 30 万人次。上述措施在一定程度上提高了婚检和孕检率。

随着我国出生缺陷综合防治服务均等化水平持续提升,孕前、孕前预防保健卓有成效,已为超过 1 亿名农村育龄妇女进行免费叶酸补服,全国婚前医学检查率从 2010 年的 30.7% 提高至 2021 年的 70.9%,比 2020 年提高 2.5 个百分点,孕前优生检查目标人群覆盖率在 80% 以上。2022 年卫生健康事业发展统计公报显示全国所有县(市、区)普遍开展免费孕前优生健康检查,为农村计划怀孕夫妇免费提供健康教育、健康检查、风险评估和咨询指导等孕前优生服务。孕前优生健康检查、增补叶酸项目累计受益人群均超过 1 亿。2022 年,全国共为 816.2 万名计划怀孕夫妇提供免费检查,目标人群覆盖率平均达 91.8%。筛查出的风险人群全部获得针对性的咨询指导和治疗转诊等服务,落实孕前预防措施,有效降低出生缺陷的发生风险。

2. 孕期筛查和产前诊断

二级预防通过提供全方位孕产期保健服务,加强产前筛查、产前诊断和知情干预,进一步减少严重致死致残出生缺陷。我国广泛开展产前筛查,普及应用产前筛查适宜技术,规范应用高通量基因测序等新技术,规定医疗保健机构为怀孕的妇女提供的孕期保健包括建立孕产期保健册(卡)、提供产前检查、筛查危险因素、诊治妊娠合并症和并发症、提供心理、营养和卫生指导等。2022 年,我国孕产妇产前检查率 97.9%,住院分娩率为 99.94%(市 99.97%,县 99.89%),已经基本实现全部住院分娩。孕产妇死亡率和新生儿死亡率进一步降低,全国孕产妇死亡率为 15.7/10万,比 2021 年降低 2.5%,其中城市孕产妇死亡率为 14.3/10 万,农村孕产妇死亡率为 16.6/10 万。新生儿死亡率为 3.1‰,其中城市 1.8‰,农村 3.6‰(见表 7.1)。

表 7.1 2022 年孕产妇死亡率与新生儿死亡率

| | 孕产妇死亡率(/10 万) | 新生儿死亡率(‰) |
|---|---|---|
| 全国 | 15.7 | 3.1 |
| 城市 | 14.3 | 1.8 |
| 农村 | 16.6 | 3.6 |

资料来源:2022 年《中国妇女发展纲要(2021—2030 年)》统计监测报告。

2012 年国家卫健委开始地中海贫血防控项目,为广西等地区新婚夫妇和计划怀孕夫妇免费提供地贫筛查、产前筛查和产前诊断服务。2022 年项目地区已扩大至 10 个高发省(区、市),有效减少重型地贫儿出生。天津、河北、山西、山东、河南、湖南、陕西、甘肃、宁夏等省份也逐步加大政府投入,将产前筛查纳入政府民生工程,免费为孕产妇提供服务,促进全国产前筛查和产前诊断工作的深入开展。[1]

除了传统的产前诊断技术,新兴诊断技术同样在助力产前诊断。无创产前基因检测(Noninvasive prenatal testing, NIPT)又称无创胎儿染色体非整倍体检测,是一种针对胎儿染色体异常情况的产前检测技术,其技术原理是通过采集孕妇外周血以提取母体内胎儿游离 DNA,然后结合二代测序技术测试胎儿染色体序列是否正常。无创产前基因检测主要用于测试胎儿是否患唐氏综合征(21-三体综合征)、

---

[1] 资料来源:关于政协第十三届全国委员会第五次会议第 03125 号(医疗卫生类 280 号)提案答复的函,http://www.nhc.gov.cn/wjw/tia/202208/dd3d81f51613423097f9a7a87fe8505d.shtml。

爱德华氏综合征(18-三体综合征)、帕陶氏综合征(13-三体综合征),具有无创、检出率高、无流产风险等优点。

无创产前诊断技术上的创新具有革命性意义,通过孕妇外周血检测,避免了穿刺等带来的流产风险,同时一次性检测所有染色体非整倍体异常准确率达 99.9%,可替代传统检测手段。在无创产前基因检测技术出现之前,2013 年中国 1 700 万孕妇中产前诊断率不到 1%。一些迄今为止无法根治的疾病,最好通过产前筛查和产前诊断来进行预防。随着产前诊断技术的发展,出生缺陷的检出率提高了 6%—9%①,产前诊断的价值和重要性进一步凸显。针对新生儿及儿童罕见病,已累计检出的阳性样本数达 3 万例。其中,基因及基因组技术检出的阳性标本数超过 20 000 例;色谱质谱及酶学方法检出的阳性标本数为 6 000 余例。

中国无创产前基因检测行业发展历程可分为技术萌芽(1997—2004 年)、稳定发展(2005—2013 年)和快速发展(2004 年至今)三个阶段。1994 年香港卢煜明教授带领医学研究团队发现能够从孕妇外周血中提取出胎儿游离 DNA,为基因测序在生殖生育领域的应用,胎儿游离 DNA 提取技术的诞生。由于第一代基因测序技术速度慢、通量低、成本高,导致基因测序无法在临床中实现大规模应用。第二代基因测序技术通过连接酶法、焦磷酸测序等新型测序方法弥补了第一代基因测序技术的不足,实现了高通量并行测序,单次测序 DNA 片段数目高达几十万至几百万,大幅降低了测序时间。基因测序技术已发展至第四代测序技术,无创产前基因检测主要应用第二代测序技术。伴随着测序技术快速发展,测序成本呈现"超摩尔定律"的趋势。表 7.2 展示四代测序技术对比情况。

表 7.2　基因测序技术对比

| 技术迭代 | 平台 | 技术类型 | 特征 | 应用领域 | 精准度 |
|---|---|---|---|---|---|
| 第一代 | ABI/LIFE3730 | Sanger 测序/长片段测序 | 测序时间长、错误来源引物/扩增 | 法医鉴定亲子鉴定基因检测 | >99% |
| 第二代 | Roche454 | 焦磷酸反应 | 无法识别簇碱基 | 个体化用药基因检测肿瘤基因检测 | >99% |
| | Illumina HiSeq/MiSeq | 可逆链终止反应 | 读长短,后端数据分析要求高 | NIPT、肿瘤基因检测 | >99% |

① 资料来源:人民网,http://health.people.com.cn/n1/2022/0209/c14739-32348397.html。

| 技术迭代 | 平台 | 技术类型 | 特征 | 应用领域 | 精准度 |
|---|---|---|---|---|---|
| 第三代 | PacBio Sequel | 单分子测序 | 超长读长,均一覆盖度 | 全基因检测 | <90% |
| | 瀚海基因 | 单分子测序 | — | 全基因检测 | >99% |
| 第四代 | Oxford Nanopore Technologies | 纳米孔测序 | 错误率较高 | 全基因检测 | <90% |

资料来源:头豹研究院,https://www.leadleo.com/。

## 专栏 7.1  守护生命健康,基因科技"飞入寻常百姓家"

华大基因妇幼健康业务是深圳华大基因股份有限公司旗下重要业务组成部分,秉承"基因科技造福人类"的愿景,以降低出生缺陷、提供专业遗传病综合诊断技术平台、为广大百姓提供贯穿生命周期的基因组医学服务为目标,同时基于妇幼健康领域临床研究及民生健康方面的应用成果,已经成为全球知名的中国品牌。

迄今为止,已提供超过千万人次的临床基因检测服务,为千万家庭提供健康保障,为社会减轻数百亿元经济负担;通过多年的临床实践,基于高通量测序(NGS)的无创产前基因检测 NIPT 已具有基因检测行业里程碑式意义,同时华大基因仍持续不断丰富和完善检测技术、检测流程,从出生缺陷三级防控角度出发,提供涵盖孕前、孕期、新生儿及儿童各阶段与妇幼健康相关的基础研究和临床应用服务,旨在全面助力出生缺陷防控,提高儿童健康水平,保障妇幼健康,在出生缺陷三级预防中发挥重要的作用。

2015 年《中国地中海贫血蓝皮书》数据显示,中国约有 1.5 万重型地贫患者,且有 3 000 万人群为地贫基因携带者,尤以广东、广西、海南三省携带率较高。"针对育龄人群在婚前、孕前和孕期阶段,实施地贫基因检测发现同时携带隐性致病基因的夫妇,进而进行产前诊断和必要的干预措施,是实现减少重型地贫患儿出生的有效措施和重要策略。"陈仕平说,多年来华大基因致力于通过先进的高通量测序技术评估后代罹患地贫的风险,助力出生缺陷防控。

从天下无"贫"(地中海贫血),到天下无"唐"(唐氏综合征)、天下无"聋"(遗传性耳聋),华大基因相继开展了一系列公益专项,推广普惠式的疾病筛查防控模式,让更多人受益于基因科技的进步。超 140 万例地贫基因检测,超 1 370 万例无创产前基因检测,超 540 万例耳聋基因检测,超 600 万例 HPV 基因检测……这些数据的背后,是一个个受益于精准医学基因检测的家庭。

"大人群、低成本、高效率的基因筛查,是实现服务公众、减少病患的关键。"华大基因首席运营官杜玉涛说,华大基因始终坚持"防大于治"的理念,希望能通过早期筛查对疾病进行早期预警,实现疾病防控关口前移。

资料来源:《人民日报》;华大基因官网,https://www.bgi.com/news/2024011101。

此前由于较昂贵的检测费用,限制了无创产前基因检测的市场空间,总体渗透率低。随着近年来相关政策利好持续释放(见图 7.2),各省市推出医保政策、补贴政策等支持性政策提高无创产前基因检测覆盖率。例如 2015 年湖南省、贵州省相继印发促进基因检测技术的若干政策,2016 年重庆市将孕产妇无创产前基因检测、孕妇地中海贫血基因检测纳入医疗保险,2017 年湖南省对 35 周岁以上孕妇开展免费无创产前基因检测及诊断项目,2019 年武汉市将无创产前基因检测受众扩展至全年龄段,2019 年河北省开展孕妇无创产前基因免费筛查项目。随着政策的不断推进,我国无创产前检测行业市场规模快速增长。2017 年我国无创产前检测行业市场规模达到 43 亿元,2022 年这一数字为 85 亿元,较 2021 年增长约 31%(见图 7.3)。

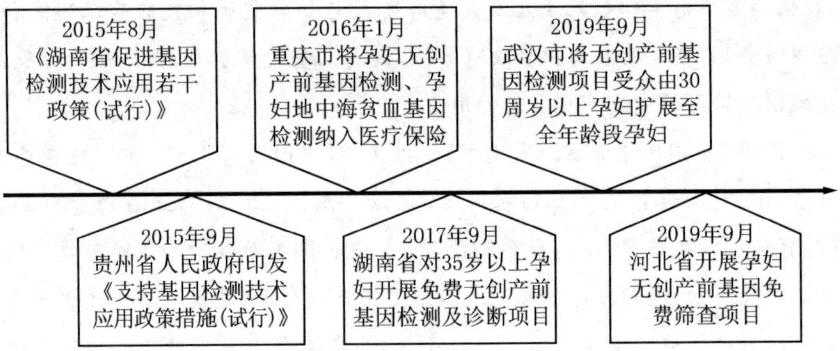

**图 7.2　无创产前基因检测相关政策演变**

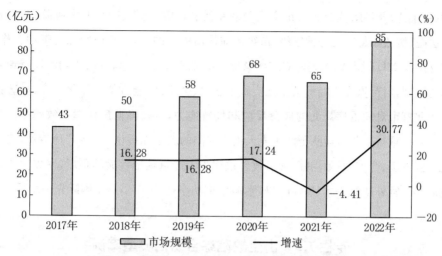

**图 7.3　我国无创产前检测行业市场规模及增速**

资料来源：观研天下数据中心。

### 3. 出生后的筛查、救治

三级预防是在出生后尽早对新生儿进行疾病筛查，通过早筛查、早诊断、早干预和早康复，尽可能减少出生缺陷导致的婴幼儿死亡和先天残疾。我国三级预防措施覆盖率进一步提高，苯丙酮尿症、先天性甲状腺功能减低症等新生儿遗传代谢病 2 周内诊断率、2 周内治疗率均达到 90％，新生儿听力障碍 3 个月内诊断率、6 个月内干预率均达到 90％。一批致死致残重大出生缺陷得到有效控制，严重先天性心脏病、唐氏综合征、先天性听力障碍、重型地中海贫血、苯丙酮尿症等重点出生缺陷防治取得新进展，全国出生缺陷导致的婴儿死亡率、5 岁以下儿童死亡率分别降至 1.0‰、1.1‰以下。

新生儿出生缺陷救治水平进一步提升。以先天性膈疝（CDH）为例，它是一种严重的结构畸形，由于胎儿膈肌发育不完整使得腹腔脏器进入胸腔，发病率为 1/3 000，病死率为 70％，发病机制不明，手术是根本治疗方法，但救治难度大、风险高，是世界性难题。先天性膈疝产前诊断率约 75％—95％，由于国内多数儿童医院与产科医院分离，诊断、治疗割裂，产儿科缺乏对疾病的共同认知和协同治疗，引产率高达61.54％，出生的患儿多生后窒息死亡。传统手术创伤大、并发症多，缺少合理的评估及手术指征，术后近远期康复指导不完善。

首都儿科研究所创新搭建产儿强强联合的产前—产时—产后 MDT 平台。普通(新生儿)外科团队在北京市牵头与北京协和医院、北医三院、北大医院、北京妇产医院、解放军总医院等国家级、市级产前诊断中心的产科、超声影像科密切合作，建立产儿MDT团队，率先建立结构畸形产前评估、绿色通道转诊、微创治疗及预后随访机制，对严重先天畸形新生儿实施多学科、全周期、全方位一体化诊疗，显著提高了北京市对危重症患儿的应急反应和处置能力，有效降低病死率和致残率。医院建立危重新生儿转运队伍。为先天出生缺陷的新生儿提供100%产房待产，使患儿得到迅速、合理、有效治疗，显著改善重症先天严重畸形疾病的预后，率先完成高危胎儿子宫外产时手术(EXIT)33例，救治成功率达91.6%，居于国际先进水平。

---

**专栏7.2　出生缺陷综合防治典型案例**

2022年10月，国家卫健委妇幼司印发关于出生缺陷综合防治典型案例，包括制度创新与综合服务类典型案例、技术创新与精准医学类典型案例。这些案例各具特点，充分体现各级各类医疗卫生机构落实三级防治策略，整合学科、技术和资源，开展出生缺陷综合防治的探索和实践。

表7.3　出生缺陷综合防治典型案例(部分)

| | | |
|---|---|---|
| 制度创新与综合服务类典型案例 | 新生儿重症先天性膈疝诊疗新技术的建立及推广应用 | 首都儿科研究所附属儿童医院 |
| | 罕见出生缺陷疾病综合防治体系的建立 | 上海交通大学医学院附属上海儿童医学中心 |
| | 胆道闭锁三级筛查诊断体系建立 | 复旦大学附属儿科医院 |
| 技术创新与精准医学类典型案例 | 胚胎遗传学检测技术联合HLA配型在出生缺陷防治中的应用 | 北京大学第三医院 |
| | 全流程与跨病种管理智能信息系统助力新生儿疾病干预体系建立 | 浙江大学医学院附属儿童医院 |
| | 单病携带者筛查辅助双胎产前诊断与出生缺陷防治闭环管理 | 江西省妇幼保健院 |

资料来源：国家卫健委妇幼司。

---

综上所述，我国三级预防措施覆盖率进一步提高，通过把好婚前、孕前、孕期和新生儿期四道关口，并且在妇幼健康服务中把四道关口整合推进，通过专科联盟、医联体建设、远程医疗等多种形式，落实免费孕前优生健康检查，提升出生缺陷防治能力。

## (二)出生缺陷防治服务网络建设趋于完善

### 1.防治机构建设情况

图7.4中展示2021年我国各省母婴保健技术服务职业机构数量[1],可以发现终止妊娠手术机构、结扎手术机构、助产手术机构是目前母婴保健技术服务职业机构的主要构成部分,产前诊断机构和婚前医学检查机构的数量总体而言占比较低。

为此,我国在坚持实施出生缺陷综合防治策略的同时,积极完善出生缺陷防治政策和持续强化出生缺陷防治网络,科学规划出生缺陷专业防治机构的资源配置与合理布局。全国婚前保健机构、孕前优生健康检查机构均已超过3 000家,基本实现县级区域全覆盖。产前筛查机构达4 850家,覆盖1 761个区县,区县覆盖率接近60%。产前诊断机构达527家,人口数大于300万以上的地级市覆盖率超过90%。全国新生儿疾病筛查中心达259家,所有区县均设置新生儿遗传代谢病筛查采血机构。[2]

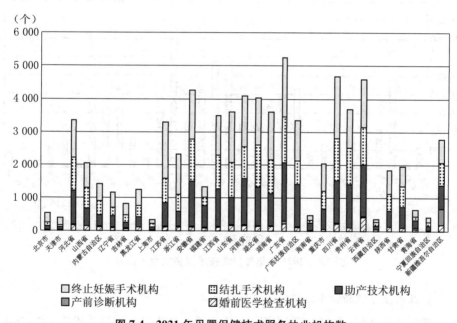

图 7.4　2021 年母婴保健技术服务执业机构数

---

① 具体数值详见本书附录。

② 资料来源:我国积极推进出生缺陷综合防治,https://www.gov.cn/lianbo/bumen/202309/content_6903640.htm。

2. 人才队伍建设情况

图7.5中显示2021年我国各省母婴保健技术服务职业人员数量①,可以发现终止妊娠手术人员、结扎手术人员、助产士以及产科医师是目前母婴保健技术服务人员的主要构成部分,而与出生缺陷筛查和诊断相关的产前诊断人员以及婚前医学检查人员数量占比较低。

针对人才队伍建设短板,我国实施全国出生缺陷防治人才培训项目,优化人才队伍,提高专业能力,进一步加强紧缺人才、学术骨干和前沿技术人才培养。2018—2022年培训省级师资和紧缺专业人员超2万名,计划2027年在2022年基础上全国再完成1.5万名紧缺人才培养。并开展出生缺陷防治人才培训项目专项培训,针对重点专业和重点疾病防治培养学术骨干和学科带头人。结合行业发展趋势,加强对掌握生物医学信息、基因检测、医学人工智能等前沿技术的人才建设。

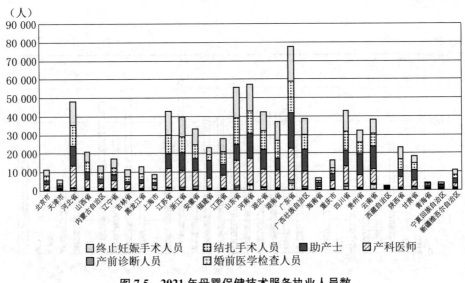

图7.5 2021年母婴保健技术服务执业人员数

3. 政府主导下的出生缺陷防治工作成效显著

近年来党中央、国务院高度重视防治出生缺陷和人口素质提升相关工作,各级政府广泛开展出生缺陷预防工作。大力普及防治知识,针对不同婚育阶段人群统筹落实婚前检查、孕前优生健康检查、地中海贫血筛查、增补叶酸和孕期保健等服

① 具体数值详见本书附录。

务,减少出生缺陷发生。

国家卫健委妇幼健康司下设的出生缺陷防治处主要负责出生缺陷防治工作,为加强出生缺陷防治宣传教育,推进出生缺陷综合防治,营造全社会重视和支持出生缺陷防治工作的良好氛围。自 2014 年起,每年国家卫生健康委妇幼健康司以"预防出生缺陷日"为契机,聚焦出生缺陷防治,明确年度宣传主题,在全国组织开展预防出生缺陷日主题宣传活动(见图 7.6),普及优生知识、宣传惠民政策,推动出生缺陷三级防治服务和政策有效落实。①以 2023 年活动主题为例,提出"预防出生缺陷,科学健康孕育",旨在积极宣传出生缺陷三级预防策略和知识,倡导科学预防理念,增强公众优生意识和健康素养,主动落实婚前、孕前、孕期和出生后各阶段综合防治措施。

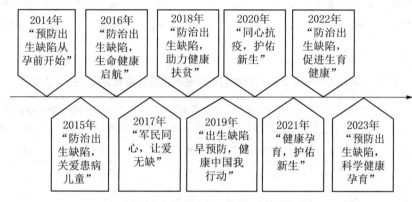

图 7.6 预防出生缺陷日宣传活动历年主题

"十四五"期间,我国妇幼健康司指导中国出生缺陷干预救助基金会实施功能性出生缺陷救助项目。根据各地妇幼健康司要求,功能性出生缺陷救助项目包括八类病种:神经、心血管、消化、皮肤、泌尿及肾脏、五官、免疫及血液、内分泌代谢,满足要求的 18 岁以下患儿可依据医疗费用自付情况申请补助。各省(区、市)和新疆生产建设兵团根据功能性出生缺陷救助项目方案要求,共核报了省级项目管理单位 32 家,实施单位 286 家,经妇幼司审核,于 2022 年 1 月公布。东部地区有 117家,中部 71 家,西部 96 家,总体呈现东密西疏的分布特征。其中北京 13 家,山东 15家,江苏 15 家,福建 16 家,较多且较为密集;黑龙江 5 家,青海 3 家,相对较少;大多

---

① 中国预防出生缺陷日官网,http://www.nhc.gov.cn/jnr/jrjjk/csqxr_lmtt.shtml。

数省份设有 8—12 家实施单位,例如辽宁、河北、河南、陕西、内蒙古等。

## 二、出生缺陷防治面临的问题

### (一)出生缺陷监测体系效率较低

一方面,按照现行《全国妇幼健康统计调查》规定,全国各区县需逐级审核上报相关情况。然而,由于总体监测样本相对较大,而机构人员配置相对较少,导致工作任务繁重,影响了数据审核的及时性。表 7.4 给出 2022 年第一季度妇幼健康监测网络报表区县级按时完成业务审核情况,在出生缺陷医院监测方面,辽宁、河北、山东、黑龙江等省份的监测任务完成情况达到 90% 以上,而湖南、广东、浙江、江苏、重庆监测任务完成情况不足 10%。出生缺陷人群监测方面,天津、北京、新疆的业务完成情况达到 100%,内蒙古、重庆、广东、山东、黑龙江低于 20%,各省份间监测网络效率差异较大。

表 7.4 　 2022 年第一季度妇幼健康监测网络报表区县按时完成业务审核情况

| | 孕产妇死亡监测(%) | 危重孕产妇监测(%) | 儿童死亡监测(%) | 出生缺陷医院监测(%) | 出生缺陷人群监测(%) |
|---|---|---|---|---|---|
| 北　京 | 100.0 | 0.0 | 66.7 | 42.2 | 100.0* |
| 天　津 | 85.7 | 0.0 | 0.0 | 11.8 | 100.0* |
| 河　北 | 58.3 | 9.5 | 33.3 | 93.2 | 50.3 |
| 山　西 | 30.0 | 5.0 | 0.0 | 71.4 | 57.4 |
| 内蒙古 | 75.0 | 0.0 | 33.3 | 81.0 | 0.7 |
| 辽　宁 | 100.0 | 20.0 | 58.8 | 92.0 | 47.3 |
| 吉　林 | 100.0 | 0.0 | 7.1 | 18.3 | 55.3 |
| 黑龙江 | 75.0 | 9.1 | 16.7 | 100.0 | 19.2 |
| 上　海 | 0.0 | 0.0 | 0.0 | 20.0 | 53.4 |
| 江　苏 | 54.5 | 0.0 | 27.3 | 5.1 | 57.4 |
| 浙　江 | 100.0 | 0.0 | 37.5 | 4.2 | 43.7 |
| 安　徽 | 72.7 | 0.0 | 27.3 | 52.8 | 49.8 |
| 福　建 | 80.0 | 7.1 | 40.0 | 75.5 | 46.0 |
| 江　西 | 54.5 | 0.0 | 36.4 | 65.4 | 31.8 |

|  | 孕产妇死亡监测(%) | 危重孕产妇监测(%) | 儿童死亡监测(%) | 出生缺陷医院监测(%) | 出生缺陷人群监测(%) |
|---|---|---|---|---|---|
| 山　东 | 75.0 | 0.0 | 93.8 | 98.9 | 13.3 |
| 河　南 | 92.3 | 0.0 | 38.5 | 82.2 | 57.1 |
| 湖　北 | 100.0 | 0.0 | 60.0 | 84.8 | 65.1 |
| 湖　南 | 53.8 | 0.0 | 53.8 | 0.0 | 28.0 |
| 广　东 | 50.0 | 0.0 | 70.0 | 0.0 | 11.9 |
| 广　西 | 47.1 | 0.0 | 35.3 | 40.0 | 36.2 |
| 海　南 | 71.4 | 0.0 | 14.3 | 66.7 | 39.7 |
| 重　庆 | 60.0 | 0.0 | 60.0 | 9.5 | 10.2 |
| 四　川 | 58.3 | 0.0 | 100.0* | 100.0* | 25.5 |
| 贵　州 | 40.0 | 0.0 | 40.0 | 74.1 | 67.1 |
| 云　南 | 69.2 | 0.0 | 38.5 | 78.5 | 59.2 |
| 陕　西 | 77.8 | 0.0 | 88.9 | 73.6 | 65.9 |
| 甘　肃 | 100.0 | 0.0 | 80.0 | 56.3 | 67.2 |
| 青　海 | 30.0 | 0.0 | 30.0 | 60.8 | 73.8 |
| 宁　夏 | 77.8 | 0.0 | 33.3 | 55.1 | 56.3 |
| 新　疆 | 37.5 | 0.0 | 37.5* | 100.0* | 100.0* |
| 西　藏 | 83.3 | — | 83.3 | 23.1 | — |

资料来源:2022年第4期《全国妇幼健康监测及年报通讯》,＊为省份自报。

　　另一方面,人群监测占比及数据质量有待提升。同发达国家相比,我国出生缺陷监测系统建立时间相对较迟。在监测系统建立之初,参考世界卫生组织的建议,采用成本相对更低的基于医院的出生缺陷监测方法。2006年才正式建立基于人群的出生缺陷监测方法,但因经济投入相对较少,也导致出生缺陷人群监测的数据质量有待进一步提升,监测数据低估了我国出生缺陷的实际发生率。

### (二) 婚检、孕前保健的政策知晓率较低

　　民众(尤其是社会经济地位较低、文化水平不高的人群)对于预防出生缺陷的认识程度普遍不高。一项关于育龄人群出生缺陷掌握程度的调研发现,近23.4％

的人群知识掌握程度较差,对多种出生缺陷的知晓率较低。这一现象在男性、低学历、低收入以及流动人口中较为普遍。①相应地,民众对婚检、孕前保健政策的知晓率较低。

此外,由于我国的婚检并非强制执行,是由个体自愿选择,部分民众往往会忽视孕前和婚前保健措施。例如个体由于对政策理解不到位,以为相应的筛查工作需要自费而不进行婚前检测,这无疑增加了出生缺陷的风险。或者一些地区婚前体检的项目流于形式,或者执行不到位,使得个体觉得婚检的意义并不是很大。尤其部分经济社会地位较低的人群,更是难以接触到孕前保健项目,并且由于医疗资源可及性的限制,难以接触到孕前保健相关筛查工作。从图7.7中可以发现在2021年我国婚检率在省份间存在明显差异,湖南、江苏、云南、四川等8个省份的婚前检查率达90%以上,上海、辽宁和西藏的婚前检查率低于20%。排名最高的省份婚检率可达99.6%(广西),辽宁省的婚检率为全国最低(14.1%),婚检率最高的省份和最低的省份相差7倍。

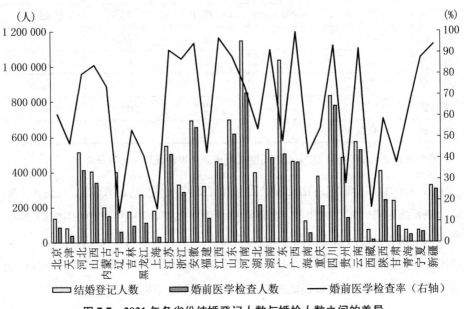

图 7.7 **2021 年各省份结婚登记人数与婚检人数之间的差异**

资料来源:《2022 年中国卫生统计年鉴》。

---

① 《2022 中国育龄期人群出生缺陷认知及筛查行为研究报告》,八点健闻 & 复旦大学健康传播研究所。

### (三) 出生缺陷筛查与治疗水平受制于有限的医疗服务能力

一方面,出生后的缺陷儿童救治工作依赖于当地的医疗条件、医疗设备等资源,医疗资源差异则进一步导致新生儿救治能力在区域间的差异。出生缺陷的筛查和诊断需要专业的检测设备,通过图7.4中可以发现除了婚前检查和产前诊断机构占比较低外,不同省份间也存在明显差异,2021年婚检医学检查和产前诊断机构数量中新疆最多为689家,天津最低仅有21家,相差近30倍。这不仅影响缺陷新生儿的生命安全和健康状况,也给社会公平和公共卫生体系带来挑战。

另一方面,由于孕期筛查和产前诊断需要专业人才以及诊断服务人员的参与,这对专业人员培训提出更高的要求。相关筛查、诊断专业能力培训不足,导致出生缺陷诊断能力不足。医学遗传学专业培训不足,缺乏规范化培训,造成遗传性疾病筛查诊断能力不足。婚前保健、孕前保健主检医师对风险因素识别和咨询能力、妇产科、儿科医师对异常识别和咨询能力、临床医师对遗传风险分析和评估能力较低。出生缺陷防控咨询师等职业技能培训、评价和规范服务仍需要加强。新生儿疾病筛查专业技术人员培训、遗传代谢病、听力障碍、先天性心脏病等先天性疾病的识别、咨询和筛查、诊断、治疗、康复服务能力需要进一步提升。图7.5显示除了婚前检查和产前诊断人员占比较低外,省份间的婚前筛查和产前诊断人员存在较大差异,天津市婚前检查和产前诊断人员数为115个,而广东省最多为5 206个,相差45倍。

### (四) 医疗保险、社会救助对出生缺陷防治的保障能力有限

尽管我国已经建立起包括基本医疗保险、大病医疗保险在内的医疗保险体系,但仍可能无法全面覆盖出生缺陷患儿(特殊儿童)的治疗费用,导致部分家庭承担较高的医疗支出,家庭仍需要承担相当比例的费用,增加了经济压力。例如,通常是在孩子出生后3—4个月时进行唇裂修补术,腭裂通常是在孩子出生后12—18个月做腭裂修补术,早期修复有助于日后手术外形的恢复,但部分省份医疗保险不会针对先天性唇裂儿童给予报销待遇,将先天性唇裂手术作为丙类费用,归属整形或整容自费项目。[①]这导致现实中有些困难家庭因无力承担治疗费用而耽误孩子手术

---

① 《关于将先天性唇腭裂手术纳入医保报销的建议》,https://hainanpc.gov.cn/hainanpc/ztzl/ljwc/yajy/2022012422544976963/index.html。

最佳时期。医疗保险体系缺乏针对特殊儿童的医疗保险。近年来在一些省份开始针对特殊儿童实施大病保险,例如 2022 年山东省慈善总会与中国人寿山东省分公司签署"护佑健康"孤困儿童大病保险保障计划协议,主要针对特殊儿童实行大病保险。

而在出生缺陷筛查方面,医疗保险体系也同样存在类似问题。对于孕期筛查的项目,比如唐氏筛查、无创 DNA 等,一些省份并未将相关项目列入医保报销范畴,导致部分人群因为较高的费用支出而不进行筛查。例如用于产前诊断的基因检测费用在 2 000 元左右,用于遗传疾病检测费用在 5 000 元左右,对于普通家庭负担较重,导致此类检测实际采用比例较低。这进一步加剧了出生缺陷儿出生的可能性。

社会救助体系作为医疗保险体系和政府援助的有益补充,在帮助弱势群体的出生缺陷救助方面发挥着重要作用。然而,当前社会救助体系仍存在一些问题。首先,社会组织与政府部门之间缺乏有效沟通和合作机制,导致信息共享不畅,例如针对出生缺陷儿童的相关数据和信息并没有得到及时共享和应用,使得社会救助资金的使用效率并不高。同时,出生缺陷儿给自身以及家庭成员带来的心理压力、精神负担近年来逐步受到重视,但针对出生缺陷疾病的救助主要包括医疗和经济救助,对缺陷儿童及家庭的心理救助等方面支持却相对薄弱。

## 三、应对出生缺陷防治的对策

为落实《中共中央国务院关于优化生育政策促进人口长期均衡发展的决定》和《中国妇女发展纲要(2021—2030 年)》《中国儿童发展纲要(2021—2030 年)》要求,进一步完善出生缺陷防治网络,提升出生缺陷防治能力,改善优生优育服务水平,国家卫健委计划在全国组织实施《出生缺陷防治能力提升计划(2023—2027 年)》。

我国出生缺陷防治总体要求,以习近平新时代中国特色社会主义思想为指导,深入贯彻落实党的二十大精神,坚持以人民为中心的发展思想,坚持预防为主、防治结合,围绕婚前、孕前、孕期、新生儿和儿童各阶段,聚焦提升出生缺陷防治服务能力,促进出生缺陷防治工作高质量发展,预防和控制严重出生缺陷发生,减少出生缺陷所致婴幼儿死亡及先天残疾,更好满足群众健康孕育的需求。主要的工作目标是建立覆盖城乡居民,涵盖婚前、孕前、孕期、新生儿和儿童各阶段,更加完善的出生缺陷防治网络,显著提升出生缺陷综合防治能力。

### (一) 提高出生缺陷监测系统效率

现阶段出生缺陷监测系统主要采用数据直报系统,即由监测医院经过妇幼机构审核,将数据直接送达卫生部妇幼司(李琪等,2006)。但是在此过程中存在一些问题,主要体现在数据时效性差,且采集方式效率低等方面。在此过程中,出生缺陷检测医院采用手工上报方式效率低且容易导致上报数据的延时性,且准确性有待考证。在信息社会高度发展的时代,出生缺陷监测系统也须借助信息系统来实现高度智慧化。推进人工智能、大数据和5G技术在辅助出生缺陷疾病临床筛查诊断、数据管理和质量控制、远程医疗等方面创新和规范应用,提高服务水平。监测系统也可进一步结合物联网、云计算、大数据、人工智能等技术实现统计数据的自动化,将信息平台和出生缺陷防治平台进行对接,打破信息统计壁垒,实现信息高效传递。

湖南省怀化市妇幼保健院已开发实现妇幼信息平台、出生缺陷业务系统和出生缺陷防治平台网络构建的技术,可实现多数据库信息共享。而出生缺陷防治平台的构建,可以连接患者终端和医生终端,使得患者通过互联网与专家进行连接,极大地提高了就诊的效率,为全国妇幼监测系统提供了新思路。近年在放开二孩、三孩的背景下,高龄产妇增多,出生缺陷形势可能会有所变化。这就要求监测部门利用信息技术,及时披露出生缺陷相关统计数据,方便后续及时统计。

---

**专栏7.3 温州市——无"陷"服务——信息化建设助力出生缺陷防**

近年来,浙江省温州市积极打造全省领先的生育全周期(婚前—孕前—孕产—产后—新生儿)综合防控数字化服务链,为温州市出生缺陷综合防控工作的高质量发展奠定基础。温州市出生缺陷发生率由2018年232.66/万下降至2021年195.22/万,效果显著。

一是整合生育全周期信息,实现信息集中管理。全市12家婚检点实验室、7家产前筛查机构项目信息均通过区域妇幼信息系统串联,实现覆盖全市90%以上产前筛查信息、100%的婚前医学检查、优生两免检查信息的自动采集,年均汇集分析16万余条信息,通过生育全周期的信息集中管理,对温州市出生缺陷防控工作研判起到重要作用。

二是开发优质信息化模块,提升全线工作效率。通过建立婚检、国家免费孕前优生检查、产前筛查、出生缺陷监测等信息模块,实现"两免签署知情同意、产前筛查开单、出生缺陷个案填报"等线上功能,进一步理顺工作流程,并打通业务和数据之间的壁垒。在方便医生抓取出生缺陷个案所需信息的同时,解决随访工作时信息重复录入及断档的尴尬,最大程度上减少了医护的工作量,有效保障数据信息的准确性。

三是探索个性化信息服务,优化群众办事体验。温州市通过母子健康手册App数字化应用,解决诊疗信息查询不便的问题,实现群众生育全周期医疗信息的无纸化查询。另外,龙湾区探索打造出生缺陷三级预防一网通平台,平阳县创建全程无纸化电子核销平台,实现线上减免核销,核销效率明显提升。

资料来源:全国出生缺陷综合防治典型案例,温州市卫生健康委员会,https://wjw.wenzhou.gov.cn/art/2023/2/9/art_1209919_58914180.html。

## (二) 进一步完善出生缺陷三级预防服务

### 1. 提高婚前检查率

普及婚前检查在降低出生缺陷率方面意义明显。但自2003年取消强制婚检后又经历自愿婚检阶段,目前许多地区的婚检率并不高。婚检是政策性较强的公共卫生服务项目,在推进婚检工作的过程中,需要民政、计生等多部门合作,简化流程,让婚姻登记和婚前检查不要完全孤立存在。[1]例如,上海松江区婚检率领先于全市平均水平,早在2005年便将婚检点搬迁至区行政服务中心,有利于多部门协同合作。同时,在推行免费婚检的基础上,对于难以免费的项目也应由服务对象知晓,自愿自费选择。鉴于很多人对于婚检有"形式主义"的偏见,探索婚检＋孕检组合式服务,鼓励更多人积极进行婚检。总而言之,在自愿婚检的大前提下,应当从各个维度使婚检服务更加人性化,促进婚检率提升。此外,部分出生缺陷具有地域集中性,各地方政府可通过推行相关检查提高优生的针对性,明确各级政府医疗卫生支出的重点。

### 2. 加强知识普及、相关风险因素的预防控制力度

进一步丰富出生缺陷防治科普资源,用好全媒体宣传平台和融媒体传播手段,提

---

[1]　汪奕名、周学馨、何中臣、唐贵忠:《我国婚前医学检查实施现状及改善对策》,《中国妇幼保健》2020年第4期,第586—589页。

高育龄人群防治知识知晓率。开展婚育健康知识进企业、社区、校园活动,加强重点人群宣教。促进育龄妇女在孕前、孕期注重合理营养和心理健康,科学补服叶酸等营养素,预防病毒感染和风险因素暴露,在医生指导下谨慎用药。推动加强女职工劳动保护,避免准备怀孕和孕期妇女接触有毒有害物质和放射线。推进婚前保健、孕前保健特色专科建设,推广婚姻登记、婚前医学检查、生育指导"一站式"服务。强化孕前优生健康检查风险评估和咨询指导,促进孕前、围孕和孕产期保健系统连续服务。

3. 规范产前筛查和产前诊断

加强产前筛查随访服务,提升筛查高风险孕妇产前诊断率,规范遗传咨询。强化孕妇外周血胎儿游离DNA产前筛查检测后咨询及处置,对检测结果为高风险的孕妇,全面落实产前诊断措施。开展产前筛查与产前诊断典型病案剖析和分享。规范胎儿宫内疾病诊断和治疗,促进胎儿医学技术在出生缺陷防治领域应用。

4. 推进新生儿疾病筛查和诊断治疗

全面开展苯丙酮尿症、先天性甲状腺功能减低症、听力障碍、先天性心脏病筛查。逐步扩大筛查病种,部分有条件地区可将先天性肾上腺皮质增生症、葡萄糖-6-磷酸脱氢酶缺乏症和髋关节发育不良以及听力障碍基因检测纳入新生儿疾病筛查。提升新生儿遗传代谢病筛查率,在此基础上提升及时诊断率和及时干预率。不断健全新生儿疾病筛查、诊断、治疗连续服务链条,推动早筛、早诊、早治。

5. 推进出生缺陷治疗

鼓励出生缺陷防治基础研究和科技创新,促进科研成果的推广应用和临床转化。围绕常见出生缺陷疾病,推动妇幼保健机构相关诊疗专科建设,强化康复训练和心理疏导服务,将结构性、功能性出生缺陷等小儿外科诊疗能力水平纳入妇幼保健机构绩效考核。多部门协作建立健全多层次医疗保障制度,深入开展出生缺陷干预救助项目,提高出生缺陷患儿医疗保障水平。

## (三) 从人才培养的角度提升妇幼卫生保健资源供给

由于近些年我国出生率呈现断崖式下跌,妇幼医院相关收入降低,可能存在专业人员、专业检测设备供给短缺的问题。从医疗资源供给侧角度考虑,为保证出生缺陷疾病筛查顺利进行,建议有关部门发挥托底作用,加大对卫生医疗资源的财政支持,完善妇幼人员福利体系建设,来提高出生缺陷疾病筛查率,提高国民素质。进一步严格出生缺陷防治专项技术培训和考核,规范从事产前筛查、产前诊断技术人员持证上岗。

出生缺陷筛查是一项大工程,需要巨大人力支持。由于出生率降低,部分儿童医生转岗,引起一些地区妇幼医疗人员不足。比如调研访谈发现对于出生缺陷疾病筛查需要大量的妇幼保健卫生资源供给。首先需要专业人员对每个新生儿进行血液检查,这对医院的检测设备有一定的技术要求,不是每家医院都有能力检测。随后需要诊断中心的医生对检测阳性的儿童进行随访和遗传诊断。可见,出生缺陷疾病筛查需要大量专业医师以及检测设备,需要政府财政支持。

更进一步的,提升出生缺陷筛查和诊断的专业能力,加强医学影像、检验专业人员能力建设,强化标准化操作和质量控制。加强医学遗传学专业住院医师规范化培训,强化遗传性疾病筛查诊断能力。提高出生缺陷咨询水平,重点提升婚前保健、孕前保健主检医师对影响孕育风险因素识别和咨询能力,妇产科、儿科医师对常见胎儿异常识别和咨询能力,从事遗传咨询的临床医师对遗传检测结果和常见遗传性疾病遗传风险分析和评估能力。推动出生缺陷防控咨询师等职业技能培训、评价和规范服务。加强新生儿疾病筛查专业技术人员培训,提高遗传代谢病、听力障碍、先天性心脏病等先天性疾病的识别、咨询和筛查、诊断、治疗、康复服务能力。加强儿童内分泌遗传代谢科专业医师培训,强化听力检测、助听器验配、人工耳蜗植入、听觉康复与语言训练专业人员培养,推进婴幼儿先天性心脏病外科手术和介入治疗专业队伍建设。

## (四) 继续提升医疗保险在出生缺陷防治中的作用

扩大医疗(生育)保险报销范围和程度,对于现阶段降低出生缺陷很有必要。结合当地财政以及生育的实际情况,将产前检查门诊费用纳入生育保险报销范围。产前检查可以早预防发现并发症,为产妇提供护理建议以及生育建议,能够降低生育成本,进一步实现优生优育,优化人口结构。但从全国来看,将产前检查费用纳入生育保险的城市并不多。上海医疗(生育)保险分为生育生活补贴和生育医疗补贴,医疗(生育)保险为妇女育后生活保障以及生活质量提供了一定支持作用,但是没有显著提高产前筛查率。为了从根本上减少唐氏综合征患儿、先天性心脏病患儿等出生缺陷儿发生,医疗(生育)保险应该适当扩大报销范围,将部分重点医疗报销项目转移至孕前产前时期,从基本医疗保障方面减轻生育医疗费用负担,提高孕妇产前诊断率,为有效降低出生缺陷率提供制度保障。

在后续补充医保政策调整的过程中,各地可考虑在基本医疗保险体系中加入特殊儿童大病保险,减轻出生缺陷家庭经济负担,提高特殊家庭生活水平和幸福指数,为出生缺陷儿提供更公平的成长环境。基因检测费用纳入医保,可以选择癌症高发、检测率和收入水平偏低的省区市先行试点落实,也可考虑针对将已列入医保的靶向药治疗病种的基因检测项目先行纳入医保,减轻家庭经济负担,进一步优化人口结构,在提高人口素质的同时降低出生缺陷率。

### (五) 加强各类社会组织对出生缺陷儿童的救助能力

加强政府、医疗机构、出生缺陷监测机构与社会救助组织的链接,消除出生缺陷患儿家庭的信息差,对于医保无法覆盖的医疗费用支出给予扶持补助。一些公益组织,如残疾人联合会、各类基金会等非政府机构(NGO)对出生缺陷引致的残障儿童给予经济上的救助。

例如,上海市残疾人联合会发布《关于进一步加强听障儿童、在校生助听器及无线助听套装适配工作的通知》(沪残联〔2019〕156号),为符合条件的本市儿童免费或补贴适配助听器,范围涵盖0—16岁"阳光宝宝卡"持有者、0—18岁残疾人证(听力)持有者以及18岁以上全日制在校生。同时上海市阳光宝宝卡自2022年1月1日起补贴对象从原来的0—16周岁扩大至未满18周岁儿童。此外,中国出生缺陷干预救助基金会已启动"出生缺陷(遗传代谢病)救助项目",78种遗传代谢疾病患儿可申请救助,救助最高标准为10 000元。

对出生缺陷儿童的救助除了经济方面,还需要在心理方面进行支持。未来要鼓励越来越多的基金会等社会组织重视心理救助,并设立相应的心理救助平台,对相关出生缺陷患儿及家庭开展相应心理健康干预行动,帮助缺陷儿童更好地融入社会。

---

### 专栏7.4　中国出生缺陷干预救助基金会公益项目

中国出生缺陷干预救助基金会成立于2011年,是经民政部登记注册的具有独立法人地位的全国性公募基金会,业务主管单位是国家卫生健康委。基金会宗旨是"减少出生缺陷人口比率,促进出生缺陷患者康复,提高救助对象生活质量",口号是"从生命起点关注民生",2019年被民政部评为"4A级基金会"。

13年来,中国出生缺陷干预救助基金会积极开展中央专项彩票公益金支持出生缺陷干预救助项目、小鹿灯——"无陷未来"出生缺陷儿童救助公益项目、新生儿先天性心脏病筛查诊治公益项目、新生儿听力障碍防控综合能力提升公益项目、妇幼健康服务能力提升项目等30个公益项目,设立母婴健康专项基金、遗传病诊治专项基金、"早安天使"早产儿关爱专项基金、妇幼健康发展专项基金、"满天星"儿童生长发育与健康专项基金、神经与肌肉疾病防控专项基金、成功妈咪专项基金、糖尿病干预救助专项基金共8个专项基金,充分调动各地方政府、企事业单位及个人积极参与,在全国开展出生缺陷检测近290.84万例,救助患儿6.7万人次,让近300万个家庭感受到国家和社会的关爱,赢得相关部门的充分肯定和社会各界的广泛好评。2023年,出生缺陷干预救助项目获中国公益慈善领域最高政府奖"中华慈善奖"。

表7.5 中国出生缺陷干预救助基金会公益项目

| 中央专项彩票公益金项目 | |
| --- | --- |
| 新生儿多种遗传代谢病检测项目 | 进行中 |
| 先天性机构畸形救助 | 进行中 |
| 功能性缺陷救助 | 进行中 |
| 遗传代谢病救助 | 进行中 |
| 产前筛查与产前诊断补助试点项目 | 进行中 |
| 出生缺陷防治宣传和健康教育项目 | 进行中 |
| 建设出生缺陷干预救助项目示范中心 | 已完结 |
| 遗传代谢病患儿救助项目 | 已完结 |
| 地中海贫血救助项目 | 已完结 |
| 专项基金项目 | |
| 糖尿病干预救助专项基金 | 进行中 |
| 成功妈咪专项基金 | 进行中 |
| 神经与肌肉疾病防控专项基金 | 进行中 |
| "满天星"儿童生长发育与健康专项基金 | 进行中 |
| 妇幼健康发展专项基金 | 进行中 |
| "早安天使"早产儿关爱专项基金 | 进行中 |
| 遗传病诊治专项基金 | 进行中 |
| 母婴健康专项基金 | 进行中 |
| 出生缺陷干预救助项目 | |
| 先天性结构畸形救助项目 | 进行中 |
| 出生缺陷(遗传代谢病)救助项目 | 进行中 |
| 新生儿多种遗传性代谢疾病检测项目 | 进行中 |
| 出生缺陷防治宣传和健康教育项目 | 进行中 |

资料来源:中国出生缺陷干预救助基金会官方网站。

第四编

我国出生缺陷防治体系专题与典型案例

# 第八章
# 出生缺陷监测系统

本章将从出生缺陷监测系统建立过程、监测地点、监测对象与指标、监测信息搜集方式、监测质量把控等维度,对我国出生缺陷系统发展的历程及运行模式做一个简要介绍。然后,从监测期限、监测残疾种类、信息收集种类等视角对我国出生缺陷监测系统存在的不足进行讨论,并在此基础上提出对应的解决举措。

## 一、我国出生缺陷监测系统及发展历程

### (一)我国出生缺陷监测系统建立过程

出生缺陷不仅事关一国人口质量,更与家庭幸福息息相关。为掌握出生缺陷的具体原因,减少出生缺陷,政府会选择有一定代表性的医院或人群,建立常态化的监测系统,对出生缺陷进行长期、持续性观测,并记录和上传疾病资料和父亲相关信息。出生缺陷监测不仅是了解出生缺陷发展趋势的基础,更是为有效预防和减少出生缺陷提供了支撑。[1]全球出生缺陷监测系统起源于一场由沙利度胺(又称"反应停")导致的医疗悲剧。为了防止类似"反应停"悲剧的再次发生,1974年在多国共同努力下,成立了国际出生缺陷监测情报交换所。通过交换所,各国可以定期交换资料,开展国际合作研究及提供咨询和国际援助。[2]

同发达国家相比,我国出生缺陷监测系统建立时间相对较晚,图8.1对我国出

---

[1]《中国出生缺陷监测进展》,https://www.mchscn.cn/BirthDefectMonitoring-25/42.html。
[2] 李文静、杜忠东:《出生缺陷监测系统现状》,《中国妇幼卫生杂志》2016年第5期。

生缺陷监测发展脉络进行梳理。新中国成立后至改革开放前,妇幼健康信息统计主要通过局部调查和抽样调查等方式获得,因为抽样比率低且抽样地区未很好代表全国整体情况,导致相应统计信息不能全面反映妇幼健康状况。①肖坤则教授可以视为我国出生缺陷监测系统的奠基人。肖坤则教授于1981年率先于全国在成都开展出生缺陷调查,随后于1982年在成都7所医院进行出生缺陷监测,此后北京、安徽等地区也开始试点出生缺陷监测。由于不同地区监测方法不同、监测的具体范围和种类也不一致,导致各地区间的数据可比性较差,于是卫生部在1987年指定华西医科大学以科研项目的形式,在全国范围开展出生缺陷监测,涉及29个省(区、市)的945所医院。这项科研项目较好掌握了我国出生缺陷发展趋势,为预防和减少出生缺陷提供重要支撑,因此卫生部在1988年将出生缺陷监测转换为常规性工作,我国以医院为基础的出生缺陷监测系统也就此建立。②全国人大常委会于1994年审议通过《母婴保健法》,其中第二十三条规定"有产妇和婴儿死亡以及新生儿出生缺陷情况的,应当向卫生行政部门报告",这意味着出生缺陷监测工作进入法制化轨道。

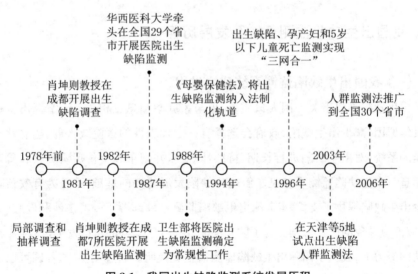

图8.1 我国出生缺陷监测系统发展历程

---

① 《中国妇幼健康事业发展报告(2019)》。

② 《中国出生缺陷监测进展(2005)》,https://www.mchscn.cn/BirthDefectMonitoring-25/42.html。

除了出生缺陷监测系统外,政府还先后建立孕产妇监测和5岁以下儿童死亡监测系统。三个监测系统为获得我国比较准确的妇女和儿童健康信息提供支撑,也为妇幼卫生相关研究和相应政策出台提供科学依据。然而,三个监测系统独立运行,也面临诸多挑战。例如,各监测系统在监测范围、样本量和人群上不一致,不仅大幅提高国家卫生行政部门的监管难度,也使各地区卫生行政部门和妇幼保健机构的工作量较大,而且监测所需经费支付高。为解决这些问题,原卫生部妇幼保健司、信息统计中心及各监测系统牵头单位协商,决定将三个监测系统合并统一为"中国妇幼卫生监测网"。1996年统一合并方案实施落地,由此形成"三网合一"的监测方案。[1]

基于医院的出生缺陷监测系统有其优势,但其短板也较为明显。监测医院对在院内所有满足条件的对象进行观察和信息登记,由于医院业务能力强,诊断水平高,出生缺陷诊断准确率高,从而保障了数据的质量。进一步,医院监测法无需重新建立新的机构,财务负担也相对较小,所以世界卫生组织也推荐发展中国家采用这一方法。然而,一个地区有多所医院,不同医院在服务人群上存在差异,此时仅选择部分医院作为监测点,可能会面临样本不具有代表性的问题。除医院监测法外,还有一种基于人群的监测方法。在人群监测法下,监测机构会对样本区县全域进行监测,对监测范围内所有符合条件的个体进行信息采集,从而保障了样本的代表性。不过,这种方法所需投入的人力和财力也更大,对监测人员的专业素养也要求更高。为了弥补医院监测存在的不足和更为全面了解地区出生缺陷的发生状况,2003年我国在天津、北宁、建瓯、巩义和罗田5个地区试行以人群为基础的出生缺陷监测。因前期试点取得较好的效果,同时也积累了丰富经验,原卫生部妇幼保健与社区卫生司决定在2006年把人群监测扩展到30个省(区、市)的64个区县。[2]

## (二) 我国出生缺陷监测抽样概况

我国同时采用医院抽样和人群抽样两种方法对出生缺陷进行监测。在制度建立之初,采用的是医院抽样法。但该方法存在一些不足,例如有些个体不去医院就医,导致样本无法反映全部总人口的情况。为解决这一问题,政府增加了人群抽样

---

[1] 《中国妇幼卫生监测工作手册(2013)》。

[2] 《中国出生缺陷监测进展》,https://www.mchscn.cn/BirthDefectMonitoring-25/42.html;《中国出生缺陷监测系统疑难和微小畸形报告指南(试用版2012)》。

的方法。

我国于 1987 年建立出生缺陷医院监测制度时,监测地点涉及 29 个省(区、市)的 945 所医院。在 2003 年试点的基础上,于 2006 年在全国 30 个省(区、市)的 64 个区县展开出生缺陷人群监测。截至 2021 年底,出生缺陷监测医院数量为 763 所,出生缺陷人群监测区县 64 个,覆盖 31 个省(区、市)的 1.4 亿人口。从监测人口数量看,医院监测的年围产儿数超过 150 万,人群监测的年出生数超过 35 万。①

主管部门选择县级及县级以上医院和妇幼保健机构作为监测医院。为获得准确、可靠并具有全国代表性的出生缺陷数据,监测医院分布在 31 个省(区、市),涉及 334 个区县。在此基础上,监测中心又额外选择石家庄、太原、杭州和长沙等 15 个省会城市开展出生缺陷医院监测。在具体监测点选择时,会依据国内生产总值(GDP)和城乡等指标保障监测点均匀分布于各省区市,以此保证监测点能对全国和不同类型的地区有一定的代表性,但各省份的监测点未必对本省有代表性。表 8.1 给出了出生缺陷监测医院在各地区的分布情况。

表 8.1 中国出生缺陷监测医院——省区市分布

| 省 份 | 监测医院数量 | 省 份 | 监测医院数量 |
|---|---|---|---|
| 北 京 | 13 | 福 建 | 19 |
| 天 津 | 17 | 江 西 | 21 |
| 河 北 | 33 | 山 东 | 29 |
| 山 西 | 30 | 河 南 | 37 |
| 内蒙古 | 26 | 湖 北 | 28 |
| 辽 宁 | 23 | 湖 南 | 32 |
| 吉 林 | 33 | 广 东 | 23 |
| 黑龙江 | 27 | 广 西 | 21 |
| 上 海 | 11 | 海 南 | 22 |
| 江 苏 | 26 | 四 川 | 31 |
| 浙 江 | 23 | 贵 州 | 28 |
| 安 徽 | 30 | 云 南 | 30 |

---

① 《全国妇幼健康监测及年报通讯》2022 年第 1 期。

| 省　份 | 监测医院数量 | 省　份 | 监测医院数量 |
|---|---|---|---|
| 重　庆 | 20 | 青　海 | 18 |
| 西　藏 | 13 | 宁　夏 | 26 |
| 陕　西 | 22 | 新　疆 | 24 |
| 甘　肃 | 31 | —— | —— |

资料来源:《中国妇幼卫生监测工作手册(2013)》。

在人群监测点选择上,有 30 个省(区、市)共选取 64 个区县作为出生缺陷人群监测点。城市以一个区为监测单位,农村以县为一个监测单位,并在区县范围对所有符合条件的人展开调查。大体上以区县总人口处于 40 万—50 万为标准,每个省(区、市)各设一个城市和农村人群监测点。在具体监测点选择上也会征求各省(区、市)的意见。所选监测点所在的地区,还应满足区县妇幼保健网络完善、运作正常,儿童及孕产妇系统管理率、住院分娩率达 80% 以上等条件。为了保障监测点在全国均匀分布,保障样本代表性,全国妇幼卫生监测办公室还对湖北、海南、青海、宁夏及新疆的监测点进行调整。表 8.2 给出中国出生缺陷人群监测在各省的分布情况。

表 8.2　中国出生缺陷人群监测——监测区县名单

| 省　份 | 城市点 | 农村点 |
|---|---|---|
| 北　京 | 两个区 | |
| 天　津 | 六个区 | |
| 河　北 | 保定市一个区 | 承德县 |
| 山　西 | 长治市一个区 | 万荣县 |
| 内蒙古 | 呼和浩特市一个区 | 喀喇沁旗 |
| 辽　宁 | 沈阳市一个区 | 普兰店市 |
| 吉　林 | 长春市一个区 | 磐石市 |
| 黑龙江 | 牡丹江市一个区 | 富裕县 |
| 上　海 | 两个区 | |
| 江　苏 | 常州市一个区 | 丹阳市 |
| 浙　江 | 嘉兴市一个区 | 奉化市 |
| 安　徽 | 安庆市一个区 | 歙县 |

| 省　份 | 城市点 | 农村点 |
|---|---|---|
| 福　建 | 漳州市一个区 | 霞浦县 |
| 江　西 | 南昌市一个区 | 高安市 |
| 山　东 | 济南市一个区 | 单县 |
| 河　南 | 漯河市一个区 | 巩义市 |
| 湖　北 | 武汉市一个区 | 罗田县 |
| 湖　南 | 株洲市一个区 | 浏阳市 |
| 广　东 | 佛山市一个区 | 英德市 |
| 广　西 | 柳州市一个区 | 武鸣县 |
| 海　南 | 三亚市一个区 | 澄迈县 |
| 四　川 |  | 绵竹市、峨眉山市 |
| 贵　州 | 遵义市一个区 | 清镇市 |
| 云　南 | 思茅市一个区 | 石林县 |
| 重　庆 | 重庆市一个区 | 垫江县 |
| 陕　西 | 宝鸡市一个区 | 城固县 |
| 甘　肃 | 张掖市一个区 | 靖远县 |
| 青　海 | 西宁市一个区 | 互助县 |
| 宁　夏 | 石嘴山市一个区 | 中宁县 |
| 新　疆 | 库尔勒市一个区 | 玛纳斯县 |

资料来源:《中国妇幼卫生监测工作手册(2013版)》。

### (三) 我国出生缺陷监测对象与指标

从监测对象上看,在人群监测地区监测人群为拥有本地户籍的产妇或在本地居住满一年的非本地户籍产妇。监测时间为妊娠期满28周至出生后42天内。监测医院需要统计两个群体的相关信息,一是在本院内出生的妊娠满28周至出生后7天的围产儿,包括活产和死胎死产;二是在本院内出生或引产的所有出生缺陷。需要注意的是,在计算围产儿出生缺陷发生率时,仅以出生孕周满28周及以上的个体作为样本。在开展人群监测时,相关单位需要统计所有在妊娠满28周至出生42天内首次确诊为出生缺陷的个体。

从监测指标上看,监测医院需要依据《监测点出生缺陷个案报告卡》《出生缺陷监测医院分娩情况报表》收集相关信息；在开展人群监测时，相关单位需要依据《监测点出生缺陷个案报告卡》和《出生情况及婴儿随访登记表》开展信息搜集工作。其中监测医院和监测点所需填写的《监测点出生缺陷个案报告卡》内容完全相同，主要包括患儿的性别、出生体重、出生身长、患儿母亲年龄、学历、户籍、异常生育史等，患儿家庭收入、家庭遗传史、是否有近亲婚配史，怀孕早期母亲叶酸及药物服用情况，本次妊娠孕次、分娩方式、胎龄等，出生缺陷种类等。

在《监测点出生缺陷个案报告卡》搜集信息的基础上，监测医院每个院还需填报《出生缺陷监测医院分娩情况报表》。该表主要统计产妇年龄结构、户籍分布、围产儿出生缺陷比例等信息。在开展人群监测时，城镇社区卫生服务中心（站）、街道卫生院的妇幼保健人员或村医、村保健员需要填写《出生情况及婴儿随访登记表》，除父母年龄、民族等基本信息外，还需要填写儿童出生日期、性别、出生孕周、出生体重、受孕和分娩方式、胎数及出生后 0—42 天内出生缺陷诊断情况。

### （四）我国出生缺陷监测信息搜集方式

及时准确的监测信息，对于公共卫生政策的出台具有重要指导意义。在 2005 年之前，出生缺陷监测数据采用手工的方式采集和汇总。手工方式增加了原始数据错误概率，也使得数据合并和核查较为困难。由于监测数据涉及指标多且数据分散，使用手工统计方法，不仅导致统计资料容易出错，难以时时把控数据质量，而且由于上一年数据要到下一年末才能分析总结完毕，对结论时效性造成较大影响。

采用信息化的方式对监测数据进行录入和管理，不仅能节约大量物力、财力和人力，也能有效减少数据错报和漏报，且能提高数据时效性。以医院出生监测为例，采用数字化方式录入数据时，医生输入相应住院号或病历号，便可以自动生成相应的报告卡，仅需填入少数缺少的指标，大幅减少数据录入工作量；数据录入完成后，系统可以依据逻辑做一些正确性审核，提高数据质量，而且审核人员通过网络就可以实现对数据的审核，进一步提高审核效率和质量；基础数据信息化后，还有一个优点，那就是为后期数据分析提供便利。[①]

为此，中国妇幼卫生监测中心开发了监测数据网络直报系统，并于 2006 年在全

---

①　赖仲琼、张惠英、刘俊英、叶青、杜春花：《妇幼卫生与死亡监测基础数据信息化管理》，《现代医院》2012 年第 10 期。

国范围内投入使用。凭借网络直报系统,实现监测数据的网络采集、审核、检索和统计等功能。①这有力保障了信息收集质量,提高信息收集、分析和反馈时效性。得益于数据质量的不断提高,国家统计局和国务院相关部门及国际组织基于出生监测数据,针对我国出生缺陷问题展开严谨分析,并为此制定相关干预举措。图8.2和图8.3分别展示医院监测系统和人群监测系统上报信息流程。

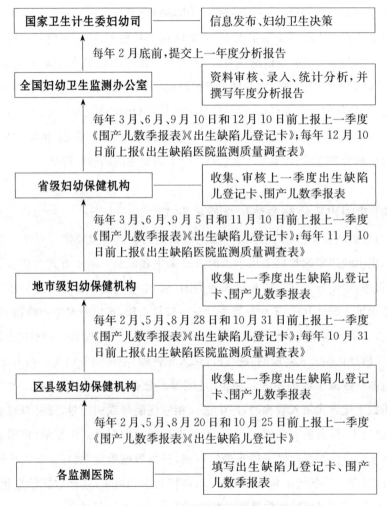

**图 8.2　出生缺陷医院监测资料收集、上报流程**

资料来源:《中国妇幼卫生监测工作手册(2013 版)》。

---

① 刘铮、代礼、朱军、李琪、马霞、牟祎:《国家级妇幼卫生监测数据网络直报系统信息安全现状分析》,《中华妇幼临床医学杂志(电子版)》2013 年第 3 期。

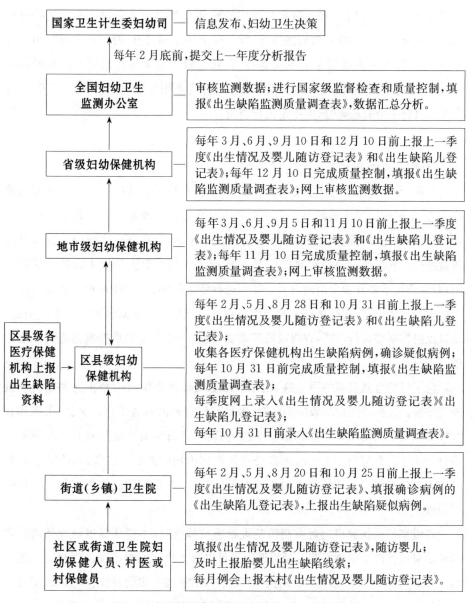

图 8.3　出生缺陷人群监测资料收集、上报流程图

资料来源:《中国妇幼卫生监测工作手册(2013 版)》。

　　党的十八大以来,政府积极推进妇幼健康信息化建设。为了优化信息采集流程和效率,减轻基层工作人员负担,2021 年在国家卫健委、妇幼健康司及全国妇幼卫生年报办公室共同努力下,开发了新的妇幼健康监测数据网络直报系统,并于

2022年1月投入使用。①该系统集合孕产妇安全、5岁以下儿童健康和出生缺陷监测三个模块。因为系统在政府网运行,数据安全性大幅提升,而且新系统采用省级分布式部署,不再依赖国家级系统运行,有效分散了系统运行风险。在数据录入端,不支持街道和乡镇数据填报,区县需要自行搜集相关数据然后录入系统,且每个区县只有一个管理账号,由指定人员负责。

### (五) 监测质量把控

准确、及时和翔实的数据是政府制定科学合理政策的基础。为了提高监测数据质量,全国妇幼卫生监测办公室出台相应的质量控制举措。各省和地级市每年要对两个及以上的县级妇幼卫生年报进行质量控制,要在两个乡或街道深入开展质量控制。县级政府每年要对20%的乡或街道的妇幼卫生年报重点进行质量控制,而乡或街道要开展全面的自查。如何进行质量控制,首先要对相应报表的所有指标进行全面检查,在此基础上对新生儿数量等指标进行重点核查。核查结束后,质量控制数据要自行存档,省级政府还需要对县、乡或街道的质控数据进行汇总和核查。②

为了保障监测资料的可靠性,出生缺陷医院监测系统有一套较为完整的质量控制系统。监测医院作为数据源,需要做好监测资料的自查工作。区县、市级和省级妇幼保健机构负责审核监测医院上报的数据,并每年对监测医院开展监测质量抽查和评审。全国妇幼卫生监测办公室是数据审核的最后一道关口,除数据审核外每年也会开展监测质量抽查和评审工作。图8.4对医院监测质量控制流程进行了梳理。

各级别妇幼保健机构对监测医院进行质量抽查时,主要从漏报调查和监测表卡的质量检查两个维度展开。漏报调查又可以分为出生漏报率和出生缺陷漏报率两个方面,其中前者主要通过比对医院产房记录和医院上报的表卡进行检查,后者主要依靠检查新生儿科病房出入院记录。出生漏报率和出生缺陷漏报率都需低于1%。监测表卡检查主要从记录内容完整性和准确性展开,要求表卡记录内容完整性达到100%,表卡填写错误率低于1%,而表卡内容录入计算机时的错误率要低于1‰。

---

① 《全国妇幼健康监测及年报通讯》2022年第1期。
② 《妇幼卫生年报数据质量控制和上报要求》,https://www.mchscn.cn/TechnicalGuidance-32/4.html。

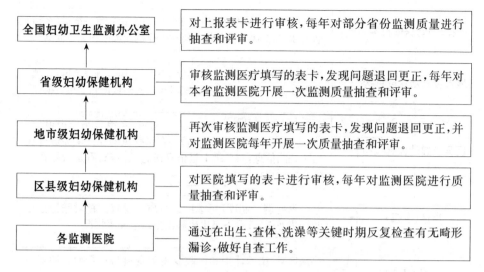

| | |
|---|---|
| 全国妇幼卫生监测办公室 | 对上报表卡进行审核,每年对部分省份监测质量进行抽查和评审。 |
| 省级妇幼保健机构 | 审核监测医疗填写的表卡,发现问题退回更正,每年对本省监测医院开展一次监测质量抽查和评审。 |
| 地市级妇幼保健机构 | 再次审核监测医疗填写的表卡,发现问题退回更正,并对监测医院每年开展一次质量抽查和评审。 |
| 区县级妇幼保健机构 | 对医院填写的表卡进行审核,每年对监测医院进行质量抽查和评审。 |
| 各监测医院 | 通过在出生、查体、洗澡等关键时期反复检查有无畸形漏诊,做好自查工作。 |

**图 8.4　出生缺陷医院监测资料质量控制流程**

资料来源:《中国妇幼卫生监测工作手册(2013 版)》。

　　不同于医院监测,人群监测数据主要依靠基础监测人员通过现场走访获得,数据准确性相对低于医院监测数据。在出生缺陷漏报率和计算机录入错误率上,人群监测质量控制要求与医院监测质量控制要求相同,但在出生漏报率和报表完整率上两者有所差异。对人群监测而言,出生漏报率和报表完整率分别为低于 5% 和高于 99%。为了充分保障数据质量,各级部门要保留原始资料以备查。各级监测单位也需要按要求在规定时间内完成监测工作,并及时准确上报、汇总监测信息。在人群监测模式下,质量检查主要通过现场访谈、查阅资料和交叉核对资料实现,质量控制流程见图 8.5。

## 二、我国出生缺陷监测系统面临问题

### (一) 数据审核及时性待进一步提升

　　监测人员将数据录入系统后,区县妇幼保健机构按要求在规定时间内完成数据审核,对于及时发现数据质量问题、保障数据质量有重要作用,而且及时审核数据也是保障后续分析和研究时效性的基础。然而,由于总体监测样本相对较大,而机构人员配置相对较少,导致工作任务繁重,影响了数据审核的及时性。2022 年第

223

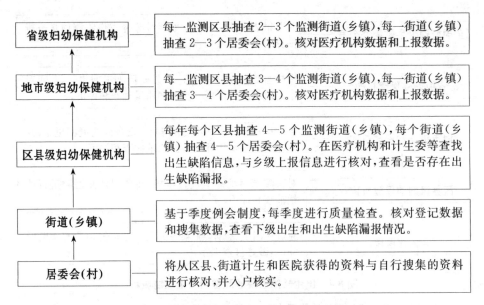

图8.5 出生缺陷人群监测资料质量控制流程

资料来源:《中国妇幼卫生监测工作手册(2013 版)》。

4 期《全国妇幼健康监测及年报通讯》数据显示,2022 年第一季度仅有黑龙江、四川和新疆三个省级的区县机构对出生缺陷医疗监测数据完成 100%审核,部分沿海省份区县机构对数据的审核仅为个位数,更有少数省份审核完成率为 0。从总体看,区县级业务按时审核比例高于 50%的省份仅为 20 个。在人群监测数据中,区县机构按时完成审核的比例更低。北京、天津和新疆完成率为 100%;湖北、贵州、陕西、甘肃和青海按时审核完成率处于 60%—75%间,按时审核率低于 50%的省份为 14个。表8.3 按照出生缺陷医院监测和人群监测,给出 2022 年第一季度妇幼健康监测网络报表区县级按时完成业务审核比率的具体数据。

表8.3 妇幼健康监测网络报表区县级按时完成业务审核比例

| 省(区、市) | 医院监测 | 人群监测 | 省(区、市) | 医院监测 | 人群监测 |
|---|---|---|---|---|---|
| 北 京 | 42.2 | 100 | 内蒙古 | 81 | 0.7 |
| 天 津 | 11.8 | 100 | 辽 宁 | 92 | 47.3 |
| 河 北 | 93.2 | 50.3 | 吉 林 | 18.3 | 55.3 |
| 山 西 | 71.4 | 57.4 | 黑龙江 | 100 | 19.2 |

| 省（区、市） | 医院监测 | 人群监测 | 省（区、市） | 医院监测 | 人群监测 |
|---|---|---|---|---|---|
| 上　海 | 20 | 53.4 | 海　南 | 66.7 | 39.7 |
| 江　苏 | 5.1 | 57.4 | 重　庆 | 9.52 | 10.2 |
| 浙　江 | 4.2 | 43.7 | 四　川 | 100 | 25.5 |
| 安　徽 | 52.8 | 49.8 | 贵　州 | 74.1 | 67.1 |
| 福　建 | 75.5 | 46 | 云　南 | 78.5 | 59.2 |
| 江　西 | 65.4 | 31.8 | 陕　西 | 73.6 | 65.9 |
| 山　东 | 98.9 | 13.3 | 甘　肃 | 56.3 | 67.2 |
| 河　南 | 82.2 | 57.1 | 青　海 | 60.8 | 73.8 |
| 湖　北 | 84.8 | 65.1 | 宁　夏 | 55.1 | 56.3 |
| 湖　南 | 0 | 28 | 新　疆 | 100 | 100 |
| 广　东 | 0 | 11.9 | 西　藏 | 23.1 | — |
| 广　西 | 40 | 36.2 | | | |

注：（1）出生缺陷医院监测区县级按时审核上报的比例定义如下：按时完成第一季度《出生缺陷监测医院分娩情况报表》区县级业务审核的监测医院数/监测医院总数。（2）出生缺陷人群监测区县级按时审核上报的比率定义如下：按时完成第一季度《出生情况及婴儿随访登记表》区县级业务审核的个案数/第一季度上报的婴儿数。（3）数据源于2022年第4期《全国妇幼健康监测及年报通讯》。

### （二）人群监测占比及数据质量有待提升

同基于医院的出生缺陷监测方法相比，基于人群的出生缺陷监测方法，会对监测点内所有符合条件的个体进行监测和记录数据，从而能更好地保障样本的代表性。因此，发达国家或国际出生缺陷监测机构，主要采用基于人群的出生缺陷监测法约占80％，例如美国国家出生缺陷预防协作网、欧洲先天畸形监测中心等。[1]同发达国家相比，我国出生缺陷监测系统建立时间相对较迟。在监测系统建立之初，参考世界卫生组织的建议，采用了成本相对更低的基于医院的出生缺陷监测方法。2006年才正式建立基于人群的出生缺陷监测方法，但因经济投入相对较少，也导致出生缺陷人群监测的数据质量有待进一步提升，目前监测数据低估了我国出生缺

---

陷的实际发生率。[①]

### (三) 父母信息收集相对有限

什么因素导致出生缺陷的发生,已有研究已从空气污染、家族遗传等视角开展了分析,但已有研究还不充分,仍有相当比率的出生缺陷无法由现有研究成果进行解释。出生缺陷发病因素研究任重而道远,然而一项科学严谨的研究需要以翔实、准确的数据为基础。当前,我国出生缺陷监测系统主要是搜集了患儿基本信息,母亲学历、年龄和异常生育史等信息,也收集了患儿家庭遗传史等信息。然而,现行有效的《监测点出生缺陷个案报告卡》中,未收集父亲的相关信息,也未对母亲生活习惯相关信息进行搜集,尤其是母亲怀孕期间的精神健康、饮酒或吸烟情况。而且对母亲怀孕期间所生活的外部环境也缺乏了解。

### (四) 对流动人口出生缺陷监测力度不够

流动人口出生缺陷检出率更高,但这一群体被漏监概率也更高,这会导致出生缺陷发生率被低估。2020 年中国开展了第七次全国人口普查,普查数据显示,当年中国流动人口总数达 3.76 亿,其中省内流动人口为 2.51 亿,跨省流动人口为 1.25 亿。人口跨地区流动本质上是劳动力资源在区域间的再配置,这对促进市场经济发展至关重要。然而,大规模的人口流动,也给出生缺陷监测工作带来了挑战。一方面,有研究发现流动人口学历相比较低,对于产检或出生缺陷预防的意识相对更弱,与此同时他们的跨地区流动频繁且又大部分居住在郊区。这使得出生缺陷监测人员对其监测难度大,遗漏概率高。[②]另一方面,有学者基于北京、上海和深圳等主要城市的样本,研究发现流动人口中整体出生缺陷发生比率都较当地户籍人口高。[③]

### (五) 监测时间范围和监测缺陷种类偏窄

我国于 1986 年建立基于医院的出生缺陷监测系统时,当时受限于医疗技术水

---

① ③　张建英、邓冰、刘淳婷、郎庆华、陈冬梅:《国内外近 10 年出生缺陷研究状况对比》,《世界最新医学信息文摘》2017 年第 80 期。

②　李艳博、郭彩霞、黄沛力、王晖、施致雄、孙志伟:《北京市出生缺陷防治现状及对策》,《中国妇幼保健》2011 年第 17 期。

平,将监测对象限定为孕满 28 周的围产儿。孕期少于 28 周且因畸形而终止妊娠的个体未纳入出生缺陷监测范围,这使得出生缺陷统计水平低于实际水平。随着医疗技术的不断进步,一些过去在 28 周前难以诊断出的出生缺陷(例如全身淋巴囊瘤、肝肾肺囊肿、肾脏缺失、颅内结构异常等),现在凭借先进的技术得以明确诊断,因此 28 周前出生缺陷检出率不断提高。与此同时,孕期未满 28 周的早产儿存活率也在逐渐上升。[1]另外我国已经发现且肉眼可见出生缺陷种类已超过 100 种,但纳入出生缺陷监测的种类有限,已不能很好反映现实状况。同时,随着经济社会水平的提高,一些新的出生缺陷疾病被发现,但并不能及时纳入监测系统。

### (六) 缺乏信息搜集激励

依据政策,监测医院的医生发现出生缺陷案例,需要在系统中进行填报。然而,由于医生日常工作较为繁忙,医生主动申报出生缺陷的内在动力不强,外加缺乏足够的监管和经济激励举措,导致在实际操作中,存在部分医生未申报出生缺陷案例,进而使信息收集不全面。

## 三、我国出生缺陷监测系统未来发展趋势

### (一) 扩大监测时间和种类

从国际实践来看,越来越多的国家取消了孕满 28 周的限制。因此,为了使出生缺陷监测数据更好地反映现实情况,应取消孕满 28 周的限制,扩大监测期限,只要孕期内监测出出生缺陷都应纳入统计范围。[2]从监测病种看,早期国际出生缺陷监测信息交换所监测病种为 22 种,截至 2003 年已经扩展至 39 种。[3]因此,为了制定更为符合实际需要的出生缺陷监测系统,实现减少或消除出生缺陷的目标,我国应将全身淋巴囊瘤、肝肾肺囊肿、肾脏缺失、颅内结构异常以及体表异常等纳入出生缺陷监测系统。[4]此外,一些原有的出生缺陷病种被诊治后发病率下降或者被治愈,而随着科学技术的发展,又有新的出生缺陷病种被发现,因此未来需要动态调整监测种类。

---

[1][2][4] 张杏敏、吴红宇、胡南:《出生缺陷监测现状、疾病谱变化趋势与监测方法探讨》,《中国优生与遗传杂志》2011 年第 12 期。

[3] 朱军:《国内外出生缺陷的监测进展》,《实用妇产科杂志》2008 年第 1 期。

## (二) 实施首诊报告制度

我国出生缺陷监测体系覆盖了近 1.4 亿人,年监测人员约 185 万。尽管在选取样本时,监测机构已经尽可能考虑样本代表性,但受制于现实约束,数据在全国层面的代表性未必已经达到最优状态。因此,在现有医院监测和人群监测体系基础上,可以通过实施出生缺陷首诊报告制度,尽可能将更多人群纳入监测范围,以期能对我国出生缺陷现状和发展趋势有个更为全面的掌握。

上海、浙江、陕西等省份已实施残疾儿童首诊报告制度。例如,上海早在 2007 年就实施《上海市出生缺陷报告与管理工作制度》。该制度要求上海市内各级医疗机构建立出生缺陷首诊报告制度,并将出生缺陷统计范围拓展至从怀孕至 18 岁。医疗机构发现出生缺陷后,要按要求填写"上海市出生缺陷、残疾儿童报告卡",由专人将相关信息上报至区县妇幼保健机构。上海市出生缺陷管理办公室基于首诊报告制度,在全市建立出生缺陷和残疾儿童的监测报告和干预网络。

## (三) 加大对监测人员的培训和激励

在医院监测点和社区监测点,针对出生缺陷监测项目、监测系统使用及监测重要性,定期举办培训和宣讲活动,提升监测人员的业务水平和责任意识。划拨专项资金,依据上报信息数量和质量进行奖励,提高积极性,同时对于漏报和错报进行惩罚。

# 第九章
# 出生缺陷防治调研分析

本章包括两方面内容。主要借助上海财经大学"千村调查"社会实践项目,通过暑期学生入户调查问卷的方式从个体和家庭视角对防治面临的问题进行分析,并辅以具体的出生缺陷案例展开探讨。同时借助对出生缺陷预防机构一线专家的访谈,从机构防治和监测的角度对出生防治现状和相关问题进行分析。

## 一、出生缺陷防治调研分析:个体与家庭的视角

### (一)"千村调查"实践基本情况

"千村调查"实践是由上海财经大学自主创立的大型社会实践和社会调查研究项目,具有"主题式、项目制、连续性"的特征。自 2008 年启动,项目每年聚焦一个主题,迄今已连续实施 16 年,涉及"中国乡村产业振兴""中国乡村教育研究""中国农村互联网应用状况""农村基础金融服务""农村养老问题现状"和"农村劳动力城乡转移状况"等主题。调查采用随机抽样定点调查和学生返乡调查相结合的方式,范围覆盖 32 个省(区、市)、近万个农户家庭。2023 年"千村调查"以"数字技术赋能乡村振兴"为主题,由 1 900 余名同学,深入 1 000 多个村庄进行调研。本次"出生缺陷防治调研"依托公共经济与管理学院八个返乡小组在 2023 暑期"千村调查"实践中收集到的问卷数据并进行分析。

### (二)出生缺陷防治调研分析:个体和家庭视角下三级预防实施情况

1. 调研情况及样本基本信息介绍

返乡小组调研足迹遍及南北,从广西定江村到浙江安仁镇、上海方夏村以及大

河村,再到河北北门里村、山东季家车沟村、山西车河村,以及吉林卡伦湖街道王家村。本次调研共收集到问卷 93 份。由于样本数量比较少,可能存在统计上的偏差,因此主要针对有新生儿的 11 个家庭进行详细分析。

在本次新生儿的样本中,合计新生儿总数 11 人,其中男孩 6 人、女孩 5 人,有出生缺陷的新生儿 2 例,均为男孩。82%的新生儿分娩地点在县级医院,其余 18%在村镇卫生中心或市级医院,没有出现在家中接生的情况。

2. 三级预防干预情况分析

问卷调查数据显示,约 18.18%的育龄妇女在孕前没有接受国家免费孕前优生健康检查。图 9.1 展示未接受国家免费孕前优生健康检查的原因,既有疫情的影响,也有对政策理解不到位以为需要自费所以不进行检查的情况。

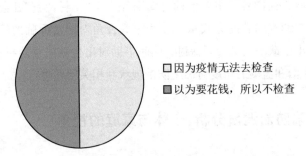

图 9.1　未接受国家免费孕前优生健康检查原因分布图

对于孕中筛查,91%的产妇只在医疗机构接受部分筛查,例如 B 超、排畸、唐氏筛查等,9%的产妇接受全面的孕中筛查。而未全部孕中筛查的原因中(见图 9.2),57%的受访者对孕中筛查重视程度不够。

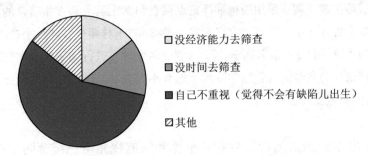

图 9.2　未进行全部孕中筛查原因分布图

对于产后新生儿疾病筛查,45％的受访者未进行该类筛查。在未筛查的原因中(见图9.3),重视程度不够、对政策不了解(不知道有免费筛查政策)分别占44.44％和55.56％。

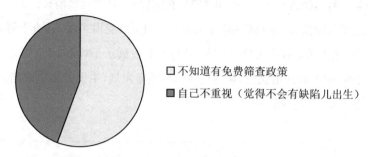

□ 不知道有免费筛查政策

■ 自己不重视(觉得不会有缺陷儿出生)

**图9.3　未进行产后新生儿疾病筛查的原因分布**

总体而言,由于父母的重视程度不高以及经济能力限制导致三级预防中出现某些环节缺失的现象。

## (三) 出生缺陷儿案例分析

### 1. 出生缺陷儿更易发生在经济较为发达的地区

两例出生缺陷新生儿均出生于经济发展水平较高的地区,但这并不意味着经济发展较好的乡村地区具有较高的出生缺陷。这是因为经济发展水平较高的地区对出生缺陷相关筛查的认识比较到位,更可能有意识地进行出生缺陷的筛查,并及时发现存在出生缺陷的新生儿,出生缺陷的检出率较高。这一点在我们针对专家调研访谈中也得到佐证,经济发达地区拥有完善的医疗技术,提高了危重新生儿和早产儿的存活率。而存活下来的早产儿和危重新生儿在出生过程中会面临更多的健康风险,相应地患有出生缺陷疾病的概率较高。

此外,在经济不发达地区可能会存在更高的出生缺陷率,主要是因为这些地区的育龄人群缺乏相关防治知识,三级预防的各阶段预防措施较为缺乏,未能及时发现并进行干预;同时,由于经济不发达地区的医疗资源和技术水平也会相对落后,诊断、筛查、治疗服务不够有效,导致出生缺陷儿的存活率低下。因此,需要加大对经济不发达地区出生缺陷儿的关注,加强对经济不发达地区的出生缺陷防治工作的支持和指导,提升其防治能力,提供公平可及、优质高效的出生缺陷综合防治服务。

这也可以从欧盟出生缺陷率(先天异常发生率)与经济发展水平(国内生产总值)的相关性中得到佐证。图9.4显示,随着经济社会发展水平的提高,出生缺陷率(先天异常发生率)也随之提高,可能的原因就是上文提及的社会的重视程度、医疗技术水平等。但当经济发展到一定水平时,在欧盟GDP的规模增长到12万亿—14万亿美元之间的时候,出生缺陷率(先天异常发生率)变得平缓,并有下降趋势(见图9.4)。即出生缺陷率(先天异常发生率)与经济发展水平(国内生产总值)存在倒"U"形的关系,因此有理由相信,随着经济的高质量发展,中国的出生缺陷发生率有望在未来进一步得到控制。

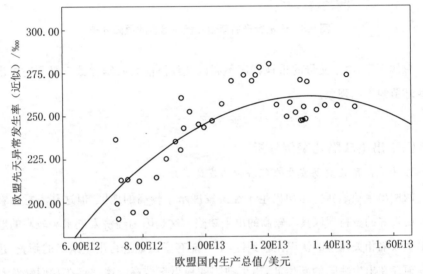

**图9.4 欧盟国内生产总值与先天异常发生率(近似)的关系(1980—2019)**①

2. 出生缺陷儿具体救治情况

本次调研存在两例出生缺陷儿。第一例缺陷新生儿在医院出生时确诊患先天性心脏病,患病严重程度一般,可以通过治疗手段痊愈,治疗费用在1万至3万元之间,治疗费用主要源于家庭收入,在资金支持、专业咨询服务以及日常照料服务方面存在需求。目前面临最大困难在于对孩子的照顾方面,需要大量资金和精力,不放心交予他人照顾。

---

① 感谢陈赫铭在数据处理中的帮助。

第二例缺陷新生儿是出生后在家中发现，并通过医院确诊患有唇裂，疾病严重程度轻，可以治愈。治疗费用在1万至3万元之间，治疗费用主要源于基金会等社会组织救援以及政府救援，目前家庭资金周转存在困难，对资金支持和日常照料服务存在需求。

从上述两个案例中可以发现出生缺陷儿的救治不仅需要医疗技术，也需要资金保障。救治资金来源的多元化，可以有效地减轻家庭的经济负担，提高出生缺陷儿的救治率和生活质量。社会公益组织和社会救助机构在其中发挥了重要的作用。同时，根据家庭反馈的相关诉求，除了资金支持之外，对专业的咨询服务也存在需求，专业的咨询服务可以帮助家庭了解出生缺陷的原因、预防、治疗和康复的方法，增强家庭的自我管理能力和信心，促进家庭的和谐与幸福。政府应对有出生缺陷儿的家庭提供一定的医疗费用补助或者经济援助，可以有针对性地对出生缺陷儿童治疗费用以及护理费用进行补助，或者对存在资金周转困难的家庭提供资金援助。除了经济扶持外，在专业咨询服务方面，可以通过建立专门的医疗咨询机构或平台，提供专业的医疗指导或心理咨询；对于护理服务方面，可以指导或提供专业的护理服务，在出生缺陷儿童的照顾上提供帮助。重视出生缺陷儿童家庭的需求，帮助其减轻在照顾出生缺陷儿童方面的负担，提供必要的支持和帮助，提高儿童的护理治疗的质量。

## （四）结论和建议

### 1. 加强落实三级预防相关政策宣传

根据问卷调查数据，国家免费的孕前优生健康检查参与度较高，11人中有9人免费接受了该项检查，除去客观原因外，其中有1人是由于对政策理解不到位而未接受该检查，政府需要加强对孕前检查政策的宣传，提高民众对该政策的理解和认知，确保更多人能够及时接受免费的孕前检查服务。孕中筛查参与情况良好，但是大多数人只进行部分项目的筛查，对孕中筛查的重要程度的认识还不到位，政府可以通过宣传向公众普及孕中筛查的重要性和全面性，促使更多人参与并接受更加全面的筛查。另外，产后新生儿疾病筛查情况较差，11人只有6人对新生儿进行了疾病筛查，未进行新生儿疾病筛查的被调查对象均存在不知道政府有提供免费筛查的政策，这说明政府需要更加广泛地宣传该政策，向社会大众传递有关新生儿疾病筛查的信息，包括免费筛查的重要性、可行性和福利，提高公众的参与率。

综上所述,政府应该加强三级预防政策的宣传,以提高民众对政策的理解和认知,促使更多人积极参与各个环节的检查,降低出生缺陷率。

2. 增强个体筛查意识

孕中筛查虽然参与情况良好,但是由于对相关筛查的认识不到位,大多数人只进行了部分的筛查。此外,产后新生儿疾病筛查也存在不重视的问题,大多未参与新生儿疾病筛查的被调查对象都存在自己不会有缺陷儿出生的心理。政府和社会有关机构应该加大宣传力度,鼓励个体获得相关筛查的信息并加深个体对相关筛查重要性的认识。一方面,可以通过社会健康教育活动或者是媒体和线上平台,向个体传达相关检查的重要性,介绍检查内容以及获得检查的途径;另一方面,政府和医疗机构之间可以进行合作,让医疗机构主动向有需要的患者提供相关信息资料以及咨询服务。通过有效的措施来提高个体对各个预防环节的认知和了解,鼓励个体进一步主动去获取相关信息,并且在关键时刻寻求专业的医疗和护理服务。

3. 减轻家庭负担

出生缺陷儿家庭往往面临较大的家庭负担。一方面,家庭需要面临救治资金支持的问题,对出生缺陷儿的救治往往会给这些家庭带来较重的经济负担,甚至可能导致家庭陷入贫困或债务困境。另一方面,出生缺陷儿会给家庭造成一定的心理压力,带来负面情绪,影响家庭的幸福和谐。面对出生缺陷问题,一是完善医疗保障和救助制度,减轻家庭的经济负担,对有出生缺陷儿童的家庭提供相应的医疗费用补助或者经济援助;二是可以提供专业的技术服务支持,帮助家庭了解出生缺陷的相关原因、预防、治疗和康复的方法以便其更好地照顾出生缺陷儿童,维护家庭稳定和谐。通过在资金以及专业技术方面有针对性地采取措施,实现出生缺陷儿家庭负担的有效减轻,是出生缺陷防治工作的重要内容,也是保障母婴安全和提升人口素质的必要条件。

# 二、出生缺陷防治调研分析:医疗资源供给的视角

## (一) 我国妇幼医疗资源供给基本情况

由于国家出台相应的妇幼卫生政策,如《中国妇女发展纲要》《中国儿童发展纲要》等文件,妇幼卫生医疗资源得到进一步发展。在出生缺陷防治工作中,妇幼卫生医疗资源发挥着不可或缺的作用。它们通过专业的预防、诊断和治疗服务,以及

深入的宣传教育工作,为降低出生缺陷发生率、提高人口素质做出了积极贡献。通常而言,妇幼卫生资源主要包括妇幼机构数、保健工作人员数、床位数等。从图9.5可以看到,自2010年以来,我国妇幼医疗资源总体呈现上升趋势,机构数量持续稳定在一定水平,床位数和保健工作人员数明显增长,这无疑为防治出生缺陷提供了更加坚实的基础。

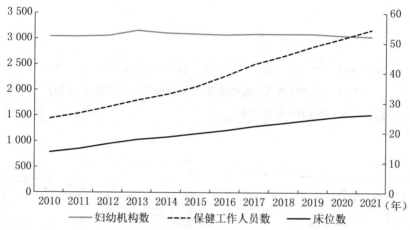

**图9.5　全国主要妇幼卫生资源2010—2021年变化**

资料来源:历年《中国卫生统计年鉴》。

将每个机构的妇幼保健工作人员数量视为妇幼机构规模,从图9.6可以看出,我国妇幼卫生机构规模呈现逐年平缓上升趋势。虽然全国的医疗卫生资源呈现上升趋势,但是由于地区经济发展水平差异较大,地区之间卫生医疗配置不均匀,存在医疗卫生资源地区异质性问题。

分地区来看,从图9.7可以发现妇幼机构总量西部明显多于中部和东部,但床位数以及人员数反而明显较低,东中西部地区妇幼医疗机构规模存在较大的差异,其中东部地区规模最大,中部地区次之,西部地区最少,这也从侧面反映了不同地区医疗资源分配不均的问题。妇幼机构床位数与医疗人员数大致呈现东、中、西部递减的分布,但2020年妇幼保健人员西部地区略多于中部地区。资源总量上升的增速方面,西部地区最快,中部地区和东部地区相近。推测原因为国家大力推进医疗资源下沉贫困地区的政策初有成效。随着各地区妇幼卫生医疗资源总量的逐步稳定,未来需要更关注医疗资源质量和医疗系统效率。

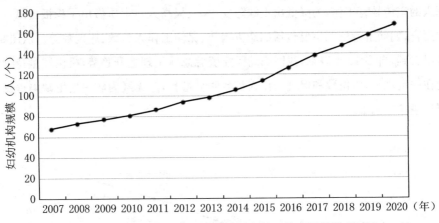

**图9.6　全国妇幼卫生机构规模(妇幼保健工作人员数量/机构)**

资料来源:历年《中国卫生统计年鉴》。

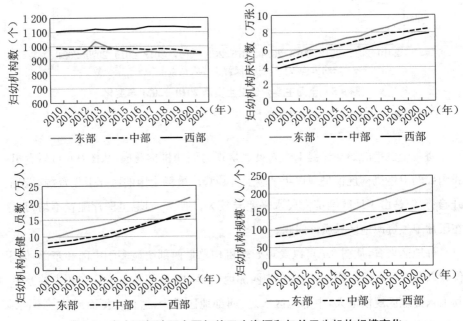

**图9.7　东中西部地区主要妇幼卫生资源和妇幼卫生机构规模变化**

资料来源:历年《中国卫生统计年鉴》。

关于妇幼卫生资源配置不均衡,可以使用集中指数进行衡量,即以人均GDP及人口密度作为排序依据,运用洛伦兹曲线及集中指数研究我国妇幼保健医疗资源公平性。王涵和左熙月（2022）①使用公式（1）对我国妇幼保健医疗资源公平性进行评价。公式（1）中 $CI$ 代表集中指数，$x_i$ 是指按人均 GDP 升序排序的累计比重，$y_i$ 是各类出生缺陷相关医疗资源指标，包括妇幼保健院（站、所）数量/出生人口、妇幼保健人员/出生人口、妇幼保健院床位数/出生人口。通常来说 $CI$ 取值范围是 $[-1,1]$，当 $CI=0$ 时，供给配置绝对公平。按人均 GDP 排序时，当 $CI<0$ 时，说明供给配置向人均 GDP 较低的区域倾斜，$CI>0$ 时，说明供给配置向人均 GDP 较高的区域倾斜。

$$CI = \sum_{i=1}^{n} x_i y_{i+1} - x_{i+1} y_i \tag{1}$$

根据公式（1），分别获得妇幼保健机构、妇幼保健人员、妇幼保健机构床位这三项的集中指数，同时加入总的医疗机构床位的集中指数作为对比参考。按人均 GDP 升序排序，历年妇幼医疗资源配置集中指数计算结果及变化如表 9.1 所示。

**表 9.1　集中指数计算结果**

| 年份 | 妇幼保健机构 | 妇幼保健人员 | 妇幼保健机构床位 | 医疗机构总床位 |
|------|------------|------------|----------------|--------------|
| 2010 | −0.102 263 18 | 0.096 122 33 | 0.022 716 18 | 0.138 557 91 |
| 2015 | −0.085 801 3 | 0.059 825 86 | −0.031 592 36 | 0.111 571 23 |
| 2018 | −0.154 171 81 | 0.002 618 01 | −0.061 454 4 | 0.045 820 69 |
| 2019 | −0.229 194 56 | −0.028 316 43 | −0.069 975 71 | −0.017 355 4 |
| 2020 | −0.194 262 83 | −0.021 405 99 | −0.042 774 75 | −0.005 024 27 |

其中 2010 年、2015 年及 2020 年洛伦兹曲线绘制如下（见图 9.8）。可以看到妇幼保健机构的集中指数为负，但绝对值较小，表明妇幼医疗机构供给配置略偏向经济欠发达地区。妇幼保健医疗人员数与床位数的集中指数都经历了由正转负的变化，且计算结果的显著性逐年降低。整体上可以发现妇幼保健资源配置在 2010 年时都不同程度地向经济发达地区倾斜，但近年逐渐稳定在均衡水平，无明显配置不公平情况。尤其是妇幼保健人员变化明显，说明妇幼保健人员储备量上涨，且贫困地区对于妇幼保健资源需求增大，也说明国家对医疗资源下沉贫困地区的推动卓

---

① 王涵、左熙月：《我国出生缺陷防治研究：基于政策演变和医疗资源供给的视角》，上海财经大学大创项目，2022 年。

有成效,政策工具的拉动效果明显。表9.1中还计算了所有医疗机构总床位数的集中指数,相较而言,2020年妇幼卫生资源向经济不发达地区倾斜较多,可见近年低生育率、高平均育龄的背景下,各地对于妇幼健康的格外重视,以及国家近年对妇幼医疗资源的针对性推动。

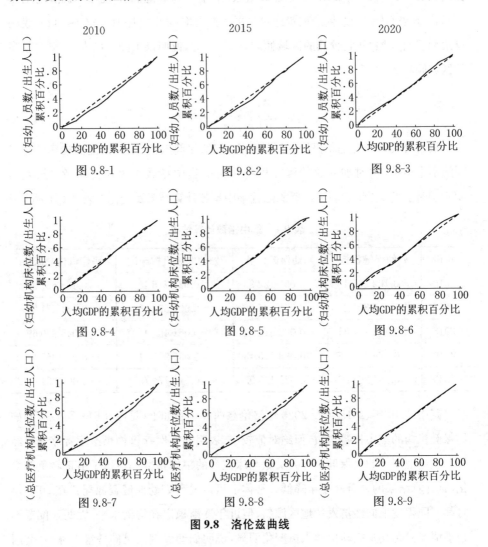

**图9.8　洛伦兹曲线**

## (二) 妇幼医疗机构访谈分析:以上海市为例

为进一步了解出生缺陷防治工作,团队在2022年10月分别与上海市儿童医院新生儿科、上海市妇幼保健中心进行新生儿缺陷救治,以及出生缺陷监测情况的调研访谈工作。

**1. 访谈对象基本情况**

（1）上海市儿童医院

上海市儿童医院的新生儿科是上海的危重新生儿转运中心之一。若分娩的新生儿有危重情况，中心需要负责托底工作。上海较大的危重新生儿转运中心有四家，除儿童医院新生儿科外，还有复旦儿科、新华医院新生儿科、浦东的儿童医学中心。上海市儿童医院覆盖上海近三分之一的危重新生儿转运的工作。

（2）上海市妇幼保健中心

上海市妇幼保健中心由上海市政府立项和投资，是上海市卫生计生委所属负责本市妇幼保健工作的全额事业单位，整合了原上海市妇女保健所、上海市儿童保健所和上海市计划生育技术指导所，实现资源整合、保健归口、综合管理、网络高效和功能齐全的发展目标。上海市卫生行政部门根据综合管理、网络统一和功能重组的原则，成立上海市出生缺陷管理办公室（挂靠在上海市儿童保健所），主要负责全市出生缺陷报告与管理工作。

上海市妇幼保健中心主要职责包括贯彻执行国家和上海市有关妇幼保健工作的法律、法规、规章和方针、政策；承担国家和上海市重大妇幼公共项目的实施；承建和管理妇幼保健信息网络平台，监测、收集、分析和上报国家和上海市的妇幼卫生数据；负责拟订妇幼健康教育的规划、方案和相关培训资料；负责危重孕产妇和危重新生儿会诊抢救组织工作等。

**2. 出生缺陷监测和救治基本情况**

（1）出生缺陷监测制度比较规范

出生缺陷监测工作的制度框架较为完善，这从调研访谈中得到证实。在三级预防体系中，婚检、孕前保健以及孕中筛查作为重要防线一直被广泛宣传，在人群中的认知度较高。同时上海各级医疗保健机构均建立出生缺陷首诊报告制度。在诊疗过程中一旦发现并经确诊为出生缺陷或残疾儿童，按照《上海市出生缺陷报告与管理工作制度》，填写《上海市出生缺陷、残疾儿童报告卡》，由专人负责上报辖区内区县妇幼保健所。

在访谈中，相关专家认为上海在大规模胎儿畸形筛查中，可以通过 B 超、唐氏综合征筛查和 TORCH 病毒感染筛查等检测手段，在产前诊断和新生儿筛查阶段基本能完成对一些基本疾病的诊断。此外，出生缺陷率的估算与出生缺陷的统计口径有关。例如,上海的出生缺陷上报标准是从孕16周开始报告,而其他地方可能是出生后28周才开始报告,因此不同地区的出生缺陷率存在较大差异。这要求在关注出生缺陷率指标时应该关注其统计口径(如围产儿和活产儿)。

（2）危重新生儿中出生缺陷儿较多

从调研访谈中发现,危重新生儿中主要以早产居多,除早产之外出生缺陷的占比也比较靠前,此外就是感染性的疾病导致的危重新生儿,例如宫内感染、肺炎、败血症等。与出生缺陷相关的危重新生儿中,主要的出生缺陷包括先天性心脏病、神经系统缺陷以及相关代谢性疾病。

出生缺陷导致儿童残疾会因不同出生缺陷类别而异,较为轻微的出生缺陷不会影响到儿童的残疾,一些能够治愈的出生缺陷也不会影响未来的健康状况,但部分出生缺陷会进一步导致儿童残疾,例如肢体缺陷、多指/趾、缺指/趾或者骨骼发育的畸形。较为严重的出生缺陷新生儿存活率较低。

（3）救治出生缺陷新生儿的水平较高

上海市儿童医院有多个优势学科应对出生缺陷新生儿的救治工作。例如儿童医院的心脏外科能够灵活应对新生儿出生缺陷疾病(如先天性心脏病);神经外科对先天脑积水儿童进行引流手术;此外,对于一些代谢性的疾病也能够进行救助,针对婴幼儿的腹膜透析、血液透析、血液净化等治疗,儿童医院均能满足。能够治疗的出生缺陷病种中,基本上都在儿童医院找到相应治疗手段。

从访谈中也可以发现,出生缺陷救治的程度因病情程度而异。出生缺陷病例中70%的儿童经过治疗可正常生活,例如大部分先天性心脏病新生儿,手术后能够很好地存活下来,日常生活不受影响。此外,与神经、肌肉方面畸形或者代谢相关的出生缺陷新生儿愈合不好的比例较高。最后,出生缺陷中近30%的新生儿治疗后效果不佳,严重者存活时间较短。

除了出生后的救治手段外,儿童医院所有危重新生儿出院后都会由整合门诊进行跟踪随访,整合门诊是医院的儿童保健联合的多学科门诊。随访的时间还是较长,会一直跟踪随访到患儿学龄前。随访就是站在儿童保健的角度,关注他们的营养发育、神经发育,如果神经发育方面出现问题,儿童会较早被转诊到康复科进行康复训练。

3. 出生缺陷监测和救治面临的问题

尽管上海市出生缺陷监测和救治取得较好的成绩,但在访谈中仍然发现以下重要的问题和困境。一是上海市婚前检查率偏低,访谈专家认为主要是由于婚前检查不是强制性的,具体由各个区县自行负责,仍旧有很多年轻人对于婚检的知晓度和认识程度不高。二是随着产科技术的不断发展,医疗机构能够挽救早产儿的能力越来越强,早产儿的体重和胎龄也逐渐减小,而这必然伴随着较高的出生缺陷风险。比如,以前需要 32 周以上的胎龄才能成功挽救,而随着医疗技术的提升,当前可以在怀孕 28 周时实施抢救。然而,这些早产儿或低体重儿往往出生缺陷的风险较高。这就有可能出现挽救的新生儿数量与较高出生缺陷率并存的困境,即使在降低新生儿的死亡率、努力挽救更多患儿的生命的同时,幸存婴儿发生出生缺陷的概率也相对较高。这也是团队在调研中认为未来值得深思的一个重要问题。

另外,出生缺陷筛查存在相当数量的漏检。据专家介绍,这部分原因是一些疾病是单基因遗传或基因突变所致,而这类疾病在他们的数据库中非常少见。数据库上报得最多的仍是形态学异常的出生缺陷。即使夫妻双方采取第三代辅助生殖技术,例如将父亲的精子和母亲的卵子取出并受精后,再对受精卵进行上千次基因检测,排除异常后将留下的受精卵植入母体子宫内,仍然无法完全杜绝漏检情况的发生。此外,随着二孩、三孩政策的实施,父母的平均年龄也在逐渐增长。研究表明,36 岁及以上的孕妇所生婴儿出生缺陷的概率是 28 岁孕妇的八倍。因此,在总体出生缺陷率不发生明显变化的情况下,单个疾病的发病率和其排位可能有较为显著的变化。


## (三) 结论和建议

### 1. 提升婚检参与度,加强出生缺陷筛查

根据国家整体出生缺陷的趋势来看,出生缺陷的发病率并未呈现下降趋势,医疗技术的飞速发展和新生儿疾病筛查力度的加大无疑是两大重要因素。随着医疗技术的不断进步,许多过去难以存活的出生缺陷新生儿如今得以存活,虽然降低了新生儿的死亡率,但出生缺陷的发病率在数据上并未出现明显的下降。另外,现在对于新生儿疾病的筛查力度远大于过去,这一方面有助于我们及时采取干预措施,降低出生缺陷对新生儿及其家庭的不良影响,但另一方面,也使我们更容易发现出生缺陷,导致筛查出的出生缺陷数量增加,从而带来出生缺陷发病率的增加。总的来说,虽然出生缺陷的发病率数据并未呈现下降趋势,但这并不意味着防治工作没有取得成效。相反,通过医疗技术的进步和新生儿疾病筛查力度的加大,专业机构

已经为更多出生缺陷新生儿提供了生存和发展的机会。未来,专业机构还需要继续努力,进一步完善出生缺陷防治体系,减少出生缺陷。

为了有效控制出生缺陷发生率,有必要进一步完善婚前保健、孕期保健和产前筛查服务。通过提高婚检的普及率,发现结婚双方可能存在的遗传性疾病和传染性疾病,采取预防性措施减少出生缺陷。在婚检时可以提供婚前指导服务,针对现有的疾病给予生育建议,宣传优生优育相关知识,促进叶酸增补工作的落实,避免反复人工流产造成的生殖力损害等问题。加强孕前保健,在孕前对计划妊娠夫妇进行孕前健康教育及指导,评估和改善其健康状况,为胎儿提供良好的孕育环境。强化孕期保健、产前筛查和新生儿疾病筛查等出生缺陷筛查措施,制定合理的产前检查次数及孕周,充分运用各项质控指标加强产前筛查和产前诊断服务全过程质量管理,提高新生儿疾病识别筛查能力,及时发现并及早采取干预措施,降低出生缺陷率,并减轻出生缺陷的不良后果。

2. 提高对常见出生缺陷疾病的救治效率

对于常见的几种出生缺陷均有相应的防治方法,但一些方法的效率并不高。苯丙酮尿症是由于缺乏苯丙氨酸羟化酶引起代谢产物增加,从而导致婴幼儿智力低下。该疾病可进行预防,只需在出生时进行足底血检查,并提供不含苯丙氨酸的奶粉,上海地区已提供至 18 岁。一旦在出生时查出患有此病,患者便可以接受相关奶粉喂养,以维持正常智力。此外,对于神经管缺陷和唐氏综合征,通常采取引产措施。先天性耳聋以往需要出生后才能诊断,现在一些地区已经开始实施基因诊断。先天性心脏病有部分病例可以在出生前被发现,但对于极其微小病变并不能完全检测出来,因此出生后也会有相当高的出生缺陷发生率。在常见出生缺陷中,先天性心脏病一直占据着 0—7 天新生儿诊断的首位。总体而言,在出生缺陷中排名前六的疾病中,除苯丙酮尿症和先天性耳聋外,其他疾病都有可能在出生前得以诊断。

针对重度先天性心脏病的情况,医生通常会建议孕产妇不予以生育。鉴于先天性心脏病已成为引产决策的首要因素,其负担在家庭、社会和国家层面均异常沉重。因此,首先应该加强社会宣传和教育,通过广泛开展出生缺陷防治知识的宣传和教育活动,提高公众对出生缺陷疾病的认知和了解,引导家庭支持出生缺陷防治工作,提高出生缺陷疾病救治效率。其次,提高出生缺陷的筛查和诊断能力,尽可能做到早发现,降低引产对孕妇的伤害,减少出生缺陷。最后,提升医疗机构的救治能力也至关重要。提高医护人员的专业水平和救治能力,推动多学科联合诊疗模式的应用,整合不同领域的专业资源,为出生缺陷患儿提供及时、有效的治疗和护理。

3. 加强医疗保险等各类政策在出生缺陷防治中的作用

根据疾病类型以及国家相关政策,出生缺陷患儿能获得不同形式的补贴资助保险报销等。上海市医疗(生育)保险为符合条件的受益者提供的基础保障金额为3 600元,包括唐氏综合征筛查、先天性心脏病筛查等项目的覆盖,但个人需要自行承担超出保障范围(例如唐氏综合征的DNA检测)的费用。针对不同疾病,国家提供特定的补贴,如苯丙酮尿症患儿可获得特制奶粉补贴至18岁。此外,家庭可以申请残疾联合会的阳光宝宝卡等补助,但并非每种出生缺陷疾病都能享受医保覆盖的权益,已统计的疾病数量为69种。因此,在出生缺陷疾病治疗过程中,了解医保覆盖范围对家庭至关重要。

此外,先天性缺陷的发病率较低,有些疾病甚至在一万人中仅有一个发病案例。同时,筛查方法存在一定误诊率,例如唐筛可能有15%的误诊率,即15%的患者未能被正确筛查出来。相对精准的筛查方式往往成本较高,因此当前筛查方法尚待完善。在制定相关政策时必须考虑投入和产出之间的平衡。

## 附录:千村调查问卷

### 关于出生缺陷防治的调查问卷

2023.6.21

地区编码:＿＿＿＿＿＿＿＿　　　　家庭编码:＿＿＿＿＿＿＿＿

【调查员信息】

姓名:＿＿＿＿＿　学号:＿＿＿＿＿　手机号码:＿＿＿＿＿＿＿＿

**一、询问村支部/村委会领导**

**M01**　是否向村民宣传国家免费孕前优生健康检查、产前筛查等优生优育的政策?

　　1. 是　　　　　2. 否

**M02** 2022年1月至2023年6月,该村是否有出生缺陷婴儿出生?

　　1. 是　　　　　2. 否

**二、入户调查**

**M03** 2022年1月至2023年6月,你家是否有新生儿出生?

　　1. 是　　　　　2. 否(中止此次调查)

**M04** 您家有几个新生儿出生?

　　1. 一个　　　　　　　2. 两个　　　　　　　3. 三个及以上

**M05** 新生儿的性别为[**多选题**]*

　　1. 女婴　　　　　　　2. 男婴

**M06** 新生儿在哪里分娩出生?

　　1. 在家中接生婆接生　　　　　　2. 村镇卫生服务中心

　　3. 县级医院　　　　　　　　　　4. 市级医院

**M07** 孕前:育龄妇女有没有接受国家免费的孕前优生健康检查?

　　1. 有(请跳至第 M09 题)　　　　2. 无

**M08** 为什么没有去接受免费的孕前优生健康检查[**多选题**]*

　　1. 觉得没必要检查　　　　　　　2. 没时间去检查

　　3. 因为疫情无法去检查　　　　　4. 不知道有此项政策

　　5. 以为要花钱,所以不检查　　　　6. 其他＿＿＿＿(请填写)

**M09** 孕中:产妇有没有在医疗机构接受正规的产中筛查?

　　1. 无　　　　　　　2. 有,只接受部分筛查(B 超排畸、唐氏筛查等)

　　3. 有,接受所有的产前筛查(请跳至第 M11 题)

**M10** 为什么没有或只接受部分的产中筛查?[**多选题**]*

　　1. 由于一些筛查项目要自费,没经济能力去筛查

　　2. 没时间去筛查

　　3. 自己不重视(觉得不会有缺陷儿出生)

　　4. 其他＿＿＿＿*

**M11** 产后:新生儿出生后,有没有接受听力、代谢疾病等新生儿疾病筛查?

　　1. 无　　　　　　　2. 有(请跳至第 M13 题)

**M12** 为什么没有进行新生儿疾病筛查?[**多选题**]*

　　1. 不知道有免费筛查政策　　　　2. 政府不提供免费的筛查

　　3. 没时间筛查　　　　　　　　　4. 没钱筛查

　　5. 自己不重视(觉得不会有缺陷儿出生)

　　6. 其他＿＿＿＿(请填写)

**M13** 2022 年 1 月至 2023 年 6 月间,你家出生的婴儿是否有出生缺陷?[**单选题**]*

　　1. 有　　　　　　　2. 无(中止此次调查)

**M14** 患有什么疾病的出生缺陷？

    1. 先天性心脏病    2. 多趾/并趾       3. 尿道下裂      4. 唇裂

    5. 神经管缺陷     6. 其他

**M15** 在哪里获得诊断结果？

    1. 出生时在医院得到诊断

    2. 出生后在家中发现，后去医院得到确诊

    3. 自己发现，并没有去医院确诊

    4. 其他_____（请填写）

**M16** 所患疾病的严重程度？

    1. 不严重        2. 一般严重      3. 严重        4. 特别严重

**M17** 所患疾病是否能被治愈？

    1. 是         2. 否

**M18** 目前治疗疾病花费了多少？

    1. 1 万以下      2. 1—3 万      3. 3—5 万      4. 5—10 万

    5. 10 万以上

**M19** 治疗疾病所花费的资金来源？[**多选题**]*

    1. 家庭收入            2. 借款

    3. 社会医疗保险        4. 基金会等社会组织援助

    5. 政府社会救助        6. 商业医疗保险

**M20** 你们最需要哪些帮助？[**多选题**]*

    1. 资金支持     2. 专业咨询服务    3. 护理服务支持    4. 日常照料支持

    5. 心理慰藉     6. 其他_____（请填写）

**M21** 你们觉得最大的困难或者最需要的帮助是什么？[**填空题**]*

    ————————————————————————

# 附录 1
# 部分地区出生缺陷防治相关政策汇总

本附录主要收集了上海、浙江、陕西、河北四个地区新生儿疾病筛查、生育保险、婚孕检等相关政策。

附表 1.1　部分省份新生儿疾病筛查政策

| 地区 | 优生优育政策文件 | 具体内容 |
|---|---|---|
| 上海 | 《上海市卫生局关于在全市开展新生儿听力筛查工作的通知》(沪卫妇基〔2001〕35 号) | 在新生儿中开展听力障碍筛查工作。 |
| 上海 | 《上海市新生儿遗传代谢性疾病筛查工作实施方案》(沪卫疾妇〔2007〕69 号) | 开展的全市性新生儿遗传代谢性疾病筛查项目为先天性甲状腺功能减低症(CH)、苯丙酮尿症(PKU)、先天性肾上腺皮质增生症(CAH)和葡萄糖-6-磷酸脱氢酶缺乏症(G6PD)筛查,收费限价为每人次 100 元。 |
| 上海 | 《建立本市唐氏综合征产前筛查干预网络实施方案》(沪卫计妇幼〔2015〕047 号) | 开展唐氏综合征产前筛查。(2017 年,根据国家政策将孕妇外周血胎儿游离 DNA 产前筛查与诊断纳入辖区唐氏综合征产前筛查干预网络内统一管理。) |
| 上海 | 《上海市卫生和计划生育委员会关于在全市开展新生儿先天性心脏病筛查工作的通知》(沪卫计妇幼〔2016〕011 号) | 在新生儿中开展听力障碍筛查工作。 |
| 上海 | 《上海市卫生和计划生育委员会关于建立"上海市新生儿先天性心脏病筛查诊治中心"的通知》(沪卫计妇幼〔2016〕018 号) | 建立"上海市新生儿先天性心脏病筛查诊治中心"。 |
| 浙江 | 《浙江省妇女发展规划(1996—2000 年)》(浙政〔1995〕13 号) | 积极推行新生儿筛查技术工作。 |

| 地区 | 优生优育政策文件 | 具体内容 |
|---|---|---|
| 浙江 | 《浙江省物价局、浙江省卫生厅关于核定儿童疾病筛查收费标准的通知》(浙价费〔2001〕291号) | 核定儿童听力筛查收费标准为 45 元/人次,对未通过首次筛查需复查的按 25 元/人次收费,核定新生儿先天性甲状腺功能低下症和苯丙酮尿症的筛查,收费标准为 55 元/人次。 |
| 浙江杭州 | 《杭州市人民政府办公厅关于开展免费产前筛查和新生儿疾病筛查的通知》(杭政办函〔2009〕234 号) | "产前筛查"项目包括唐氏综合征、爱德华综合征、神经管畸形等 3 种疾病的筛查,收费 110 元;"新生儿疾病筛查"项目包括苯丙酮尿症、先天性甲状腺功能减退症等 27 种遗传代谢性疾病的筛查,收费 205 元。 |
| 浙江 | 《浙江省卫生计生委、浙江省财政厅关于调整新生儿疾病免费筛查项目内容的通知》(浙卫发〔2014〕136 号) | 取消新生儿疾病免费筛查中的半乳糖血症,新增红细胞葡萄糖-6-磷酸脱氢酶(G-6-PD)缺乏症,其他免费筛查不变,其中四种新生儿遗传代谢性疾病免费筛查的各级财政补助标准仍为 93 元/人次。 |
| 陕西 | 《陕西省卫生厅关于加强新生儿疾病筛查工作的通知》(陕卫妇发〔2006〕176 号) | 省新生儿疾病筛查中心对确诊的苯丙酮尿症患儿免费提供治疗奶粉 240 罐;新生儿疾病筛查收费标准为每例 50 元。 |
| 陕西 | 《陕西省人民政府关于建立产前筛查和新生儿疾病筛查服务制度的实施意见》 | 对新生儿进行一次免费苯丙酮尿症筛查、先天性甲状腺功能减低症筛查和听力障碍筛查,采用"双指标法"进行一次免费先天性心脏病筛查;经费标准为产前筛查 320 元/例,新生儿疾病筛查 132 元/例。 |
| 河北 | 《河北省新生儿疾病筛查诊治管理办法(试行)》(冀卫基妇字〔2000〕15 号) | 新生儿疾病筛查病种确定为苯丙酮尿症和先天性甲状腺功能低下。(2004 年、2009 年、2021 年先后对该办法进行修改,最新的管理办法于 2022 年 1 月 1 日起执行。) |

## 附表 1.2　部分地区生育保险政策

| 地区 | 优生优育政策文件 | 具体内容 |
|---|---|---|
| 上海 | 《上海市卫生局、上海市劳动和社会保障局、上海市医保局关于实施城镇生育保险医疗保健服务的意见》(沪卫妇基〔2001〕26 号) | 生育保险补贴范围,涵盖早孕建册、产前检查、住院生产、产后访视、产后 42 天检查及自然流产,包括 B 超、胎心多普勒、淋菌球培养、脱落细胞学检查等项目。 |
| 上海 | 《上海市城镇生育保险办法》(2001 年 10 月 10 日上海市人民政府令第 109 号发布) | 按妊娠时间分 2 500 元、400 元、200 元三个档次进行补贴。(2004 年、2009 年先后对该办法进行了修订,支付标准提高到 3 000 元、500 元、300 元三档。) |

| 地区 | 优生优育政策文件 | 具体内容 |
|---|---|---|
| 浙江 | 《浙江省企业职工生育保险暂行办法》(浙劳险〔1997〕62 号 1997 年 4 月 1 日) | 医疗费用补偿标准,由社会保险机构根据女职工生育所需要的检查费、接生费、手术费、治疗费、住院费、药费及难产、平产等不同情况,通过测算后统一确定。 |
| 陕西 | 《陕西省职工生育保险暂行办法》(陕劳社发〔2001〕185 号) | 女职工妊娠期、分娩期、产褥期内,因生育发生的医疗费用(包括产前检查费、接生费、手术费、住院费及药费),符合生育保险医疗服务范围的,由生育保险基金支付。 |
| 陕西 | 《陕西省残疾预防行动计划》(陕政办发〔2017〕66 号) | 2020 年前实施农村孕产妇免费住院分娩,城镇将住院分娩纳入基本医保,机关、企事业单位将其纳入生育保险范围。 |
| 河北 | 《河北省省直城镇职工生育保险实施细则》(冀劳社〔2008〕70 号) | 规定女职工生育发生的检查费、检验费、接生费、手术费、床位费、药品费等生育医疗费,生育保险基金支付标准限额(含产前检查、检验费)。 |

附表 1.3　上海市婚检孕检相关政策

| 年份 | 发布部门 | 文　件 | 内　容 |
|---|---|---|---|
| 2021 | 上海市卫生健康委员会 | 《上海市母婴保健专项技术服务管理办法(2021版)》(沪卫规〔2021〕22 号) | 鼓励合规机构开展婚前检查、产前筛查;开展产前诊断机构的总数原则上控制在 15 家以内,并设置在具备与所开展技术相适应的三级医疗机构内。 |
| 2021 | 上海市人民政府 | 《上海市残疾人事业发展"十四五"规划》(沪府办发〔2021〕15 号) | 织密产前诊断(筛查);转介及康复需求支持服务体系。 |
| 2021 | 上海市人民政府 | 《上海市人民政府办公厅关于印发〈上海市妇女儿童发展"十四五"规划〉的通知》(沪府办发〔2021〕6 号) | 开展产前筛查诊断并逐步加大对于出生缺陷干预的财政支持力度。 |
| 2021 | 上海市人大(含常委会) | 《上海市实施〈中华人民共和国残疾人保障法(2021 修正)〉办法》(上海市人民代表大会常务委员会公告〔15 届〕第 97 号) | 民政部门应当引导申请结婚登记的人员自愿参加婚前卫生指导、咨询和医学检查。 |

| 年份 | 发布部门 | 文　件 | 内　容 |
|---|---|---|---|
| 2021 | 上海市人大（含常委会） | 《上海市人口与计划生育条例》（上海市人民代表大会常务委员会公告〔15届〕第97号） | 市人民政府应当制定有利于公民自愿进行婚前医学检查、孕前优生健康检查和孕产期检查的措施。 |
| 2019 | 上海市人民政府 | 《关于推进健康上海行动的实施意见》（沪府发〔2019〕16号） | 推进遗传咨询技术服务和管理；加强出生缺陷预防干预；完善产前诊断（筛查）网络；建立儿童脑瘫早期筛查、转诊和康复体系。 |
| 2018 | 上海市卫生和计划生育委员会 | 《上海市儿童健康行动计划（2018—2020年）》 | 加强出生缺陷防治网络建设；合理运用PGD技术；深入推进婚前保健和婚前医学检查，完成国家免费孕前优生健康检查项目任务；切实落实唐氏综合征产前筛查干预服务网络管理要求，规范有序开展孕妇外周血胎儿游离DNA产前筛查与诊断；规范产前超声大畸形筛查和诊断技术。 |
| 2017 | 上海市人民政府 | 《上海市人民政府关于贯彻〈残疾预防和残疾人康复条例〉的实施意见》（沪府发〔2017〕90号） | 加大婚前医学检查推进力度；将免费孕前优生健康检查服务纳入市基本公共卫生服务项目。 |
| 2017 | 上海市卫生和计划生育委员会，上海市发展和改革委员会等 | 《上海市妇女健康服务能力建设专项规划（2016—2020年）》（沪卫计〔2017〕15号） | 强化产前诊断筛查技术服务和管理，推广唐氏综合征筛查。 |
| 2017 | 上海市人大（含常委会） | 《上海市实施〈中华人民共和国残疾人保障法〉办法》（2017年修正） | 做好婚前、孕前卫生指导、咨询和医学检查等工作，民政部门应当引导申请结婚登记的人员自愿参加婚前卫生指导、咨询和医学检查。 |
| 2017 | 上海市卫生和计划生育委员会 | 《上海市计划生育事业发展"十三五"规划》 | 加强婚前保健工作；探索将基本项目的孕前优生健康检查服务纳入市卫生计生基本公共服务体系。 |
| 2016 | 上海市人民政府 | 《上海市政府关于印发〈上海市妇女儿童发展"十三五"规划〉的通知》（沪府发〔2016〕39号） | 进一步提高婚前检查、孕前检查和孕产期保健服务质量，孕产妇系统管理率（户籍）保持稳中有升；婚前医学检查率有所提高作为指标。 |

| 年份 | 发布部门 | 文 件 | 内 容 |
|---|---|---|---|
| 2016 | 上海市卫生和计划生育委员会 | 《上海市卫生和计划生育委员会关于修订印发〈上海市母婴保健专项技术服务管理办法(2016版)〉的通知》(沪卫计妇幼〔2016〕034号) | 鼓励合规机构开展婚前检查、产前筛查;开展产前诊断机构的总数原则上控制在10家以内,并设置在具备与所开展技术相适应的三级医疗机构内。 |
| 2014 | 上海市人大(含常委会) | 《上海市实施〈中华人民共和国残疾人保障法〉办法》 | 卫生计生部门应当做好婚前、孕前卫生指导、咨询和医学检查等工作。 |
| 2008 | 上海市卫生局 | 《上海市卫生局关于修订下发〈上海市母婴保健专项技术服务管理办法〉的通知》(沪卫疾妇〔2008〕18号) | 鼓励合规机构开展婚前检查、产前筛查;全市开展产前诊断的机构总数控制在8家以内。 |

附表1.4　浙江、陕西、河北婚检孕检相关政策

| 地区 | 年份 | 发布部门 | 文 件 | 内 容 |
|---|---|---|---|---|
| 浙江 | 2022 | 浙江省卫生健康委员会 | 《浙江省卫生健康委员会关于印发〈浙江省母婴保健专项技术服务管理办法〉的通知》(浙卫发〔2022〕1号) | 婚前医学检查机构原则上每个县(市)至少设置1家。产前诊断机构设置原则上每300万常住人口设置1家;产前筛查机构原则上每个县(市)至少设置1家;辖区内已设有产前诊断机构的,可由产前诊断机构承担产前筛查工作;产前筛查机构原则上与所在设区市产前诊断机构建立转会诊关系。(以上机构指经审批医疗机构。) |
| 浙江 | 2021 | 浙江省人民政府 | 《浙江省妇女发展"十四五"规划和浙江省儿童发展"十四五"规划》(浙政发〔2021〕18号) | 推广婚前医学检查和生育指导一站式服务模式;广泛开展产前筛查,普及产前筛查适宜技术,规范应用高通量基因测序等技术。 |
| 浙江 | 2021 | 浙江省发展和改革委员会 浙江省卫生健康委员会 | 《浙江省发展改革委、浙江省卫生健康委关于印发〈浙江省卫生健康事业发展"十四五"规划〉的通知》(浙发改规划〔2021〕141号) | 使产前筛查率达到90%以上,重症先天性心脏病、唐氏综合征、神经管缺陷等严重出生缺陷得到有效控制。 |

| 地区 | 年份 | 发布部门 | 文　件 | 内　容 |
|---|---|---|---|---|
| 陕西 | 2020 | 陕西省人民政府 | 《陕西省人民政府关于推进健康陕西行动的实施意见》(陕政发〔2020〕7号) | 实施孕前优生健康检查、免费产前筛查和新生儿疾病筛查;实施增补叶酸预防神经管缺陷项目;完善婴幼儿照护服务和残疾儿童康复救助制度;开展先天性结构畸形和遗传代谢性疾病患儿救助。 |
| 陕西 | 2019 | 陕西省人民政府 | 《陕西省人民政府关于建立产前筛查和新生儿疾病筛查服务制度的实施意见》 | 对符合条件的孕妇,每孕次进行一次免费唐氏综合征、开放性神经管缺陷血清学筛查,每孕次进行两次免费常规超声检查。 |
| 陕西 | 2017 | 陕西省人民政府 | 《陕西省残疾预防行动计划》(陕政办发〔2017〕66号) | 加强婚前、孕前健康检查,全面推行孕产妇系统保健基本服务免费政策;做好产前筛查、诊断,加强产前筛查和诊断网络建设,将住院分娩纳入保险。 |
| 河北 | 2022 | 河北省人民政府 | 《河北省人民政府办公厅关于印发河北省"十四五"医疗卫生服务体系规划的通知》(冀政办字〔2022〕23号) | 开展婚前孕前优生健康检查、产前筛查、新生儿疾病筛查等出生缺陷防控项目,减少唐氏综合征、神经管缺陷等严重缺陷儿出生;推进出生缺陷防治管理中心建设;省级依托综合实力强、专科优势明显的医疗机构,建设产前诊断、新生儿遗传代谢病、新生儿听力障碍等诊断中心;市级推进产前诊断机构、新生儿遗传代谢病筛查中心和听力障碍诊断中心建设;推进县级产前筛查中心建设。 |
| 河北 | 2021 | 河北省人民政府 | 《河北省妇女发展规划(2021—2030年)和河北省儿童发展规划》 | 全面推进婚前医学检查、孕前优生健康检查、增补叶酸等婚前孕前保健服务;鼓励开展婚姻登记、婚前医学检查、孕前优生健康检查一站式服务。 |
| 河北 | 2019 | 河北省人民政府 | 《河北省人民政府印发贯彻〈国务院关于实施健康中国行动的意见〉实施方案的通知》 | 以胎儿先天性心脏病影像筛查和唐氏综合征、耳聋基因筛查为重点,推进出生缺陷早发现、早诊断、早干预。 |
| 河北 | 2018 | 河北省人民政府 | 《河北省妇女发展规划和河北省儿童发展规划》 | 规范婚检项目,改进服务模式;加强孕产期合理营养与膳食指导;建立健全产前诊断网络;加强新生儿疾病筛查、诊断和治疗工作;逐步免费提供产前诊断(筛查)和新生儿疾病筛查保健服务。 |

| 地区 | 年份 | 发布部门 | 文　件 | 内　容 |
|------|------|----------|--------|--------|
| 河北 | 2018 | 河北省人民政府 | 《河北省人民政府关于印发河北省"十三五"推进基本公共服务均等化规划的通知》 | 普遍开展孕前优生健康检查、补服叶酸、孕中期免费唐氏筛查，降低出生缺陷率。加强高危孕产妇和新生儿健康管理。 |
| 河北 | 2018 | 河北省人民政府 | 《河北省人民政府办公厅关于印发河北省残疾预防行动计划（2018—2020 年）的通知》 | 推进婚前医学检查，实施孕前优生服务，推进补服叶酸，预防神经管缺陷。孕前健康检查率达 80％以上；做好产前筛查、诊断。落实《产前诊断技术管理办法》，开展唐氏综合征免费筛查、严重体表畸形重大出生缺陷产前筛查和诊断，逐步实现怀孕妇女孕 28 周前在自愿情况下接受 1 次出生缺陷产前筛查。产前筛查率达 60％以上。 |

# 附录 2
# 相关数据汇总

本附录主要利用历年《卫生统计年鉴》收集了母婴保健技术服务机构及服务执业人员数、儿童和孕产妇死亡率、孕产妇主要疾病死亡率及死因构成、孕产妇和儿童保健情况、婚前保健情况等数据。

附表 2.1　2021 年母婴保健技术服务机构及服务职业人员数

| 省 份 | 执业机构数（个） | | | | | 执业人员数（个） | | | | | |
|---|---|---|---|---|---|---|---|---|---|---|---|
| | 婚前医学检查机构 | 产前诊断机构 | 助产技术机构 | 结扎手术机构 | 终止妊娠手术机构 | 婚前医学检查人员 | 产前诊断人员 | 产科医师 | 助产士 | 结扎手术人员 | 终止妊娠手术人员 |
| 北　京 | 16 | 9 | 115 | 125 | 273 | 312 | 304 | 2 899 | 1 833 | 2 530 | 3 446 |
| 天　津 | 17 | 4 | 82 | 67 | 226 | 95 | 20 | 1 241 | 1 585 | 1 040 | 1 860 |
| 河　北 | 180 | 19 | 1 012 | 991 | 1 160 | 1 315 | 430 | 11 878 | 10 587 | 11 238 | 12 540 |
| 山　西 | 131 | 8 | 540 | 625 | 741 | 813 | 125 | 5 107 | 4 181 | 5 150 | 5 502 |
| 内蒙古 | 113 | 15 | 345 | 420 | 520 | 678 | 204 | 3 121 | 2 658 | 3 238 | 3 485 |
| 辽　宁 | 88 | 24 | 334 | 259 | 452 | 496 | 399 | 4 608 | 3 116 | 3 739 | 4 712 |
| 吉　林 | 67 | 12 | 166 | 234 | 342 | 278 | 300 | 2 622 | 1 675 | 2 991 | 3 306 |
| 黑龙江 | 102 | 6 | 321 | 328 | 483 | 456 | 102 | 3 332 | 2 059 | 3 123 | 3 731 |
| 上　海 | 17 | 11 | 86 | 97 | 118 | 200 | 453 | 2 235 | 1 586 | 2 083 | 2 187 |
| 江　苏 | 118 | 26 | 710 | 723 | 1 715 | 1 095 | 519 | 10 362 | 7 980 | 9 820 | 12 971 |
| 浙　江 | 106 | 22 | 453 | 529 | 1 228 | 832 | 844 | 8 978 | 9 979 | 8 120 | 10 953 |
| 安　徽 | 112 | 17 | 1 372 | 1 284 | 1 461 | 780 | 1 348 | 8 424 | 6 478 | 7 664 | 8 293 |
| 福　建 | 87 | 23 | 648 | 261 | 319 | 533 | 770 | 5 055 | 9 587 | 3 470 | 3 768 |
| 江　西 | 121 | 14 | 1 132 | 1 030 | 1 199 | 871 | 334 | 6 765 | 6 167 | 6 673 | 6 933 |
| 山　东 | 161 | 39 | 820 | 1 041 | 1 549 | 1 296 | 1 062 | 13 843 | 8 677 | 14 489 | 16 099 |
| 河　南 | 174 | 20 | 1 392 | 975 | 1 514 | 2 582 | 637 | 14 034 | 13 127 | 12 354 | 14 623 |
| 湖　北 | 131 | 36 | 1 160 | 1 289 | 1 424 | 1 056 | 676 | 9 615 | 10 756 | 10 057 | 10 069 |

| 省　份 | 执业机构数（个） | | | | | 执业人员数（个） | | | | | |
|---|---|---|---|---|---|---|---|---|---|---|---|
| | 婚前医学检查机构 | 产前诊断机构 | 助产技术机构 | 结扎手术机构 | 终止妊娠手术机构 | 婚前医学检查人员 | 产前诊断人员 | 产科医师 | 助产士 | 结扎手术人员 | 终止妊娠手术人员 |
| 湖　南 | 139 | 27 | 958 | 1 034 | 1 457 | 769 | 631 | 9 476 | 6 354 | 9 328 | 10 593 |
| 广　东 | 235 | 66 | 1 763 | 1 388 | 1 802 | 3 279 | 1 927 | 17 529 | 18 831 | 17 386 | 18 806 |
| 广　西 | 104 | 29 | 1 282 | 724 | 1 216 | 680 | 991 | 8 659 | 11 833 | 7 612 | 8 704 |
| 海　南 | 30 | 6 | 219 | 79 | 157 | 160 | 66 | 1 459 | 2 143 | 1 147 | 1 438 |
| 重　庆 | 40 | 6 | 636 | 544 | 817 | 236 | 238 | 4 473 | 3 596 | 3 558 | 4 209 |
| 四　川 | 225 | 22 | 1 274 | 1 278 | 1 888 | 1 835 | 1 284 | 10 031 | 8 511 | 9 902 | 11 416 |
| 贵　州 | 104 | 16 | 1 289 | 1 125 | 1 152 | 784 | 512 | 7 066 | 10 986 | 6 204 | 6 574 |
| 云　南 | 437 | 15 | 1 561 | 1 135 | 1 463 | 2 896 | 460 | 7 999 | 12 425 | 6 717 | 7 703 |
| 西　藏 | 46 | 12 | 97 | 113 | 111 | 182 | 8 | 414 | 398 | 618 | 634 |
| 陕　西 | 132 | 7 | 476 | 507 | 712 | 773 | 57 | 6 048 | 4 098 | 5 691 | 6 264 |
| 甘　肃 | 100 | 5 | 623 | 631 | 603 | 1 126 | 207 | 3 551 | 5 844 | 3 814 | 3 778 |
| 青　海 | 53 | 53 | 227 | 124 | 187 | 152 | 184 | 916 | 1 090 | 783 | 979 |
| 宁　夏 | 23 | 3 | 131 | 114 | 156 | 124 | 27 | 915 | 1 024 | 899 | 970 |
| 新　疆 | 192 | 497 | 708 | 683 | 713 | 885 | 187 | 2 369 | 2 615 | 2 204 | 2 585 |

附表 2.2　监测地区 5 岁以下儿童和孕产妇死亡率（2000—2021 年）

| 年份 | 新生儿死亡率（‰） | | | 婴儿死亡率（‰） | | | 5 岁以下儿童死亡率（‰） | | | 孕产妇死亡率（1/10 万） | | |
|---|---|---|---|---|---|---|---|---|---|---|---|---|
| | 合计 | 城市 | 农村 | 合计 | 城市 | 农村 | 合计 | 城市 | 农村 | 合计 | 城市 | 农村 |
| 2000 | 22.8 | 9.5 | 25.8 | 32.2 | 11.8 | 37.0 | 39.7 | 13.8 | 45.7 | 53.0 | 29.3 | 69.6 |
| 2001 | 21.4 | 10.6 | 23.9 | 30.0 | 13.6 | 33.8 | 35.9 | 16.3 | 40.4 | 50.2 | 33.1 | 61.9 |
| 2002 | 20.7 | 9.7 | 23.2 | 29.2 | 12.2 | 33.1 | 34.9 | 14.6 | 39.6 | 43.2 | 22.3 | 58.2 |
| 2003 | 18.0 | 8.9 | 20.1 | 25.5 | 11.3 | 28.7 | 29.9 | 14.8 | 33.4 | 51.3 | 27.6 | 65.4 |
| 2004 | 15.4 | 8.4 | 17.3 | 21.5 | 10.1 | 24.5 | 25.0 | 12.0 | 28.5 | 48.3 | 26.1 | 63.0 |
| 2005 | 13.2 | 7.5 | 14.7 | 19.0 | 9.1 | 21.6 | 22.5 | 10.7 | 25.7 | 47.7 | 25.0 | 53.8 |
| 2006 | 12.0 | 6.8 | 13.4 | 17.2 | 8.0 | 19.7 | 20.6 | 9.6 | 23.6 | 41.1 | 24.8 | 45.5 |
| 2007 | 10.7 | 5.5 | 12.8 | 15.3 | 7.7 | 18.6 | 18.1 | 9.0 | 21.8 | 36.6 | 25.2 | 41.3 |
| 2008 | 10.2 | 5.0 | 12.3 | 14.9 | 6.5 | 18.4 | 18.5 | 7.9 | 22.7 | 34.2 | 29.2 | 36.1 |
| 2009 | 9.0 | 4.5 | 10.8 | 13.8 | 6.2 | 17.0 | 17.2 | 7.6 | 21.1 | 31.9 | 26.6 | 34.0 |
| 2010 | 8.3 | 4.1 | 10.0 | 13.1 | 5.8 | 16.1 | 16.4 | 7.3 | 20.1 | 30.0 | 29.7 | 30.1 |
| 2011 | 7.8 | 4.0 | 9.4 | 12.1 | 5.8 | 14.7 | 15.6 | 7.1 | 19.1 | 26.1 | 25.2 | 26.5 |
| 2012 | 6.9 | 3.9 | 8.1 | 10.3 | 5.2 | 12.4 | 13.2 | 5.9 | 16.2 | 24.5 | 22.2 | 25.6 |
| 2013 | 6.3 | 3.7 | 7.3 | 9.5 | 5.2 | 11.3 | 12.0 | 6.0 | 14.5 | 23.2 | 22.4 | 23.6 |
| 2014 | 5.9 | 3.5 | 6.9 | 8.9 | 4.8 | 10.7 | 11.7 | 5.9 | 14.2 | 21.7 | 20.5 | 22.2 |
| 2015 | 5.4 | 3.3 | 6.4 | 8.1 | 4.7 | 9.6 | 10.7 | 5.8 | 12.9 | 20.1 | 19.8 | 20.2 |

| 年份 | 新生儿死亡率(‰) | | | 婴儿死亡率(‰) | | | 5 岁以下儿童死亡率(‰) | | | 孕产妇死亡率(1/10 万) | | |
|------|------|------|------|------|------|------|------|------|------|------|------|------|
| | 合计 | 城市 | 农村 | 合计 | 城市 | 农村 | 合计 | 城市 | 农村 | 合计 | 城市 | 农村 |
| 2016 | 4.9 | 2.9 | 5.7 | 7.5 | 4.2 | 9.0 | 10.2 | 5.2 | 12.4 | 19.9 | 19.5 | 20.0 |
| 2017 | 4.5 | 2.6 | 5.3 | 6.8 | 4.1 | 7.9 | 9.1 | 4.8 | 10.9 | 19.6 | 16.6 | 21.1 |
| 2018 | 3.9 | 2.2 | 4.7 | 6.1 | 3.6 | 7.3 | 8.4 | 4.4 | 10.2 | 18.3 | 15.5 | 19.9 |
| 2019 | 3.5 | 2.0 | 4.1 | 5.6 | 3.4 | 6.6 | 7.8 | 4.1 | 9.4 | 17.8 | 16.5 | 18.6 |
| 2020 | 3.4 | 2.1 | 3.9 | 5.4 | 3.6 | 6.2 | 7.5 | 4.4 | 8.9 | 16.9 | 14.1 | 18.5 |
| 2021 | 3.1 | 1.9 | 3.6 | 5.0 | 3.2 | 5.8 | 7.1 | 4.1 | 8.5 | 16.1 | 15.4 | 16.5 |

资料来源:《中国卫生统计年鉴》。

### 附表 2.3　监测地区孕产妇主要疾病死亡率及死因构成(2010—2021 年)

| 年份 | 主要疾病死亡率(1/10 万) | | | | | | 占死亡总数(%) | | | | | |
|------|------|------|------|------|------|------|------|------|------|------|------|------|
| | 产科出血 | 妊娠期高血压疾病 | 心脏病 | 羊水栓塞 | 产褥感染 | 肝病 | 产科出血 | 妊娠期高血压疾病 | 心脏病 | 羊水栓塞 | 产褥感染 | 肝病 |
| 合计 | | | | | | | | | | | | |
| 2010 | 8.3 | 3.7 | 3.3 | 2.8 | 0.4 | 0.9 | 27.8 | 12.3 | 10.9 | 9.2 | 1.2 | 3.1 |
| 2013 | 6.6 | 2.6 | 1.8 | 3.1 | 0.2 | 0.6 | 28.2 | 11.4 | 7.8 | 13.3 | 0.6 | 2.6 |
| 2014 | 5.7 | 2.0 | 2.5 | 3.2 | 0.2 | 1.0 | 26.3 | 9.1 | 11.4 | 14.9 | 1.1 | 4.6 |
| 2015 | 4.2 | 2.3 | 3.3 | 1.9 | 0.1 | 1.0 | 21.1 | 11.6 | 16.4 | 9.5 | 0.7 | 4.7 |
| 2016 | 4.7 | 1.6 | 2.0 | 2.2 | 0.2 | 0.7 | 23.5 | 7.8 | 10.2 | 10.9 | 1.0 | 3.8 |
| 2017 | 5.7 | 2.0 | 1.5 | 2.7 | 0.1 | 0.4 | 29.0 | 10.4 | 7.9 | 13.9 | 0.6 | 2.2 |
| 2018 | 4.2 | 1.7 | 1.8 | 2.3 | 0.2 | 0.7 | 23.2 | 9.5 | 10.0 | 12.3 | 0.9 | 3.8 |
| 2019 | 3.0 | 2.0 | 2.6 | 1.5 | 0.3 | 0.4 | 16.9 | 11.1 | 14.5 | 8.7 | 1.9 | 2.4 |
| 2020 | 4.3 | 1.8 | 2.1 | 1.2 | 0.5 | 0.2 | 25.3 | 10.8 | 12.7 | 7.0 | 3.2 | 1.3 |
| 2021 | 3.6 | 1.3 | 1.9 | 1.0 | 0.3 | 0.3 | 22.1 | 8.0 | 11.5 | 6.2 | 1.8 | 1.8 |
| 城市 | | | | | | | | | | | | |
| 2010 | 8.0 | 1.9 | 2.8 | 2.5 | 0.3 | 0.9 | 27.1 | 6.3 | 9.4 | 8.3 | 1.0 | 3.1 |
| 2013 | 5.6 | 2.1 | 2.1 | 2.7 | 0.0 | 0.9 | 25.0 | 9.2 | 9.2 | 11.8 | 0.0 | 3.9 |
| 2014 | 4.3 | 1.4 | 2.3 | 2.7 | 0.2 | 0.8 | 21.2 | 7.1 | 11.1 | 13.1 | 0.0 | 4.0 |
| 2015 | 3.5 | 0.9 | 5.2 | 0.7 | 0.2 | 0.7 | 17.9 | 4.8 | 26.2 | 3.6 | 1.2 | 3.6 |
| 2016 | 4.0 | 0.5 | 2.4 | 1.6 | 0.2 | 0.3 | 20.3 | 2.7 | 12.2 | 8.1 | 1.4 | 1.4 |
| 2017 | 5.1 | 1.1 | 1.3 | 2.1 | 0.2 | 0.0 | 30.7 | 6.8 | 8.0 | 12.5 | 1.1 | 0.0 |
| 2018 | 3.8 | 1.4 | 2.1 | 1.9 | 0.5 | 0.2 | 24.2 | 9.1 | 13.6 | 12.1 | 3.0 | 1.5 |
| 2019 | 1.5 | 1.5 | 3.3 | 1.0 | 0.3 | 0.2 | 9.2 | 9.2 | 20.0 | 6.2 | 1.5 | 1.5 |
| 2020 | 3.0 | 2.0 | 1.0 | 1.6 | 0.3 | 0.3 | 20.9 | 14.0 | 7.0 | 11.6 | 2.3 | 2.3 |
| 2021 | 3.3 | 1.2 | 2.1 | 0.8 | 0.0 | 0.4 | 21.6 | 8.1 | 13.5 | 5.4 | 0.0 | 2.7 |

| 年份 | 主要疾病死亡率(1/10万) | | | | | | 占死亡总数(%) | | | | | |
|---|---|---|---|---|---|---|---|---|---|---|---|---|
| | 产科出血 | 妊娠期高血压疾病 | 心脏病 | 羊水栓塞 | 产褥感染 | 肝病 | 产科出血 | 妊娠期高血压疾病 | 心脏病 | 羊水栓塞 | 产褥感染 | 肝病 |
| **农村** | | | | | | | | | | | | |
| 2010 | 8.4 | 4.3 | 3.4 | 2.8 | 0.4 | 0.9 | 28.0 | 14.2 | 11.3 | 9.4 | 1.3 | 3.1 |
| 2013 | 6.9 | 2.8 | 1.7 | 3.3 | 0.2 | 0.5 | 29.3 | 12.1 | 7.3 | 13.8 | 0.9 | 2.2 |
| 2014 | 6.3 | 2.2 | 2.6 | 3.4 | 0.3 | 1.1 | 28.3 | 10.0 | 11.6 | 15.5 | 1.2 | 4.8 |
| 2015 | 4.5 | 3.0 | 2.4 | 2.4 | 0.1 | 1.1 | 22.5 | 14.7 | 12.0 | 12.0 | 0.5 | 5.2 |
| 2016 | 4.9 | 1.9 | 1.9 | 2.4 | 0.2 | 0.9 | 24.7 | 9.6 | 9.6 | 11.9 | 0.9 | 4.6 |
| 2017 | 6.0 | 2.5 | 1.7 | 3.0 | 0.1 | 0.6 | 28.4 | 11.8 | 7.9 | 14.4 | 0.4 | 3.1 |
| 2018 | 4.5 | 1.9 | 1.6 | 2.5 | 0.0 | 1.0 | 22.8 | 9.7 | 8.3 | 12.4 | 0.0 | 4.8 |
| 2019 | 3.8 | 2.2 | 2.2 | 1.8 | 0.4 | 0.5 | 20.4 | 12.0 | 12.0 | 9.9 | 2.1 | 2.8 |
| 2020 | 5.0 | 1.8 | 2.7 | 1.0 | 0.6 | 0.2 | 27.0 | 9.6 | 14.8 | 5.2 | 3.5 | 0.9 |
| 2021 | 3.7 | 1.3 | 1.7 | 1.1 | 0.4 | 0.2 | 22.4 | 7.9 | 10.5 | 6.6 | 2.6 | 1.3 |

资料来源:《中国卫生统计年鉴》。

附表 2.4　1985—2021 年孕产妇保健情况

| 年份 | 活产数(人) | 系统管理率(%) | 产前检查率(%) | 产后访视率(%) | 住院分娩率(%) | | |
|---|---|---|---|---|---|---|---|
| | | | | | 合计 | 市 | 县 |
| 1985 | … | … | … | … | 43.7 | 73.6 | 36.4 |
| 1990 | 14 517 207 | … | … | … | 50.6 | 74.2 | 45.1 |
| 1991 | 15 293 237 | … | … | … | 50.6 | 72.8 | 45.5 |
| 1992 | 11 746 275 | … | 69.7 | 69.7 | 52.7 | 71.7 | 41.2 |
| 1993 | 10 170 690 | … | 72.2 | 71.0 | 56.5 | 68.3 | 51.0 |
| 1994 | 11 044 607 | … | 76.3 | 74.5 | 65.6 | 76.4 | 50.4 |
| 1995 | 11 539 613 | … | 78.7 | 78.8 | 58.0 | 70.7 | 50.2 |
| 1996 | 11 412 028 | 65.5 | 83.7 | 80.1 | 60.7 | 76.5 | 51.7 |
| 1997 | 11 286 021 | 68.3 | 85.9 | 82.3 | 61.7 | 76.4 | 53.0 |
| 1998 | 10 961 516 | 72.3 | 87.1 | 83.9 | 66.2 | 79.0 | 58.1 |
| 1999 | 10 698 467 | 75.4 | 89.3 | 85.9 | 70.0 | 83.3 | 61.5 |
| 2000 | 10 987 691 | 77.2 | 89.4 | 86.2 | 72.9 | 84.9 | 65.2 |
| 2001 | 10 690 630 | 78.6 | 90.3 | 87.2 | 76.0 | 87.0 | 69.0 |
| 2002 | 10 591 949 | 78.2 | 90.1 | 86.7 | 78.7 | 89.4 | 71.6 |
| 2003 | 10 188 005 | 75.5 | 88.9 | 85.4 | 79.4 | 89.9 | 72.6 |
| 2004 | 10 892 614 | 76.4 | 89.7 | 85.9 | 82.8 | 91.4 | 77.1 |

| 年份 | 活产数(人) | 系统管理率(%) | 产前检查率(%) | 产后访视率(%) | 住院分娩率(%) | | |
|---|---|---|---|---|---|---|---|
| | | | | | 合计 | 市 | 县 |
| 2005 | 11 415 809 | 76.7 | 89.8 | 86.0 | 85.9 | 93.2 | 81.0 |
| 2006 | 11 770 056 | 76.5 | 89.7 | 85.7 | 88.4 | 94.1 | 84.6 |
| 2007 | 12 506 498 | 77.3 | 90.9 | 86.7 | 91.7 | 95.8 | 88.8 |
| 2008 | 13 307 045 | 78.1 | 91.0 | 87.0 | 94.5 | 97.5 | 92.3 |
| 2009 | 13 825 431 | 80.9 | 92.2 | 88.7 | 96.3 | 98.5 | 94.7 |
| 2010 | 14 218 657 | 84.1 | 94.1 | 90.8 | 97.8 | 99.2 | 96.7 |
| 2011 | 14 507 141 | 85.2 | 93.7 | 91.0 | 98.7 | 99.6 | 98.1 |
| 2012 | 15 442 995 | 87.6 | 95.0 | 92.6 | 99.2 | 99.7 | 98.8 |
| 2013 | 15 108 153 | 89.5 | 95.6 | 93.5 | 99.5 | 99.9 | 99.2 |
| 2014 | 15 178 881 | 90.0 | 96.2 | 93.9 | 99.6 | 99.9 | 99.4 |
| 2015 | 14 544 524 | 91.5 | 96.5 | 94.5 | 99.7 | 99.9 | 99.5 |
| 2016 | 18 466 561 | 91.6 | 96.6 | 94.6 | 99.8 | 100.0 | 99.6 |
| 2017 | 17 578 815 | 89.5 | 96.5 | 94.0 | 99.9 | 100.0 | 99.8 |
| 2018 | 15 207 729 | 89.9 | 96.6 | 93.8 | 99.9 | 99.9 | 99.8 |
| 2019 | 14 551 298 | 90.3 | 96.8 | 94.1 | 99.9 | 100.0 | 99.8 |
| 2020 | 12 034 516 | 92.7 | 97.4 | 95.5 | 99.9 | 100.0 | 99.9 |
| 2021 | 10 515 287 | 92.9 | 97.6 | 96.0 | 99.9 | 100.0 | 99.9 |

注:2016—2021年活产数均源自全国住院分娩月报,包括户籍和非户籍活产数;2015年及以前年份活产数源自全国妇幼卫生年报,仅包括户籍活产数。

### 附表2.5  2021年各地区孕产妇保健情况

| 省　份 | 活产数(人) | 系统管理率(%) | 产前检查率(%) | 产后访视率(%) | 住院分娩率(%) | | |
|---|---|---|---|---|---|---|---|
| | | | | | 合计 | 市 | 县 |
| 总　计 | 10 515 287 | 92.9 | 97.6 | 96.0 | 99.9 | 100.0 | 99.9 |
| 北　京 | 146 898 | 97.9 | 98.4 | 98.2 | 100.0 | 100.0 | |
| 天　津 | 71 685 | 95.2 | 98.9 | 97.5 | 100.0 | 100.0 | |
| 河　北 | 513 164 | 91.4 | 97.4 | 94.0 | 100.0 | 100.0 | 100.0 |
| 山　西 | 246 235 | 91.4 | 98.2 | 95.4 | 100.0 | 100.0 | 100.0 |
| 内蒙古 | 144 597 | 95.4 | 98.1 | 96.6 | 100.0 | 100.0 | 100.0 |
| 辽　宁 | 201 021 | 92.9 | 98.3 | 96.3 | 100.0 | 100.0 | 100.0 |
| 吉　林 | 98 630 | 96.2 | 98.4 | 98.5 | 100.0 | 100.0 | 100.0 |
| 黑龙江 | 98 792 | 94.2 | 98.7 | 97.1 | 100.0 | 100.0 | 100.0 |
| 上　海 | 125 005 | 96.2 | 98.3 | 97.7 | 99.8 | 99.8 | |
| 江　苏 | 478 323 | 94.3 | 98.7 | 97.6 | 100.0 | 100.0 | 100.0 |
| 浙　江 | 434 433 | 96.5 | 98.4 | 98.2 | 100.0 | 100.0 | 100.0 |

| 省　份 | 活产数(人) | 系统管理率(%) | 产前检查率(%) | 产后访视率(%) | 住院分娩率(%) | | |
|---|---|---|---|---|---|---|---|
| | | | | | 合计 | 市 | 县 |
| 安　徽 | 437 901 | 91.4 | 96.8 | 95.5 | 100.0 | 100.0 | 100.0 |
| 福　建 | 330 750 | 92.7 | 98.2 | 95.8 | 100.0 | 100.0 | 100.0 |
| 江　西 | 347 910 | 94.5 | 97.6 | 96.3 | 100.0 | 100.0 | 100.0 |
| 山　东 | 741 198 | 94.5 | 97.0 | 95.5 | 100.0 | 100.0 | 100.0 |
| 河　南 | 858 698 | 86.9 | 95.2 | 91.3 | 100.0 | 100.0 | 100.0 |
| 湖　北 | 358 048 | 93.1 | 97.3 | 95.5 | 100.0 | 100.0 | 100.0 |
| 湖　南 | 445 061 | 95.1 | 97.7 | 96.6 | 100.0 | 100.0 | 99.9 |
| 广　东 | 1 282 722 | 94.4 | 98.1 | 96.9 | 100.0 | 100.0 | 99.9 |
| 广　西 | 488 166 | 90.3 | 98.1 | 97.7 | 100.0 | 100.0 | 100.0 |
| 海　南 | 95 854 | 92.3 | 98.5 | 97.9 | 100.0 | 100.0 | 99.9 |
| 重　庆 | 206 256 | 93.4 | 98.4 | 95.7 | 100.0 | 100.0 | 99.9 |
| 四　川 | 565 491 | 95.1 | 97.9 | 96.6 | 99.8 | 100.0 | 99.7 |
| 贵　州 | 465 226 | 92.1 | 97.0 | 95.3 | 99.7 | 99.9 | 99.7 |
| 云　南 | 451 374 | 91.1 | 98.7 | 97.2 | 99.9 | 99.9 | 99.9 |
| 西　藏 | 51 126 | 75.1 | 86.6 | 86.5 | 98.6 | 99.4 | 98.4 |
| 陕　西 | 310 684 | 96.5 | 98.6 | 97.2 | 99.9 | 100.0 | 99.9 |
| 甘　肃 | 221 902 | 92.0 | 97.5 | 96.3 | 99.9 | 100.0 | 99.9 |
| 青　海 | 62 383 | 92.5 | 97.2 | 94.8 | 99.8 | 100.0 | 99.7 |
| 宁　夏 | 73 147 | 97.9 | 99.2 | 98.8 | 100.0 | 100.0 | 100.0 |
| 新　疆 | 162 607 | 94.3 | 99.1 | 98.0 | 99.9 | 99.9 | 99.8 |

附表 2.6　2010—2021 年儿童保健情况

| 年份 | 低出生体重率(%) | 5 岁以下儿童低体重患病率(%) | 新生儿访视率(%) | 3 岁以下儿童系统管理率(%) | 7 岁以下儿童保健管理率(%) | 0—6 岁儿童眼保健和视力检查覆盖率(%) |
|---|---|---|---|---|---|---|
| 2010 | 2.34 | 1.55 | 89.6 | 81.5 | 83.4 | … |
| 2013 | 2.44 | 1.37 | 93.2 | 89.0 | 90.7 | … |
| 2014 | 2.61 | 1.48 | 93.6 | 89.8 | 91.3 | … |
| 2015 | 2.64 | 1.49 | 94.3 | 90.7 | 92.1 | … |
| 2016 | 2.73 | 1.44 | 94.6 | 91.1 | 92.4 | … |
| 2017 | 2.88 | 1.40 | 93.9 | 91.1 | 92.6 | … |
| 2018 | 3.13 | 1.43 | 93.7 | 91.2 | 92.7 | … |
| 2019 | 3.24 | 1.37 | 94.1 | 91.9 | 93.6 | … |
| 2020 | 3.25 | 1.19 | 95.5 | 92.9 | 94.3 | … |
| 2021 | 3.70 | 1.21 | 96.2 | 92.8 | 94.6 | 93.0 |

附表 2.7　2021 年各省儿童保健情况

| 省份 | 低出生体重率（%） | 5岁以下儿童低体重患病率（%） | 新生儿访视率（%） | 3岁以下儿童系统管理率（%） | 7岁以下儿童保健管理率（%） | 0—6岁儿童眼保健和视力检查覆盖率（%） |
|---|---|---|---|---|---|---|
| 北　京 | 5.40 | 0.20 | 98.0 | 96.1 | 99.1 | 98.9 |
| 天　津 | 4.67 | 0.60 | 98.9 | 96.1 | 93.7 | 92.7 |
| 河　北 | 2.77 | 1.42 | 94.3 | 92.2 | 94.0 | 91.7 |
| 山　西 | 3.45 | 0.78 | 96.1 | 92.7 | 93.7 | 92.4 |
| 内蒙古 | 3.70 | 0.63 | 97.2 | 95.1 | 94.8 | 92.4 |
| 辽　宁 | 3.22 | 0.68 | 96.5 | 93.6 | 94.2 | 92.8 |
| 吉　林 | 3.71 | 0.30 | 97.2 | 94.2 | 95.6 | 93.8 |
| 黑龙江 | 2.77 | 0.70 | 97.7 | 94.5 | 95.3 | 92.9 |
| 上　海 | 5.50 | 0.28 | 97.7 | 97.3 | 99.6 | 99.6 |
| 江　苏 | 3.50 | 0.36 | 98.1 | 96.3 | 95.6 | 92.6 |
| 浙　江 | 4.48 | 0.53 | 99.0 | 97.1 | 98.0 | 96.7 |
| 安　徽 | 3.08 | 0.52 | 96.1 | 90.7 | 93.3 | 92.5 |
| 福　建 | 4.23 | 0.87 | 96.4 | 94.2 | 95.8 | 92.8 |
| 江　西 | 2.79 | 2.04 | 96.4 | 92.9 | 93.7 | 92.0 |
| 山　东 | 2.05 | 0.76 | 96.2 | 94.8 | 94.9 | 95.0 |
| 河　南 | 3.63 | 1.18 | 91.5 | 89.9 | 91.4 | 92.9 |
| 湖　北 | 3.24 | 1.11 | 95.5 | 91.6 | 94.1 | 92.3 |
| 湖　南 | 4.04 | 1.00 | 97.7 | 93.9 | 94.8 | 93.8 |
| 广　东 | 4.85 | 2.27 | 95.9 | 92.3 | 96.1 | 91.9 |
| 广　西 | 5.89 | 3.19 | 97.2 | 82.5 | 94.4 | 94.4 |
| 海　南 | 5.61 | 2.61 | 98.3 | 88.0 | 93.6 | 91.8 |
| 重　庆 | 2.89 | 0.78 | 96.6 | 91.7 | 93.9 | 93.8 |
| 四　川 | 3.20 | 1.11 | 96.8 | 95.5 | 95.7 | 92.6 |
| 贵　州 | 3.53 | 1.18 | 95.5 | 93.1 | 93.8 | 93.0 |
| 云　南 | 4.52 | 1.43 | 97.6 | 93.1 | 94.2 | 93.6 |
| 西　藏 | 2.53 | 2.12 | 89.8 | 84.8 | 84.2 | 40.4 |
| 陕　西 | 2.56 | 0.66 | 97.7 | 95.2 | 96.2 | 94.6 |
| 甘　肃 | 3.27 | 0.96 | 96.7 | 93.8 | 94.3 | 91.8 |
| 青　海 | 3.49 | 0.82 | 94.1 | 92.8 | 91.4 | 92.2 |
| 宁　夏 | 3.43 | 0.50 | 99.1 | 96.2 | 96.4 | 95.2 |
| 新　疆 | 4.73 | 0.82 | 96.9 | 96.2 | 95.9 | 95.0 |

附表 2.8　1998—2020 年全国婚前保健情况

| 年份 | 结婚登记人数（人） | 婚前医学检查人数（人） | 婚前医学检查率（%） |
|---|---|---|---|
| 1998 | 12 333 973 | 7 408 213 | 60.06 |
| 1999 | 13 016 854 | 8 475 446 | 65.11 |
| 2000 | 13 461 618 | 8 688 964 | 64.55 |
| 2001 | 13 673 421 | 8 797 072 | 64.34 |
| 2002 | 13 607 555 | 9 255 787 | 68.02 |
| 2003 | 13 366 342 | 7 195 825 | 53.84 |
| 2004 | 14 047 620 | 359 595 | 2.56 |
| 2005 | 14 060 637 | 382 461 | 2.72 |
| 2006 | 15 394 865 | 619 580 | 4.02 |
| 2007 | 16 795 129 | 1 129 963 | 6.73 |
| 2008 | 18 455 396 | 2 099 081 | 11.37 |
| 2009 | 19 663 206 | 3 330 345 | 16.94 |
| 2010 | 20 373 786 | 6 257 617 | 30.71 |
| 2012 | 21 932 212 | 8 888 531 | 40.53 |
| 2013 | 22 318 307 | 10 671 575 | 47.82 |
| 2014 | 22 484 981 | 11 722 101 | 52.13 |
| 2015 | 20 391 247 | 11 815 398 | 57.94 |
| 2016 | 19 454 089 | 11 621 213 | 59.74 |
| 2017 | 18 038 460 | 10 953 214 | 60.72 |
| 2018 | 16 850 892 | 10 196 029 | 60.51 |
| 2019 | 15 420 502 | 9 532 488 | 61.82 |
| 2020 | 13 360 651 | 9 138 571 | 68.40 |

# 后　记

犹记得那是在 2020 年的 9 月、10 月，系里讨论橙皮书事宜，丛树海老师高屋建瓴地提出了几个选题，出生缺陷就是其中之一，预定为 2023 年橙皮书的主题。而后在那一年的寒假我着手搜集相关资料，但很快发现基本上都是医学类的文献，从社会科学领域或者社保的角度来研究出生缺陷问题的文献非常稀少，当时五味杂陈的心情现在还记忆犹新。随后在 2021 年开始，结合自己开设的"人口与经济社会发展""人口学"等课程，有意识地将出生缺陷问题带入课堂，与学生进行探讨。此后我又指导几位学生进行了相关论文的写作，包括婚检、医疗卫生资源供给与出生缺陷之间的关系等。某种程度上加深了自己对出生缺陷问题的理解和思考。

最为重要的是 2022 年，我带领王涵、左熙月两位同学开展题为《我国出生缺陷防治研究：基于政策演变和医疗资源供给的视角》的大学生创新创业项目研究（简称"大创项目"）。这一大创项目主要针对相关妇幼卫生政策进行收集梳理，同时从妇幼医疗卫生资源供给的角度来探讨出生缺陷的问题。印象最深的是我们进行了一系列实地调研访谈，既感动于基层机构人员为了提高出生人口素质、减少出生缺陷所做的种种努力，同时也困惑于出生缺陷面临的数据统计口径不一等难题，但专家们热情地贡献出自己的真知灼见让我们获益良多。相应地，这一项目在 2023 年获得第 18 届大学生"挑战杯"上海市特等奖、全国三等奖。某种程度上，本橙皮书的内容框架（尤其是本书第三、六章）都是基于这一大创项目的深入拓展。

基于此，2023 年在上海财经大学社会保障和社会政策系各位老师的群策群力下，我们确定了具体的写作提纲，此后在 2024 年 3 月份终于形成初稿。毫无疑问，本书的顺利完成离不开系里全体同事从提纲拟定到即将付梓过程中提出的中肯建议、帮助。同时也非常感谢编写团队，感谢丛树海、郑春荣、汪伟、杨翠迎、唐珏等几位老师的大力支持，感谢张毅、吴晓恒、董子越、陈岩、宋雨晴、高宏鑫、翟颖、王悦杨等同学的辛勤付出。面对即将出版的这份书稿,让我更加相信平凡的力量,即认真的态度、正确的坚持、脚踏实地在这一研究领域内躬行,总归没错。念念不忘,必有回响。

尤其感谢丛树海老师在4年前拟定的这一前瞻性的研究主题,不仅让我在专业研究领域受益匪浅,也让我在指导学生成果上获得肯定。此外还要感谢张熠老师、上海卫生发展研究中心王力男博士帮助联系调研事宜,感谢上海市儿童医院新生儿科龚小慧专家、上海市妇幼保健中心彭咏梅专家和李昱明专家在百忙之中接受我们的访谈,感谢陈赫铭同学对我们数据的帮助。同时还要感谢课堂上同学对出生缺陷防治的讨论,让我明白教研相长、教学相长的意义。感谢上海人民出版社编辑王琪先生对本书严谨负责、专业高效的态度。感谢上海市部共建学科项目的支持和资助。

考虑到近年来学界未有从社会科学领域、社保的角度来探讨出生缺陷防治的书籍,某种程度上本书弥补了这一空白。尤其在当下我国生育率下降、人口结构急剧变化的时代,通过减少出生缺陷提高人口素质既是我国人口高质量发展的关键,更是未来我国从人口大国步入人才强国的基础。但是不可否认,本书肯定还存在较多的不足,恳请大家批评指正。

余央央

2024 年 3 月 18 日

**图书在版编目(CIP)数据**

国际社会保障动态. 面向人口高质量发展的出生缺陷防治体系建设 / 余央央主编. -- 上海 ：上海人民出版社，2024. -- (社会保障橙皮书). -- ISBN 978-7-208-19041-2

Ⅰ. D57；R726.2

中国国家版本馆 CIP 数据核字第 2024PU9217 号

**责任编辑**　王　琪
**封面设计**　王小阳

社会保障橙皮书

国际社会保障动态
——面向人口高质量发展的出生缺陷防治体系建设

余央央 主编
郑春荣 副主编

出　　版　上海人民出版社
　　　　　(201101　上海市闵行区号景路 159 弄 C 座)
发　　行　上海人民出版社发行中心
印　　刷　苏州市古得堡数码印刷有限公司
开　　本　720×1000　1/16
印　　张　17.5
插　　页　4
字　　数　284,000
版　　次　2024 年 9 月第 1 版
印　　次　2024 年 9 月第 1 次印刷
ISBN 978 - 7 - 208 - 19041 - 2/C·718
定　　价　85.00 元

# 社保橙皮书系列